Greta Taubert
Im Club der Zeitmillionäre

Weitere Titel der Autorin:
Apokalypse jetzt!

GRETA TAUBERT

# Im Club der Zeitmillionäre

## WIE ICH MICH AUF DIE SUCHE NACH EINEM ANDEREN REICHTUM MACHTE

Dieser Titel ist auch als E-Book erschienen.

Eichborn Verlag in der Bastei Lübbe AG

Originalausgabe

Copyright © 2016 by Bastei Lübbe AG, Köln

Textredaktion: Anabelle Assaf, Berlin
Umschlaggestaltung: www.buerosued.de
Unter Verwendung eines Motivs von © Milos Djuric, Berlin
Satz: hanseatenSatz-bremen, Bremen
Gesetzt aus der Celeste Regular
Druck und Einband: GGP Media GmbH, Pößneck

Printed in Germany
ISBN 978-3-8479-0622-3

5    4    3    2    1

Sie finden uns im Internet unter www.eichborn.de
Bitte beachten Sie auch www.luebbe.de

Ein verlagsneues Buch kostet in Deutschland und Österreich jeweils überall dasselbe.
Damit die kulturelle Vielfalt erhalten und für die Leser bezahlbar bleibt, gibt es die gesetzliche Buchpreisbindung. Ob im Internet, in der Großbuchhandlung, beim lokalen Buchhändler, im Dorf oder in der Großstadt – überall bekommen Sie Ihre verlagsneuen Bücher zum selben Preis.

# INHALT

# 1 DER AUSSTIEG

## Im Hamsterrad Karussell fahren

Es ist wieder einer dieser Tage, die ich mit dem Wort »Fuck« beginne. Ich liege in meinem Bett, und weil die Vorhänge nie das ganze Fenster abdunkeln, sehe ich durch einen Spalt, wie eine Elster auf einem Löwenkopf der gegenüberliegenden Fassade kauert. Der Löwe ist wirklich gruselig. Aber die Elster reitet das Biest. Weil ich sie sehen kann – die Elster und das Biest –, weiß ich, dass es heller Tag ist. Und dass der helle Tag zum Arbeiten da ist und nicht zum Vögelbeobachten. Ich drücke auf den Knopf am Telefon, die Uhr leuchtet auf und zeigt Dienstag, 8.40 Uhr. Das Ding hätte vor einer Stunde klingeln sollen, hat es vielleicht auch, so genau kann ich mich nicht mehr erinnern. Jedenfalls hat es letztlich den Snooze-Wettstreit gegen mich verloren. Jetzt also Fuck: Ich muss mich beeilen. Fuck: Ich komme zu spät zum Meeting nach Hamburg. Fuck: Wann fährt die nächste Bahn? Fuck: Dann gucken alle so vorwurfsvoll. Fuck: Wie erkläre ich das? Fuck: Ich funktioniere nicht richtig.

In diesem Moment, in dem ich hektisch meine Klamotten zusammensuche, bin ich 31 Jahre alt. Auf eine unbeschwerte Kindheit in der ostdeutschen Provinz folgten Schule, Studium, Praktika, Stipendien, Arbeitswelt. Ich habe immer schön abgeleistet, wenn es etwas zu gewinnen gab. Der Erfolgsgraph ist über die Jahre immer weiter angestiegen – wie auch bei den meisten meiner Freunde, Kollegen, Bekannten.

Prospere Dreißiger mit funktionierenden Lebensplänen. Angekommen in der Welt des Machens, des Entscheidens, des Geldverdienens und -ausgebens, des Sich-was-Trauens, des Sich-was-Gönnens, des Versorgens, des Vorsorgens. Es ist schwierig geworden, dass wir uns verabreden, weil wir alle so große wichtige Sachen am Wickel haben: Haus, Kinder, Partner, Job. Immer steht schon irgendwas im iCalendar, das wichtiger ist als mal wieder sinnlos rumzuhängen. »Rushhour« des Lebens nennen Soziologen diesen Lebensabschnitt, weil man richtig Gas geben muss, um all die Verantwortlichkeiten zu packen. Um dem Takt der Alltäglichkeiten standzuhalten. Um zu funktionieren. Aber steht man während der Rushhour nicht immer im Stau und haut mit der Hand auf das Lenkrad und brüllt: Los, beeil dich, du Affe? Man hat keine Zeit – und kommt trotzdem nicht vom Fleck?

Familienstudien zeigen, dass zwei Drittel aller Eltern mit Kindern unter 16 Jahren das Gefühl haben, nicht allen Anforderungen gerecht zu werden. Irgendetwas kommt immer zu kurz. Die Mütter beklagen, dass sie sich nicht mehr genug um ihre eigenen Bedürfnisse kümmern können, die Väter, dass sie zu wenig Zeit für Partnerin, Kinder und Freunde haben. Das Rad der eigenen und fremden Ansprüche ans Leben dreht sich zu schnell. Es ist nicht mehr nur ein Hamsterrad, in dem sie sich abstrampeln. Es sind mehrere gleichzeitig: erfülltes Berufsleben, glückliche Familie, funktionierender Haushalt, bestellter Garten, regelmäßiger Sport, psychische und physische Gesundheit, stabile Freundschaften. Die Imperative des Funktionierens heißen: Du musst dafür arbeiten! Du musst es nur wollen! Du kannst jeden Tag damit beginnen, eine bessere Version deiner selbst zu sein! Das Forsa-Institut befragte im Oktober 2014 mehr als tausend Eltern: 63 Prozent klagten über Zeitsorgen, nur 37 Prozent über Geldsorgen. Wenn ich mir selbst und meinen Leuten zuhöre, dann fängt eigentlich jeder Satz mit »Ich muss ...« an. Ich muss das heute noch fertig machen. Ich muss mit den Kindern zum Sport. Ich muss die Wäsche machen. Ich muss dich unbedingt mal wiedersehen. Ich muss zur Therapie.

»Ich muss los«, rufe ich meinem Nicht-nur-Mitbewohner Herrn F. zu. »Ich bin viel zu spät. Die Redaktion wird supersauer sein.« Ich schnappe mir einen Apfel und werfe ihn in die Handtasche. »Du wirst es mit deinem Charme ausgleichen«, antwortet er. Es soll mich trösten, aber ich stöhne. Charme ist doch die Waffe der Unperfekten. Dann renne ich los in den Fuck-Tag. Per Smartphone buche ich mein Ticket, setze ein *Tschuldigung, wird später* ab, checke das Wetter, dann die Mails, dann Facebook. Die Elster auf der Fassade keckert zum Abschied, aber ich sehe sie nicht mehr. Das Biest ist dazwischen. Nicht der Löwe, sondern das Biest des Funktionieren-Müssens.

Ich steige in den Zug nach Hamburg und richte mich ein im blauen Sessel und im Suboptimalen. Das Gewissen bohrt, der Zweifel wuchert. Hektisch krame ich meine Unterlagen hervor, um die Fahrzeit zur Vorbereitung zu nutzen. Als ich gerade meinen Laptop aufklappen will, fällt mir das Magazin ins Auge, das immer im ICE ausliegt. Dort steht in großen Buchstaben unter dem Bild zweier knutschender Zugreisender *Diese Zeit gehört dir*. Ich gucke mich um im Abteil, und genau wie ich haben die meisten ihren Laptop, ihr iPad oder ihr Smartphone vor sich. Ihre Gesichter sehen im blauen Schein ganz zombiemäßig aus, und ich frage mich, ob hier wirklich irgendeiner gerade frei über seine Zeit verfügt. Was heißt das eigentlich? Und wie soll das aussehen? Knutschen, oder was? Ich schiele zu dem Menschen neben mir, so ein Business-Eumel. Wann hat der zum letzten Mal wild im Zug geküsst? Und ich?

Angekommen am Hamburger Baumwall. Im Konferenzraum eines Verlagshauses diskutiert eine kleine Runde von Journalisten darüber, wie man eine Zeitschrift neu ausrichten kann. Ein Beamer surrt. Es gibt Obstspieße, Filterkaffee und in der Luft liegt Testosteron. Nur Männer in der Runde. Sie tragen bunte Turnschuhe, als kämen sie gerade vom Jogging. Adrian vom Lufthansa-Magazin, Tim vom Nissan-Magazin, Stephan vom Bahn-Magazin. Harte Jungs, die sich auskennen mit Geschwindigkeit. Mit Höher, Schneller, Weiter. Mit dem Sog der Beschleunigung. Ich knalle meine Unterlagen auf den Tisch und tue so, als wäre mein spätes Aufkreuzen normal. Keine Zeit haben – das ist hier bestimmt ein Qualitätsmerkmal. »Starker Auftritt«, raunt mir einer zu, als ich Platz genommen habe. Oh Mann.

Einmal drin im Hamsterrad der journalistischen Leistungsstrampler geht es auch ordentlich rund. Wir pflügen die Zeitschrift durch, formulieren unsere Kritik, präsentieren neue Ansätze, diskutieren, konkurrieren, streiten, finden Kompromisse. Draußen vor den Fenstern ziehen die Containerschiffe auf der Elbe vorbei, die am Hafen ihre Container entladen werden. Geschäftigkeit erzeugt Geschäfte, erzeugt Resultate. Da draußen sind es fassbare Güter, hier drinnen sind es Ideen. Es macht Spaß, mit den Jungs hier drinnen so schnell unterwegs zu sein und gedanklich voranzukommen. Ideencontainer zu verladen. Wenn ich mir nur diesen kleinen Ausschnitt des Tages anschaue, muss ich feststellen: Arbeiten ist doch eigentlich eine feine Sache. Weil es schön ist zu merken, dass man etwas gut kann. Weil es schön ist, das mit anderen zu teilen und zu erweitern. Weil es schön ist, dafür auch noch Geld zu bekommen. Warum war ich heute Morgen noch so fucking genervt? Warum fühle ich das hier nicht immer?

Vielleicht liegt es an dem Wort: immer. Arbeit ist ein

Dauerzustand geworden. Egal, wohin ich gehe, meine Arbeit habe ich dabei. Im Kopf, im Telefon, im Laptop. Eine Studie des Instituts für Demoskopie Allensbach zeigte, dass fast zwei Drittel aller befragten Deutschen für ihren Arbeitgeber auch in der Freizeit erreichbar sind. Die Studie wurde unter dem Titel *Trendcheck: Beziehungskiller Job* veröffentlicht und zeigt da gleich mal an, wohin das führen kann. Eine andere Studie aus dem gleichen Jahr fand heraus, dass in Deutschland fast die Hälfte der Beschäftigten in ihren Ferien bis zu drei Stunden arbeitet. Arbeit ist immer und überall – das ist der Normalzustand im Zeitalter der ständigen Erreichbarkeit. Mittlerweile achten zwar einige wenige Unternehmen strikt darauf, dass ihre Mitarbeiter nicht mehr nach Dienstschluss die Mails checken und im Urlaub nicht auf ihren Server zugreifen können, aber die Maßnahme bekämpft ja auch nur das Symptom, nicht das Problem selbst.

Und dieses Problem ist das Problem der entgrenzten Pflicht. Ich selbst habe zum Beispiel gar keinen festen Arbeitgeber, der mein Mailkonto mit der Stechuhr abgleicht. Es gibt keinen Chef, der von mir Überstunden erwartet oder einen Auftraggeber, der meinen Tag verplant. Freiberufler eben, yeah. Manchmal habe ich eine Deadline für einen Text oder fest vereinbarte Termine für Interviews oder eben dieses Kreativtreffen im Hamburger Medienhaus. Aber im Wesentlichen zwingt mich niemand dazu, meine Zeit für ihn zu kommerziell zu vertakten und zu vernutzen. Trotzdem begleitet mich im Alltag das ständige Gefühl, noch etwas machen, schaffen, erledigen zu müssen. Es durchdringt jeden Moment der Lebenszeit. Der Sog des ständigen Funktionierens hat offenbar auch mich – genau wie die gesamte Gesellschaft – erfasst. Wenn ich nicht mitmachte beim Höher, Schneller, Weiter, so heißt es, fiele man doch durch das soziale Gitter in die Kanalisation der Gesellschaft: in die unproduktive Unterschicht. Da will ich nicht sein! Da gehör ich nicht hin! Ich gehör an den großen Tisch mit den Leistungsträgern in Turnschuhen!

Die Angst vor dem sozialen Abstieg fängt schon an, bevor man überhaupt aufgestiegen ist. Im Januar 2015 berichtete die Wochenzeitung *Die Zeit*, dass die aktuelle Studierendengeneration den Zustand von Ruhe, Nichtstun und Langeweile als regelrecht unerträglich empfände. »Die Studenten haben schon mit 20 Jahren das Gefühl, sie verplemperten Zeit, wenn sie sich nicht zügig für ein Studium und einen Lebensweg entscheiden.« Verschiedene Studiensurveys der Bundesregierung bezeugen den Trend zur ständig wachsenden Leistungsbereitschaft. Die Burn-out-Diagnosen steigen proportional.

Und so begleitet mich ein ständiges Gefühl des Müssens: stets und ständig mein Potential auszuschöpfen. Es ist die oberste kapitalistische Pflichtübung. Man darf sein Potential nicht verschwenden, man darf sich nicht verschwenden, man darf seine Zeit nicht verschwenden. Aber das geht nur, indem ich zur tickenden Menschenmaschine werde. Funktionieren, Leisten, Dienen – und das möglichst effizient. Aber: wozu? Hat es mich glücklicher gemacht? Hat es überhaupt irgendjemanden da draußen jemals glücklich gemacht, immer nur zu müssen? Wozu strenge ich mich so an?

In Hamburg geht das Meeting zu Ende. Die Tische sind voller kleiner Saftflaschen und bekrümelter Servietten. Die Notizbücher sind voll. Mein Kopf schmerzt – er ist voll und leer zugleich. Mit Stephan, dem Chefredakteur, verlasse ich das Verlagsgebäude. Eine andere Art von Licht lässt das Serotonin tanzen. Alles ist so gleißend: die Sonne am Himmel, die Sonne auf dem Flusswasser, die Sonne in den Glasfassaden. Wir laufen den Jungfernstieg entlang, wo Touristen im frischen Abendwind sitzen, Bratwurst essen und sich der Industrieromantik hingeben. Ich hätte das gern ein bisschen aufgesogen, aber Stephan läuft so schnell, dass ich fast die Schuhe, den Atem, den Verstand verliere. Er ist ein Getriebener, denke ich. Oder es liegt wirklich an diesen knallbunten Turnschuhen, die hier alle zur Arbeit anziehen. Ich halte ihn am Ärmel fest. »Setz dich doch mal«, sage ich und zwinge ihn zum Rasten auf eine Parkbank. Die kalten Finger der linken Hand umklammern eine Club-Mate, in der rechten halten wir eine Zigarette. Stephans Beine wippen unruhig. Er wirkt, als hätte jemand Strom angelegt. »Warum rennst du denn so?«, frage ich. »Tue ich das? Fällt mir gar nicht auf«, sagt er, und in seinem Grinsen steckt ein freches Überlegenheitsgefühl. »Kommst du durch diese Hektik schneller an?«, setze ich noch mal nach. Und er antwortet: »Vielleicht schon, aber ich weiß eigentlich gar nicht so genau, wo. Und ob es dort besser ist.«

Ich muss an den Begriff des »rasenden Stillstands« von Paul Virilio denken. Der Philosoph hat in seinem Essay von 1992 behauptet, wir hätten einen paradoxen Zustand der Geschichte erreicht: hoch beschleunigt und dabei völlig ohnmächtig. Bis heute ist diese technologisch gestützte Beschleunigung – und das damit verbundene Ohnmachtsgefühl – nur noch größer geworden. Mit fatalen Folgen für das, was wir Hoffnung nennen. Das wurde mir klar, als ich mal in Leipzig an einer Diskussionsreihe teilgenommen habe. Sie hieß »Absolute Gegenwart« und fand in einem Elektroclub statt, der ausgerechnet »Institut für Zukunft« heißt. Im Nirgendwo des Alten Messegeländes stiegen wir Kellertreppen runter, auf dem Boden und an den Wänden brüchige Fliesen, dumpfes Licht aus vergitterten Industrieleuchten. Auf einem Plakat stand, was dort sonst so stattfindet: »Pillenrealität«. Es war die Gegenwelt aus Bass, Licht, Schweiß,

Glück, Drogen, Menschen, die sich unter dieser Kuppel zum absoluten Moment verdichteten. Studenten in engen Hosen und engen Windjacken besetzten mit Retro-Rucksäcken ihre Stühle, um sich ein Bier zu holen. Die Tresenschlange sah aus wie ein geisteswissenschaftlicher Catwalk, schön, jung, klug, fähig, die Welt zu gestalten. Dann erzählte einer von ihnen im Schummer, was die Quintessenz wochenlanger philosophischer Diskussionen gewesen sei: In einer rasenden, tosenden, beschleunigten Welt gibt es nur das Hier, die Gegenwart. Nichts mehr. Die Gesetze und Moden der Vergangenheit verlören quasi sekündlich ihre Bedeutung. Die Zukunft dagegen sei ein Sammelbecken der Angst. Anders als noch in der Moderne erschiene uns die Zukunft nicht als Hoffnungsfeld, sondern vielmehr als Minenfeld aus ökonomischen und ökologischen Zeitbomben. Und obwohl diese bekannt sind, beschrieben werden und teilweise auch in politischem Protest münden, scheint ihre Bewältigung doch unvorstellbar. Das Wort »Alternativlosigkeit« fiel. Wir könnten den Wohlstand von heute nur sichern, indem wir das Morgen ausblenden. Was bleibe, sei das Jetzt. Und diesem Jetzt seien wir hilflos ausgeliefert: weil es unfassbar sei, flüchtig und viel zu komplex. Die Studenten klatschten, und ich fragte mich, wie man so eigentlich leben soll, als zukunftsloses Objekt vermeintlicher Notwendigkeiten. Dann gingen wir alle an die Bar und holten uns einen Drink.

Aber in Hamburg, auf der Parkbank mit Elbblick, erfasste mich der alte Zweifel wieder. Es war zwar schön, auch mal schnell unterwegs zu sein, schnell voranzukommen, mit Stephan erst mit dem Kopf und dann mit den Füßen geradezu zu rasen. Aber wenn diese Schnelligkeit zum Normalzustand wird, wenn ich versuche, immer schnellerhöherweiter zu sein als die anderen, wenn ich mussmussmuss, zeigt sich mir die Welt nur noch in Schlieren. Sie verschwimmt und wird unbegreifbar. Wenn diese Raserei noch dazu aus einem eigenen tief verinnerlichten Gefühl des Abliefern-Müssens geboren wird, dann verschwimmt auch das Ich und wird mir unbegreifbar. Ich ziehe an meiner Zigarette, und mir ist völlig klar, dass ich aus diesem Turbohamsterrad rauswill und das Turbohamsterrad aus mir. Nur wie?

In der Ferne schießt ein Scheinwerfer vom Hamburger Dom in den Himmel und malt kryptische Kreise in den mittlerweile dunklen Abendhimmel. »Los, weiter«, sagt Stephan, und wir hasten dem Licht entgegen durch weite stille Magistralen. Der Rummel drischt dann umso gnadenloser auf uns ein. Blinkende Glühbirnen, brüllende Kirmesmusik, künstliche Farbstoffe. Wir sehen Waffelverkäuferinnen, die an die Jacob Sisters erinnern, und Kartenabreißer, die aussehen wie die Nachher-Version des »jungen Mannes zum Mitfahren«. Testosteronvergleiche am Schießstand, Mädchenkreischen von der Wilden Maus. Eine Losverkäuferin hat sich vom Shoppingkanal schulen lassen und behauptet, ihre »Mitarbeiter an den Losständen seien gut eingewiesen und würden ständig mit neuen Gewinnen versorgt werden«. In ihren Gesichtern rührt sich nichts. Eine merkwürdige Gleichzeitigkeit übersteigerter Glücksversprechen und offensichtlicher Desillusionierung. Hier sieht alles aus wie von gestern, einem Gestern, das allerdings auch kein Morgen kennt. Nur hier sein, im Jetzt.

Stephan steuert auf einen rotierenden Riesenarm zu, der sich pfeifend über unseren Köpfen erhebt. An dessen Ende drehen sich Gondeln um die eigene Achse. Stephan grinst. Ich sage Neinneinneinneinnein, und er ist schon beim Ticketstand angekommen und winkt mit den Karten. »Ich hab dir doch gesagt, dass ich keinen Bock auf diese beschleunigte Scheiße habe«, brülle ich ihn an, um die Achtzigerjahre-Lasergeräusche aus den Boxen zu übertönen. Er schafft noch ein »Hehehehe« als Antwort und dann winkt uns ein hektischer Karusselltyp heran, zeigt wortlos auf den Schalensitz, drückt uns den Bügel zwischen die Beine und grinst unverhohlen. Panik steigt in mir auf, als die Gondel in den Nachthimmel abhebt. Langsam, damit der Kitzel langsam steigt. Auf sechzig Metern im Zenit stehen wir eine Weile still. Unten das urbane Lichtermeer, oben die Urangst. Ich versuche, die Situation zu theoretisieren, um mich abzulenken: Wie man wohl fremdgesteuerte Beschleunigung übersteht? Wie man die Raserei überlebt? Die Zeit steht so still wie die Gondel. Als sie sich nach unten bewegt und zunehmend beschleunigt, steigt die Panik. Der Fahrtwind reißt an den Klamotten, die Finger umklammern den Metallbügel. Die ersten Runden bin ich in Schockstarre. Das Blut rauscht in meinen Ohren. Ich weiß, dass ich nicht rauskomme aus diesem gottverdammten Schleudertrauma. Es ist wie in der Welt jenseits der Gondel: Du kannst schreien, so viel du willst, aber die Maschine läuft einfach weiter. Ich weiß nicht mehr, wie oft mich der Arm hoch- und runter-, hin- und herreißt. Wie oft wir uns so überschlagen, dass erst die Wolken und dann der Boden zum Greifen nah sind. Wie lange sich das große Rad mit der eigenen Achsdrehung verwirbelt. Aber irgendwann passiert es. Irgendwann kommt der Moment, in dem sich die Hilflosigkeit verflüchtigt und der Lust Platz macht. Das Gleichgewichtsorgan muss wohl das Verorten aufgegeben haben, genau wie der Kopf das Erklären und der Bauch das Rebellieren. Es ist der Moment des Loslassens, das große Glück. Einfach hingeben. Ich beginne, jeden Schwung, jede Umdrehung, jede Beschleunigung zu genießen. Der Kitzel steigert sich und feuert das Hormonprogramm ab, das für Höhepunkte jeglicher Art verantwortlich ist. Ich schreie und stöhne, als würde ich einen Rummelorgasmus synchronisieren. Es gibt kein Oben und kein Unten. Kein Müssen und kein Sollen. Kein Gerade-eben und Später. Es gibt nur noch diesen Moment. Als ich wieder vom Plastiksessel rutsche, will ich, dass mein Leben eine Karussellfahrt ist. Das ist vermutlich ganz normal, wenn man endorphinmäßig hochgepitscht ist. Auch Stephan hopst glücklich über den tosenden Platz. Aber ich meine es ernst: Ich will raus aus dem Hamsterrad des Müssens, rein ins Karussell des Könnens. Ich will nicht mehr einer ungewissen Zukunft mit meiner Leistungsbereitschaft dienen, sondern mich konkreten Momenten mit meiner Leidenschaft hingeben. Kann man das Hamsterrad in ein Karussell verwandeln? Wenn der Augenblick, das Jetzt, der Moment alles ist, was uns übrig geblieben ist, dann sollte er uns heilig sein. Aber kann das funktionieren – kann man der Logik des Kapitalismus die Idee des Momentalismus entgegensetzen? »Kannst du machen«, sagt Stephan, »aber dann verarmst du eben.« Er rennt schon wieder. Ich bleibe stehen. »Nein«, denke ich, eben nicht. Ich will reich sein – reich an Momenten. Warum sollte eigentlich nur immer Geld anzeigen, wie gut es mir und den anderen und der Gesellschaft geht? »Zeit ist Geld« ist die Formel des Turbokapitalismus – aber vielleicht sollte ich anfangen, sie mal für nichtbare Münze zu nehmen – und neu denken: Zeit nicht nur als Ressource, die monetarisiert wird, sondern als eigene Währung.

Der Diskurs um einen neuen Wohlstandsbegriff drängt sich im Moment ja auch auf – angesichts sich immer weiter verschärfender ökologischer, ökonomischer und sozialer Krisen: Klimawandel, Artensterben, Rohstoffknappheit, Landgrabbing, Flüchtlingsströme. Sie alle sind Spätfolgen einer rasanten, enthemmten Wirtschaft, die nur ein Ziel kennt: immer schneller immer mehr haben. Aber dieses Mehr lässt sich nicht ewig steigern. Das alte Versprechen

»Wohlstand durch Wirtschaftswachstum« verfängt allmählich nicht mehr, das Bruttoinlandsprodukt hat als Gradmesser gesellschaftlichen Wachstums ausgedient. Es braucht eine Umbewertung von Wohlstand – weg von einem Streben nach materiellem Reichtum hin zu einem Streben nach zeitlichen Ressourcen.

Ich weiß, dass ich mit meinem Wunsch nach einem anderen Wohlstand nicht allein bin. Es formiert sich in Europa, den USA und in Lateinamerika derzeit eine immer größer werdende Bewegung des »Postwachstums«. Sie fordert eine Abkehr vom Wachstumsdogma und schlägt eine »sozial-ökologische Transformation« vor, an deren Ende eine umfassende, neu justierte Vorstellung von Gesellschaft steht. Wissenschaftler wie der Ökonom Niko Paech oder der Beschleunigungsforscher Hartmut Rosa untersuchen neue Zeitmodelle der Zukunft und fordern zum Diskurs auf. Politische Parteien wie Die Grünen und Die Piraten haben seit Kurzem das Thema »Zeitpolitik« in ihre Programmdebatten aufgenommen, der Europarat hat einen Resolutionsentwurf über eine neue lokale Zeitplanungspolitik in der Schublade, Thinktanks wie die Heinrich-Böll-Stiftung, Attac, das Konzeptwerk Neue Ökonomie und das Netzwerk Wachstumswende erarbeiten konkrete Alternativen für eine ökologische Wirtschafts- und Lebensweise, die auf einem neuen Zeitverständnis aufbaut. Die IG Metall hat die Idee aufgegriffen – eine Befragung von einer halben Million Beschäftigten ergab, dass viele sich eine kürzere Arbeitszeit wünschen. Darunter hauptsächlich Mütter und Väter. Auch die Sozialwissenschaftlerin Jutta Allmendinger fordert eine 32-Stunden-Woche für alle – allerdings als Durchschnittswert über das gesamte Erwerbsleben.

Das Thema ist kein Rand- oder Wohlfühlthema mehr, darüber sind sich die Vordenker einig, weil ein neues Zeit-

verständnis – basierend auf Entschleunigung, Arbeitszeitverkürzung, Muße – einen Weg aus den multiplen Krisen
unserer Zeit bedeutet. Hinter diesen als Krisen bezeichneten Dauerphänomenen stecken existentielle Dilemmata wie
Überarbeitung, Arbeitslosigkeit, Hyperkonsum, Kohlendi-
oxid-Emissionen, Arm-Reich-Gefälle, gegenseitige Fürsorge
und nicht zuletzt die individuelle Frage nach einem erfüll-
ten, selbstbestimmten Leben.

Darüber zu diskutieren ist das eine. Aber was passiert,
wenn man tatsächlich aus dem Hamsterrad aus- und in den
Karussellsessel einsteigt? Auf dem Hamburger Rummel, auf
dem mich die Lichter blenden und die Geräusche umtosen,
auf dem sich der menschliche Wille zum Grenzenüberschrei-
ten geradezu grotesk verdichtet, fasse ich einen Entschluss:
Ich möchte herausfinden, wie Zeitwohlstand funktioniert.
Nicht nur in meiner eigenen Welt, sondern auch in der anderer Menschen. Dazu muss ich für eine Weile aussteigen
aus der schnellen Welt des Erwerbslebens. Ich sage Stephan
und dem Journalismus für eine Weile Adieu – und ich werde
ihn suchen, mich ihm anschließen und herausfinden, wie es
sich in ihm lebt: im Club der Zeitmillionäre.

## 2 ABSAGEN FÜR ANFÄNGER

Ich möchte lieber nicht


**Der Entschluss ist** also gefasst: Ich möchte lieber nicht mehr müssen. Das passt mir gerade sehr gut in den Kram, denn selbiger türmt sich auf meinem Schreibtisch in Form von To-do-Listen, Briefen, herausgerissenen Berichten, Projektideen, Interviewprotokollen, Erinnerungs-Post-its. Auf dem digitalen Schreibtisch sieht es nicht anders aus. Da bilden Textdokumente verschiedenen Formats einen weißen Flickenteppich. Normalerweise legen sich diese Zeugnisse des Müssens wie ein Gewebe aus schlechtem Gewissen über meine gute Laune. Heute aber nicht, heute bin ich hochmotiviert, denn das kommt alles weg. Mit großem Eifer beginne ich das Aufräumen. Das, das, das – kommt in einen anderen Ordner. Klick, klick, klick – Mülleimer. Dummdidummdidumm – gelöscht. Nach ein paar Stunden habe ich sowohl die Tisch- als auch die Festplatte wie mit einem Kärcher aller Pflichten bereinigt. Sie sind vielleicht noch da, aber ich sehe sie nicht mehr. Für den Anfang ist das doch nicht schlecht.

Mein Nicht-nur-Mitbewohner und Bürokollege Herr F. guckt mir von seiner Seite der Tischplatte aus zu. Er hat rings um seinen Stuhl Aktenordner und kopierte Stapel ausgebreitet. Auf seiner Stirn sehe ich eine angestrengte Falte. Wenn ich es mir nicht einbilde, riecht es sogar nach echtem Arbeitsschweiß. ›Gleich fragt er bestimmt, seit wann ich beim Aufräumen so gut gelaunt bin‹, denke ich. ›Und dann springe ich auf meinen leer geräumten Schreibtisch und verkünde, dass ich ab jetzt nicht mehr mitmache im Redaktionsbüro. Vielleicht mache ich auch einen auf Edith Piaf und singe »*Je ne veux pas travailler*« und stecke mir eine Zigarette an und steppe.‹ Leider fragt Herr F. nicht, und ich bleibe auf meinem Stuhl sitzen. Es ertönt der Ping meiner Mailbox und erinnert mich daran, dass ich ja noch einiges zu tun habe: alle Alerts abbestellen, den Spamfilter meines Mailprogramms drastisch verschärfen, alle Push-Nachrichten auf dem Mobiltelefon abschalten, den Klingelton lautlos stellen, ach, eigentlich kann der Vibrationsalarm auch weg. Das wird das Gebimmel und Geblinke, das mich ständig daran erinnert, noch irgendetwas machen zu müssen, auf quasi null zurückfahren. Ich kann dann selbst entscheiden, wann ich meine SMS, WhatsApp, Mails oder Facebook-Nachrichten anschaue und vielleicht auch beantworte. Wenn ich dazu in der Stimmung bin. Bereits angenommene Aufträge mache ich aber noch fertig. Dazu gehört die Mitarbeit an einem Recyclingmagazin, das ich jetzt schon seit fünf Jahren redaktionell betreue, eine Investigativrecherche, für die ich bereits Geld eingesammelt habe, und ein paar Lesungen. Alles, was neu dazukommt, will ich absagen – wenn es nicht meiner neuen Berufung als Zeitwohlständler dient. Dafür bereite ich eine freundliche Absage-Mail vor. *Lieber XY, vielen Dank für Ihre Nachricht, über die ich mich wirklich sehr gefreut habe. Leider kann ich zu der von Ihnen vorgeschlagenen Lesung/Veranstaltung/Einladung nicht kommen, da ich gerade einer sehr zeitintensiven Recherche nachgehe. Trotzdem vielen Dank für Ihr Interesse und herzliche Grüße.*

In den nächsten Tagen beobachte ich mich und meine neue Nicht-Arbeitssituation. Wie gewohnt setze ich mich morgens an meinen Schreibtisch. Wenn das Telefon klingelt, geht Herr F. ran und sagt: »Ja, mach ich.« Wenn bei meinem Telefon das Display leuchtet und ich es zufällig sehe und eventuell rangehe, sage ich: »Nein, ich möchte lieber nicht.« Oder ich schicke die vorformulierte Absage. In meiner Vorstellung treffe ich bei meinen Verweigerungen auf basses Staunen, auf Unverständnis, vielleicht sogar auf Empörung. Sind sie nicht ein großer Akt der Rebellion? Eine Absage an die Leistungsgesellschaft? Ein Widerstehen der großen kapitalistischen Verwertungslogik? Und werde ich nicht mit jedem »Nein« zur Heldin der Arbeitsverweigerung aufrücken?

So hatte ich das zumindest verstanden, als ich mich mit den Klassikern der Arbeitsverweigerung eingedeckt hatte, um Argumente für das Dagegen-Sein zu sammeln. Falls doch mal einer fragte. Ich las zum Beispiel »Das Recht auf Faulheit« von Paul Lafargue, der in seiner Streitschrift aus dem 19. Jahrhundert den 3-Stunden-Arbeitstag fordert. Damals wie heute eine undenkbare Provokation.

Die Bibel aller Nichtstuer war im Jahr 2014 wieder neu aufgelegt und von dem Soziologen Stephan Lessenich mit einem neuen Vorwort in unsere Gegenwart geholt worden. Lessenich ist Vorsitzender der Deutschen Gesellschaft für Soziologie, leitet den entsprechenden Lehrstuhl an der Ludwig-Maximilians-Universität in München und arbeitet selten weniger als 60 Stunden in der Woche, wie er der Süddeutschen Zeitung verraten hat. Trotzdem findet er es heute wichtiger denn je, sich das »Recht auf Faulheit zu erarbeiten«. In einem Interview mit der Süddeutschen Zeitung begründete er das damit, dass die Gesellschaft seit zehn bis 15 Jahren einen starken Produktivismus erlebe. Alles ziele darauf ab, die Ressourcen sämtlicher Arbeitenden möglichst umfassend abzuschöpfen und ihre Leistungen auszunutzen, so lange sie auch nur im Geringsten zum weiteren

Wirtschaftswachstum beitragen können. Obwohl wir jedes Quartal mehr produzieren und unseren Wohlstand statistisch angeblich mehren, hat die soziale Ungleichheit in der vergangenen Dekade stark zugenommen. Je größer aber die soziale Ungleichheit sei, desto stärker sei auch der soziale Druck, mehr Arbeitsstunden zu leisten. Jeder schiele zum Nachbarn, der noch länger arbeite, ziehe gleich – und treibe damit die Zeitnotstandsspirale weiter an.

Ich schiele zu meinem Tischnachbarn Herr F., der gebannt auf seinen Bildschirm starrt. Das gleichmäßige geräuschvolle Klackern der Tastatur macht mich nervös. Meine Untätigkeit fühlt sich jetzt bleiern an. Arbeit ist ansteckend, denke ich. Wenn Herr F. arbeitet, kann ich meine Verweigerung gar nicht genießen. Fast lasse ich mich mitreißen vom Strom des Machens, da werfe ich eine Frage ins Dauergeklacker. »Wusstest du, dass chronische Geschäftigkeit dem Gehirn schadet?«, frage ich. Er guckt hoch, murmelt ein »Mhhhh?«. »Ein Neurowissenschaftler in St. Louis hat 2001 zufällig ein Netzwerk im Gehirn entdeckt, das nur dann aktiv wird, wenn wir nichts tun.« Der Neurologe Marcus Raichle hatte Probanden in einen Hirnscanner geschoben und wollte mit ihnen neurologische Experimente machen, wie man sie so kennt: Der Versuchsperson wird eine Aufgabe gegeben, das Gehirn erhöht seine Aktivität, und Raichle erkennt auf einem Monitor, welche Hirnregion an der Aufgabe beteiligt war. Als die Versuchspersonen ganz entspannt dalagen, vor sich hinträumten, sich ausruhten, war ein Netzwerk von Hirnregionen hochaktiv: das sogenannte Leerlauf-Netzwerk oder Default Mode Network. Interessanterweise umfasst dieses Netzwerk anatomisch betrachtet genau jene Hirnregionen, die mit dem Selbstbezug, dem persönlichen Erinnern und Ausmalen zukünftiger Ereignisse zu tun haben. Dem Tagträumen also, dieser schönen Parallelwelt der unendlichen Möglichkeiten. Es ist wie ein nie ganz geschlossenes Tor, durch das wir im entspannten Zustand in unsere Innenwelt gleiten können. Dorthin, wo die unordentlichen, die kreativen, die freien Gedanken wohnen.»Auch wenn unser Geist für intensive Aktivitäten außerordentlich gut entwickelt ist, muss unser Gehirn, um normal funktionieren zu können, auch müßig sein, und das sogar sehr häufig«, schreibt der Neuro- und Kognitionswissenschaftler Andrew Smart in seinem Buch *Öfter mal auf Autopilot. Warum Nichtstun so wichtig ist.*

»Und du stimulierst jetzt dein Leerlauf-Netzwerk, oder was?«, fragt Herr F.

»Ja, genau«, erkläre ich und erwarte Fragen, Kritik, Hohn, Zweifel.

Er guckt mich interessiert an, nickt langsam. »Finde ich gut«, sagt er stattdessen. »Finde ich eine richtig gute Idee.«

»Echt?«, frage ich ungläubig.

»Darum geht's doch im Leben.«

»Ja schon. Aber findest du das nicht bedenklich, dass ich alle Aufträge und Sicherheiten über Bord werfe? Ich könnte dir irgendwann schmarotzend auf der Tasche liegen.«

»Glaub ich nicht. Das wird sicher sehr interessant. Mach das mal!«

Ich bin ein bisschen beleidigt, dass meine große Verweigerungspose so widerstandslos akzeptiert wird. Auch die Mailschreiber und Anrufer reagieren auf meine Absagen äußerst verständnisvoll. Selbst wenn ich keine anderen Arbeiten vorschiebe, sondern ganz ehrlich gestehe – ich möchte jetzt nicht arbeiten –, sagen die meisten: »Ach so, klaro, verstehe ich. Schade, na ja, ein anderes Mal vielleicht.« Selbst meine Mutter, die eine sehr tugendhafte und fleißige

Frau ist, hält das Experiment Zeitwohlstand endlich mal für eine sinnvolle Beschäftigung. Beziehungsweise Nicht-Beschäftigung. Was ist da nur los? Ausgerechnet diejenigen, die am ordentlichsten arbeiten und ableisten, unterstützen mich auf der Suche nach der verlorenen Freizeit? Denken sie, ich meine es nicht ernst? Oder ist die Karriereverweigerung längst salonfähig geworden?

Etwa zur gleichen Zeit, während ich an meinem Schreibtisch Ordner schließe, öffnet sich in Berlin die digitale Pforte zum »Haus Bartleby – Zentrum für Karriereverweigerung«. Das Logo auf der Startseite sieht aus wie ein Jugendstil-Schild mit Muschel-Applikationen in jeder Ecke. Ein weißes Hermelin flitzt durch pulvrigen Schnee. Noch bevor ich draufklicke, ahne ich, dass das wohl kein Sammelbecken von Menschen mit Iros oder Dreads oder Oppositionsbart sein wird, sondern ein Salon tendenziell gut gekämmter, künstlerisch versierter Bürgerkinder. Und tatsächlich beschreibt sich das Haus Bartleby auf den Folgeseiten als »eine Akademie der eleganten Faulheit und einen Ort der Verschwörung gegen die Düsternis unserer Zeit«. Man versammle Arbeiter, Architekten, Denker, Konstrukteure, Financiers und deren Kritiker – und damit sind sowohl beim Haus Bartleby als auch bei mir immer Frauen, Männer und Transmenschen gleichermaßen gemeint –, also »junge Dummheitsverweigerer, die am Ende einer Wirtschaft forschen, wie wir sie kennen und verachten.« Den Namen Bartleby haben sie sich aus Herman Melvilles Novelle geborgt, in der der gleichnamige Held beschließt, nicht mehr mitzumachen. Verstörend höflich und konsequent wehrt der Antiheld alle Dienstherren mit der Formel ab: I would prefer not to. Ich möchte lieber nicht. Seine Berliner Erben greifen das auf und hinterfragen ein System, in dem die berufliche Karriere der wichtigste Faktor für den

Marktwert eines Menschen ist. Man wolle dem Phänomen »Arbeit« auf die Spur kommen, indem man sich von ihr und ihren hässlichen Abhängigkeiten löst. »Wir meinen: Eine Zeitenwende steht ins Haus. Es könnte besser werden, wenn wir denn etwas dafür tun.« Ich bin sofort euphorisiert. Da ist sie also: meine bessere Gesellschaft, die mit größtmöglicher Geschliffenheit und ästhetischer Inszenierung zum lebenslangen Generalstreik aufruft. Die erkannt hat, dass Produktivismus dem Hirn, dessen Besitzer und der Gesellschaft insgesamt schadet – und die ihn rundweg ablehnt. Ist das der Club der Zeitmillionäre?

Ich finde auf der Seite einen Leitfaden zur Karriereverweigerung mit drei Stufen: Phase eins sei das anfängliche Unbehagen mit unserer Arbeitswelt, das An-sich-selbst-Zweifeln und die Unlust auf das »stumpfe Abgestrampel«, in Phase zwei habe man bereits einiges an systemkritischer Literatur gelesen, fühle sich dadurch in seiner Unlust bestätigt, wisse, dass irgendwas passieren müsse, was dann logischerweise in Phase drei folgt: »Sie sind krass entschlossen, haben Entscheidungen getroffen, reden offen über Ihre Haltung, sind engagiert und mutig.« Ich mache innerlich einen Haken an alle drei Etappen und suche nach einem Kontaktfenster. Aber so einfach ist das nicht. Das Haus Bartleby versteht sich als eine geschlossene Loge, in die man nicht einfach so hereinkommt.

Meine brachliegenden journalistischen Fähigkeiten aktivierend, recherchiere ich die Gründer der Loge, darunter der Dramaturg Anselm Lenz und die Journalistin Alix Faßmann. Letztere hatte 2014 eine Anleitung zur Karriereverweigerung geschrieben, ein Buch, das den Titel *Arbeit ist nicht unser Leben* trägt und auf meinem Nachttisch liegt. Darin beschreibt die 33-Jährige, wie sie ihren Job als Politikberaterin bei der SPD hinschmeißt, sich ein Wohnmobil kauft und auf die Suche nach echtem Leben macht – jenseits von Geld, Konsum und Karriere, diesseits von Freundschaft, Glück und Muße. Ich hab das gern gelesen, war am Ende aber etwas enttäuscht, als sie nach ihrem Ausbruch dann doch wieder in einen anderen Erwerbsjob zurückgekehrt ist. Aber, so rechtfertigt sie sich, ohne sich selbst zu opfern. Niemand verdiene ihre Liebe, der damit Geld verdiene – das totale Karriere-Ende habe sie fest im Blick. Einen Satz hatte ich mir im Buch dick unterstrichen: »Keine Angst zu haben und sich sein Leben nicht zur Job-Hölle machen zu lassen ist das Coolste und Revolutionärste, das uns heute möglich ist.«

Nun also scharen Alix und ihre Mitstreiter die coolen Revolutionäre tatsächlich um sich. Zu offenen Gesprächskreisen kommen zum Beispiel der Philosoph des Müßiggangs Guillaume Paoli (*Die Glücklichen Arbeitslosen*) oder der Faulheits-Verteidiger Patrick Spät (*Und, was machst du so? Fröhliche Streitschrift gegen den Arbeitsfetisch*). Man kann sich die Videos der Stuhlkreisrunden im Netz angucken, wenn man Zeit und Muße hat. Und wenn nicht, dann sollte man es erst recht tun.

Ich schreibe den Lobbyisten der Verweigerung eine huldigende Mail. Es ist eigentlich ein Liebesbrief, mit Knicks und Verneigung und Hermelinpelz-weichem Verehrungston. Als patente Drei ihres Stufenmodells würde ich gern in Phase vier übergehen, also nach Mitstreitern suchen, die einen neuen Wohlstandsbegriff haben – und ihn ausleben. Nicht Geld, sondern Zeit. Die Antwort kommt prompt – verbunden mit einer Einladung nach Berlin.

Wir sind im Körnerpark verabredet, einer neobarocken Grünanlage mit Orangerie, Wasserspielen und Staudenpflanzen. Eine ausladende Steintreppe führt hinab, dort wartet Anselm Lenz, Jahrgang 1980, pomadiertes Haar, ernstes Gesicht, einst Dramaturg am Hamburger Schauspielhaus, jetzt Dramaturg des Generalstreiks. Anselm hat in seinen Hamburger Jahren einen wunderschönen Sammelband mit dem Titel *Das Ende der Enthaltsamkeit* herausgegeben, und es wäre außerordentlich passend, zwischen den Schnörkeln des Parks und den Schnörkeln der Kapitalismuskritik einen Wein zu heben. Aber wir bleiben bei Kaffee und Zigaretten und Diskurs. Die genauen Inhalte verrate ich nicht, es ist ja schließlich ein vertrauliches Logen-Treffen, aber es fallen viele Namen toter linker Intellektueller, historischer linker Bewegungen, strapazierte linke Kampfbegriffe, vergangene Schlachten. Und es hängt die Frage über dem herrschaftlichen Platz: Was kommt jetzt? Welches Format linker Kapitalismuskritik braucht es heute? Muss sie genauso lustvoll dekadent, so freudig verschwenderisch, so anmaßend herrschaftlich daherkommen wie der Kapitalismus?

Innerhalb der Loge geht es jedenfalls ganz und gar nicht müßig zu. Als wir uns treffen, will das Haus Bartleby den Kapitalismus symbolisch verklagen. In einem Aufsehen erregenden Prozess werden die Verbrechen gegen die Menschen und die Menschlichkeit verhandelt. »Kapitalismustribunal« soll die Veranstaltung heißen. Es seien große internationale Vordenker an Bord. Darunter der Club of Rome, die Heinrich-Böll- und die Rosa-Luxemburg-Stiftung. Jeder lebende Mensch kann auf einer Internetplattform seine Klage einreichen, diese werden gesammelt, aufbereitet, 28 Fälle werden in Wien mit Anklageteams und Verteidigungsteams vor dem Tribunal verhandelt. Es werden Urteile gesprochen und Sanktionen festgelegt, aber es gibt keine Exekutive. Ich frage, ob es auch Klagen aus dem Bereich Zeit gebe. Anselm schüttelt den Kopf. »Nicht direkt. Du kannst aber gern eine formulieren und einreichen.« Es ist ein schönes Gespräch von mehreren Stunden. Wir frieren, rauchen und debattieren gleichmäßig lustvoll. Als wir uns verabschieden, geben wir uns Küsschen auf die Wangen. Ich wäre gern ein Teil ihrer Loge, denke ich danach. Mit ihnen könnte ich bestimmt Zeit als neuen Wohlstandswert in die Welt heben.

Wieder zu Hause schaue ich mir die bisherige Anklageliste an: Es werden die Medien als Volksverhetzer angeklagt, die Schufa als Terrororganisation bezeichnet, das Finanzamt Aalen als Steuerbetrüger, die Bundesregierung als Volksverräter, Kriegstreiber, Demokratieverhinderer tituliert. Es wird Rupert Murdoch als »monopolisierte Propagandamaschinerie des Kapitalismus« und Nestlé als verheerendes Beispiel internationaler Lebensmittelkonzerne aufgeführt. Ich erschrecke: Das klingt ja wie das, was die alten Männer in grauen Jacken brüllen, die hier in Leipzig jeden Montag an meinem Haus vorbeispazieren. Hunderte Dokumente der bürgerlichen Enttäuschung, des Zweifels und der Angst, von »denen da oben« belogen und benutzt zu werden. Es sind auch sachlicher formulierte dabei, aber der Tenor ist jene polemische, populistische, entrüstete Elitenkritik, die in den letzten Jahren in den unterschiedlichsten politischen Lagern aufgetaucht und groß geworden ist. Die Klagen sollen systematisiert, diskutiert und dann in neue Regeln des Zusammenlebens gegossen werden, verkündet das Haus Bartleby. Ich überlege, ob ich eine Anklageschrift druntersetzen will.

Während ich ein Textdokument öffne und die Überschrift »Der Kapitalismus hat mir meine Zeit geklaut« tippe, schickt Anselm eine Mail. Es sei ihm ein Punkt noch eingefallen, den er mir unbedingt noch einmal ganz klarmachen möchte: Die Verweigerung von ihm und den anderen sei ernst gemeint. Niemand aus dem Haus Bartleby wolle irgendwann wieder zurück in die »bürgerlichen Betriebe einer untergehenden Republik. Wir hatten das alle schon mehr oder weniger und haben uns bewusst aus ethischen Gründen dagegen entschieden – aber eben ohne auszusteigen und wegzugehen. Wir arbeiten letztlich gegen die Bundesrepublik Deutschland mit ihren schal gewordenen Untersystemen und Teildiskursen.« Dann schließe ich die Mail. Und dann das Dokument für die Anklageschrift. Denn mir ist etwas klargeworden: Ich möchte lieber nicht.

Ich möchte niemanden im Internet denunzieren, ich möchte nicht mit dem Finger auf andere Menschen, Gruppen, Firmen, Institutionen oder Systeme zeigen und rufen »Ich klage dich an«, ich möchte nicht die Bundesrepublik abschaffen, ich möchte keine Kapitalisten an den Pranger stellen, keine Schauprozesse führen, kein Recht haben. Ich möchte mich nicht in Stuhlkreise setzen und über die Boshaftigkeiten des Kapitalismus diskutieren. Ich möchte keine Internet-Memes mit Kämpferparolen posten. Ich möchte mich nicht empören, nicht streiten und nicht hassen. Das gibt es so viel da draußen auf den Straßen und hinter den ordentlichen Gardinen der bürgerlichen Mittelschicht. So viel schlechte Laune, so viel Wut, so viel Dagegen-Sein, dass ich mich schlichtweg weigere mitzumachen. Ich möchte lieber nicht.

Einige Monate später besuche ich als Zuschauerin eine Vorverhandlung des Kapitalismustribunals. Sie findet im Heimathafen Neukölln statt. Am Kassenhäuschen bezahlen die Zuschauer ihre fünf Euro Eintritt und setzen sich in die dichtbesetzten Reihen auf dem Parkett. Musiker in schwarzen edlen Roben spielen Jazz, ein Trauerkranz hängt auf der Bühne. Wie schon auf der Internetseite wirkt alles hochbürgerlich inszeniert. Auf den Flyern stehen die wichtigen Fragen, die hier beantwortet werden sollen: Löst der Kapitalismus die Probleme der Gegenwart? Schafft das kapitalistische System tatsächlich Wachstum und Arbeitsplätze? Ist der Kapitalismus mit seinem Diktat der Verwertung das System unserer Wahl? Dazu wurden ein Theatermacher, eine Juristin und ein Klimaforscher eingeladen, die auf der Bühne sitzen. Sie haben im Wesentlichen die gleiche Antwort auf die Fragen (wie auch das Publikum): Nein, nein, nein. Interessant dabei ist, was der Klimaforscher Mojib Latif in seiner ersten Wortmeldung sagt. Er sitze seit Dekaden auf solchen Podien, er mahne immer wieder, dass unsere Wirtschaftsweise verheerende ökologische Folgen haben werde – und es passiert nichts. »Wir haben kein Erkenntnisproblem, sondern ein Umsetzungsproblem«, sagt er. Jeder Einzelne im Raum müsse sich aufmachen und etwas dagegen tun, dass kurzfristige wirtschaftliche Interessen jegliches Handeln bestimmen. Druck machen, protestieren, aufstehen. Deutlicher »Nein« sagen.

Aber wie genau soll das aussehen, was soll es verändern, wie wirklich Einfluss nehmen? Einmal in der Woche nach der Arbeit zur Demo laufen, Faust gegen Merkel und den globalen Finanzkapitalismus recken, wieder nach Hause gehen, unterwegs noch schnell einen Coffee to go holen, weil es so anstrengend war: die Entrüstung, die Unzufriedenheit, das Rechthaben. Ist ein demokratisches Grundrecht, schon klar. Aber mich nervt es, dieses ewige Dagegen-Sein. Ich muss an das uralte Lied vom »Jungen mit der Gitarre« denken: »Hallo, worum geht's? Ich bin dagegen. Gegen alles, gegen jeden.«

Die bloße Verweigerungs- und Protesthaltung bringt mich doch der Frage, wie ein anderes, reiches, erfülltes, gutes Leben jenseits der Geld-, Verwertungs- und Wachstumslogik aussehen kann, kein Stück näher. Nein-Sagen zu konkretem Unrecht ist wichtig, aber ohne die Vorstellung davon, was uns denn jenseits dessen erfüllt, absolut nutzlos. Vielleicht bin ich schon zu sehr im Absage-Modus, dass ich jetzt selbst zum Neinsagen schon Nein sage. Aber ich will da nicht mitmachen. Wenn man es mal mathematisch betrachtet, dann ergibt Minus mal Minus ja wieder Plus. Und eigentlich möchte ich meine freigewordene Zeit nicht mit Minusvisionen verbringen, sondern mit der Suche nach neuen Pluspunkten. Nur, wo sind sie?

# 3 BEDINGUNGSLOSE GLÜCKSRITTER

## Grundeinkommen müsste man haben

**Wenn es in** Berlin regnet, wird alles nur noch dreckiger. Eingetrocknete Pisse lebt wieder auf als Rinnsal in den Fugen des Pflasters, die Kanalisation rülpst ihren dreckigen Odem hoch, der Asphalt verschlackt. Am Kottbusser Tor sitze ich in einer Bäckerei und warte auf Erlösung. Ich stecke mir eine Zigarette zwischen die Lippen und bedeute dem Dicken am Nebentisch, mir seinen Aschenbecher zu reichen. Bedächtig zuckt er mit den Schultern und sagt: »Unter dir ist alles Asche.«

Auf meinem Handy erscheint eine Nachricht: *Ich biege gleich mit meinem weißen Gefährt in den Kreisel ein und sammele dich auf.* Ich antworte: *Sitze vor einem Bäcker und gucke der Welt beim Untergehen zu. Und dann kommst du.* Es blinkt wieder: *Ja, ich, die Rettung.* Zwei Mokkaschlucke später ziehe ich mir den Trenchcoat über den Kopf und laufe dem Mann entgegen, der mir – genau wie dem Rest der Gesellschaft – Rettung verspricht aus Tristesse und Mühsal. Er ist der Erste, den ich auf meiner Suche nach Zeitmillionären treffe. Einer, der mir zeigen soll, wie das Leben jenseits der harschen Wirklichkeit funktioniert, jenseits der Ausbeutung, jenseits der Angst.

Ich bin mit Michael Bohmeyer verabredet. 30 Jahre, blonder Undercut, graue Röhrenjeans, Sneakers, Jutebeutel. So steht er im Regen und lächelt. Ein Berliner Internet-Sozialunternehmer wie aus dem Instagram-Bilderbuch. Er hat 2014 die Seite *Mein Grundeinkommen* gegründet, mit der er via Crowdfunding Spenden einsammelt, um Menschen ein Jahr lang ein monatliches Grundeinkommen von 1000 Euro zu schenken. Immer, wenn 12 000 Euro zusammen sind, findet eine Verlosung unter allen statt, die sich angemeldet haben. Egal, ob Frau oder Mann, Kind oder Greis, Arbeiter oder Manager, reich oder arm, engagiert oder faul – jeder kann gewinnen. Bedingungslos.

Auf der Internetseite von *Mein Grundeinkommen* erklärt Micha in einem Video, warum er tut, was er tut. Micha sagt darin, er beziehe selbst ein bedingungsloses Grundeinkommen: eine monatliche Ausschüttung aus den Gewinnen einer Internetfirma, die er gegründet und zum Erfolg geführt hat. 2013 ist er dort ausgestiegen, weil der soziale Druck, wer am längsten im Büro sitzen bleibt, ihm nicht mehr eingeleuchtet hat. Im Werbevideo hockt er mit einem MacBook auf einer sonnigen Parkbank, blinzelt in die Sonne und sagt: »Eigentlich wollte ich mich mit dem Geld ausruhen und endlich mal faul sein, aber stattdessen habe ich einen Schaffensdrang, der mich selbst überrascht. Ich fühle mich frei und sorglos, habe Geschäftsideen, engagiere mich ehrenamtlich, kann ein besserer Vater sein und lebe zudem auch noch gesünder.« Er sei fest davon überzeugt, dass Bedingungsloses Grundeinkommen (BGE) nicht nur bei ihm, sondern bei allen Menschen große Kreativität entfachen könne und die Menschheit damit einen großen Schritt vorankomme. Wissen könne man es natürlich nicht, aber statt sich in behäbigen Runden darüber zu streiten, könne man es ja auch einfach ausprobieren.

Die Idee schlug in den Medien ein wie eine Bombe. Eine revolutionäre Idee, ein junges Gesicht, ein zeitgeistiges Format – das lässt sich gut erzählen. Große Zeitungen,

Fernsehsender, Internetportale porträtierten Micha und das Projekt. Innerhalb weniger Wochen kamen mehr als 50.000 Euro zusammen. Einige Spender nehmen gar nicht an der Verlosung teil, um bedingungsloses Geldglück einzustreichen – stattdessen wollen sie dieses aktualisierte Format einer alten linken Idee unterstützen: die Idee von der befreiten Arbeit. Was passiert, wenn wir nicht mehr arbeiten müssen, sondern arbeiten wollen? Wohin führt es, wenn Arbeit nicht mehr Unterdrückung, Ausbeutung, Last bedeutet, sondern Sinn? Ist das BGE der entscheidende Hebel, um uns zu freieren, sozialeren, besseren Menschen zu machen? Und: Könnten damit alle Menschen Zeitwohlständler sein?

Es war ein Februartag, als ich das erste Mal von Micha und seiner Idee hörte. Der Wind fuhr durch den Innenhof eines alten Fabrikgebäudes in Berlin-Neukölln. Hinter den Backsteinfassaden die Büros kleiner Internet-Start-ups mit selbstgebauten Spanplatten-Schreibtischen und selbstgesammeltem Internetgeld. Draußen auf dem Hof standen Menschen, die sich selbst erdachte Jobbezeichnungen wie Mindful Business Coach, Communitykoch, Serial Entrepreneur, Chief Generation Y Officer, Blogger oder Social Hacker gaben, um zu verdeutlichen, dass ihre Berufung keine klassische Berufsbezeichnung kennt. Dass ihre Arbeit keine klassische Erwerbsarbeit ist. Dass ihr Beitrag zur Gesellschaft sich nicht im Bruttosozialprodukt, sondern im Optimalfall im Bruttosozialglück niederschlägt. »Symbolbearbeiter« hat der Autor Niels Boeing diese Denker, Bastler, Macher genannt. Es sind jene, die schon jetzt die Arbeit vom Zwang befreien – auch ohne Grundeinkommen.

Micha stand jedenfalls an diesem Februartag auf einer rostigen Hebebühne und stellte dort ein Glücksrad auf. Die Glücksfeen neben ihm tranken Grundeinkommens-Cola, weil die Brause so wie die Idee selbst sei: süß und frisch.

»Frisch« stimmt zwar nicht – das erste Mal tauchte die Idee 1516 im Roman *Utopia* von Thomas Morus auf und wurde später unter anderen von Erich Fromm, Friedrich August von Hayek und Martin Luther King propagiert – aber zumindest die Macher auf der Bühne waren irgendwie süß, und der Wind im Hof war wirklich frisch. Der Zeiger des Glücksrads blieb an Buchstaben hängen, die Micha in seinen Rechner eintippte. Auf einer Leinwand tauchten die Profile der Gewinner auf und ein kurzer Satz, was sie mit der Kohle anfangen würden. Der eine wollte sein Hobby zum Beruf machen, die andere wollte chillen. Applaus. Die Menge nuckelte an den Colaflaschen und verteilte sich dann wieder in die Symbolbearbeiter-Büros.

Ich schnappte mir auch eine Flasche, setzte mich in eine Ecke und überlegte. Die Idee einer bedingungslosen Grundsicherung war doch äußerst attraktiv: Jeder Mensch erhält regelmäßig einen fixen Betrag und ist damit in der Lage, sein Überleben zu sichern – ohne irgendetwas dafür als Gegenleistung tun zu müssen. Dadurch erhält er die Gelegenheit, sich darüber Gedanken zu machen, was er denn eigentlich auf dieser Welt tun will, warum er hier ist, was ihn glücklich macht. Er ist vom finanziellen Zwang zur Arbeit befreit und hat erst mal: Zeit.

Doch was macht der Mensch damit? In der Vergangenheit gab es bereits verschiedene Versuche mit dem BGE. Beispielsweise erklärte der US-amerikanische Präsident Lyndon B. Johnson in den Sechzigerjahren der Armut den Krieg und schüttete in fünf Feldversuchen eine »negative Einkommensteuer« an Bürger aus, die ein bestimmtes Jahreseinkommen nicht erreichten. Auch in der kanadischen Stadt Dauphin wurde 1974 mit dem »Mincome«, dem minimum income, experimentiert und an etwa 1000 Familien über fünf Jahre Geld ohne Gegenleistung verteilt – bis die Ölkrise die Regierung in eine Rezession riss. Das Experiment wurde eingestellt, die Ergebnisse verschwanden in einem Archiv. Erst 2009 buddelte eine kanadische Professorin die Akten wieder aus und veröffentlichte sie unter dem Titel *Die Stadt ohne Armut*. Darin stand, dass die Teilnehmerinnen und Teilnehmer seltener zum Arzt gingen, vor allem gingen psychische Beschwerden zurück, die Zahl der Krankenhausaufenthalte sank statistisch. Die Scheidungsrate stieg. Offenbar führte die monetäre Sicherung zu körperlichem und seelischem Gleichgewicht. Die Menschen arbeiteten weiterhin in ihren Jobs und konnten mit dem Gehalt in schöne Dinge oder Leistungen investieren, statt es ausschließlich als Existenzsicherung zu gebrauchen. Nur Mütter nutzten die Gelegenheit, sich stärker aus dem Berufsleben zurückzunehmen.

Auch heute gibt es zahlreiche Feldversuche mit Grundeinkommen: In Alaska wird jeder Bewohner jährlich mit einer Ausschüttung an den nationalen Ölverkäufen beteiligt. In Indien, Namibia und Brasilien wurden ausgewählte arme Dörfer regelmäßig mit einem partiellen Grundeinkommen ausgestattet. Und auch hier in Europa ist die Idee so attraktiv, dass sich einige Länder dem Thema Grundeinkommen stellen, die damit nicht nur akute Armut bekämpfen wollen, sondern eine neue Art der sozialen Sicherung ausprobieren. So wurde 2015 im Koalitionsvertrag der finnischen Regierung festgelegt, dass man als erstes europäisches Land ein Grundeinkommen für Bürger zur Verfügung stellen wolle, die arbeitswillig seien. 20 Millionen Euro hat die Regierung bereits für einen zweijährigen Testlauf mit mindestens 10 000 Probanden bereitgestellt. In der niederländischen Stadt Utrecht starten Sozialwissenschaftler und -wissenschaftlerinnen ein Experiment, in dem 300 Testpersonen jeweils 900 Euro bekommen – in manchen Testgruppen ist das Geld an Bedingungen geknüpft, in anderen nicht. Auch in der Schweiz hat eine Bürgerinitiative einen Antrag in den Nationalrat eingebracht, über den die Bevölkerung im Jahr 2016 abstimmt. »Das Grundeinkommen ist die erste positive Vision des 21. Jahrhunderts«, sagen die Schweizer Aktivisten. Dass ein auf Wachstum und Beschleunigung basierendes Wirtschaftssystem allmählich an seine Grenzen kommt, scheint offenbar in der Schweiz die Suche nach Alternativmodellen voranzutreiben.

Was ein Grundeinkommen – aus welchen Gründen, in welcher Höhe, mit welcher Finanzierung, für welche Bürger auch immer – genau bewirkt, ist heftig umstritten. Kritiker befürchten, dass der Wille zur Arbeit und Produktivität erschlaffe. So wie es in Kuba passierte, als man dort in den Sechzigerjahren die Löhne vereinheitlichte – unabhängig von der tatsächlich geleisteten Qualität und Quantität der Arbeit. Jeder Kubaner sollte von seinem Einkommen leben können. Nahverkehr, Strom und Telefon waren kostenfrei, die Miete eher ein symbolischer Betrag. Man hoffte, dass die Kubaner »statt der Not gehorchend, Erwerbsarbeit zu leisten, aus freier Entscheidung ihr Bestes für den Aufbau eines sozialistischen Kuba geben würden«. Che Guevara ging mit gutem Beispiel voran und schlug Zuckerrohr. Aber es half nichts: Die Produktivität sank rapide. Am Ende wurden so viele Arbeiter in der Produktion gebraucht, dass der Zuckeranbau mehr kostete als er einbrachte. Wie auch andere sozialistische Staaten versank Kuba in Versorgungskrisen und Misswirtschaft.

Die Befürworter halten dagegen, dass es auch in auf größtmögliche Effizienz ausgerichteten Wirtschaften kein menschenwürdiges Leben für alle gebe. Im Gegenteil: Sie privilegierten einige wenige auf Kosten der anderen. Die berühmte Schere zwischen Arm und Reich klaffe umso weiter auseinander, je weniger die Menschen sozial abgesichert und damit frei, unabhängig und souverän seien. Zudem würden im enthemmten Kapitalismus nur jene Arbeiten entlohnt, die als klassische Erwerbsarbeit angesehen werden: Kinder bekommen und erziehen, Alte und Behinderte pflegen, sich gesellschaftlich engagieren, politisch aktiv sein, unternehmerisch experimentieren – all das würde entwertet, weil es keinen unmittelbaren konkreten Ertrag bringe. Außerdem hätten sich die Zeiten geändert: Wir lebten schließlich nicht mehr in einem Arbeiter- und Bauernstaat, in dem die Menschen das Zuckerrohr mit der Machete abhauen müssen. Arbeit ist für immer mehr Menschen auch eine Möglichkeit, um sich selbst zu verwirklichen und sich in die Gesellschaft einzubringen. In Zeiten ständiger technologischer Rationalisierung sinke der Bedarf an Arbeitskräften, während die Nachfrage nach sozialer Arbeit steige. Man denke nur an die zunehmende Zahl von Arbeitslosen, Rentnern und Geflüchteten. Dies würde so oder so den Sozialstaat belasten, da könne man ihn auch gleich radikal reformieren – und die Repressalien und Bürokratien des jetzigen Systems abschaffen.

Das BGE gilt vielen – nicht nur in der linken Szene – als handhabbares Mittel, soziale Ungerechtigkeiten zu überwinden. Es ist, wie Ernst Bloch sagen würde, eine konkrete Utopie. Und die schmeckte mir zusammen mit der Cola zumindest erst mal ziemlich gut. Trotzdem könnte ich nicht sagen, was ein BGE nun wirklich für Mensch und System bedeuten würde. Lassen sich die Ergebnisse aus einer kanadischen Kleinstadt der Siebzigerjahre mit denen eines namibischen Dorfes der Nullerjahre vergleichen? Was hat der Holzarbeiter aus Alaska mit seiner Öldividende mit dem Aktivisten in Berlin und seiner Start-up-Ausschüttung zu tun? Sie verbindet im Grunde ja nur, dass sie Menschen sind und dank Grundeinkommen auch in Würde leben dürfen. »Das garantierte Einkommen würde nicht nur aus dem Schlagwort ›Freiheit‹ eine Realität machen, es würde auch ein tief in der religiösen und humanistischen Tradition des Westens verwurzeltes Prinzip bestätigen, dass der Mensch unter allen Umständen das Recht hat zu leben«, schrieb der Grundeinkommens-Freund und Philosoph Erich Fromm. Aber was genau diese Freiheit mit dem einzelnen Menschen macht, ist ungewiss. Mehr Zeitwohlstand allerdings mit Sicherheit. Und dann?

Dass Micha die Sache pragmatisch anging und deswegen so viele Grundeinkommen wie möglich sammelte und verschenkte, erschien mir sinnvoll. Leider habe ich keins gewonnen. Nur eine Bonuspunkte-Plastikchipkarte, mit der ich ab jetzt beim Einkaufen Bonuspunkte für *Mein Grundeinkommen* sammeln könne. Jede Karte sei auf *Mein Grundeinkommen* angemeldet, und immer wenn ich irgendwo bezahlte, könne ich für den Spendentopf Bonusgelder einstreichen. Wenn die Frau oder der Mann an der Kasse fragte, ob ich eine Kundenkarte habe, müsste ich einfach das Ding rüberreichen und für die Utopie sammeln. Ich drehte die Karte zwischen meinen Fingern. Wovon soll ich eigentlich was einkaufen? Wer könnte mir ein paar Euro geben für das Experiment Zeitwohlstand? Ich ahnte: Ich musste mir selbst ein Grundeinkommen besorgen! Herr F. und die Familie fielen raus. Vielleicht ein persönliches Crowdfunding, wie es der Architekt Van Bo Le-Mentzel gemacht hatte? Vor einigen Jahren hatte er sich neben seinem festangestellten Job die Hartz-IV-Möbel einfallen lassen – ein Set an Designer-Möbeln, dessen Baupläne sich jeder kostenlos runterladen kann. Die Idee begeisterte die Szene der urbanen Do-it-yourself-Anhänger, und Van Bo wurde dort ein Star. Er baute mit einfachen Mitteln und vielen Helfern winzige Häuser für Bedürftige – das One-Square-Meter-Haus, das Unreal Estate House, das Hotel Lageso für Geflüchtete –, hat mit den »Karma-Chakhs« den Versuch unternommen, Turnschuhe transparent und fair zu produzieren, und verbreitet mit all diesen Projekten die Idee einer Karma-Ökonomie. In dieser Wirtschaftsweise wird nicht nur mit Geld, sondern auch mit Taten, Liebe und Zeit bezahlt. Er merkte, dass seine Ideen in der Gesellschaft wirklich etwas veränderten, dass sie für viele Menschen eine neue Art des Handelns und Lebens bedeuteten, dass sie Hoffnung gaben. Ich habe Van Bo ein paar Mal getroffen – und egal, wie lange wir uns unterhalten haben: Er hatte immer mindestens drei wirklich gute Gedanken, wie man das Miteinander von Menschen ganz konkret ein kleines bisschen besser gestalten könnte. Trotzdem musste er jeden Tag an seinen Schreibtisch zurück, um Geld zu verdienen. Was für eine Verschwendung. 2014 hat Van Bo seine Crowd gebeten, ihn für ein Jahr lang vom Zwang zur Erwerbsarbeit zu befreien und ihm ein bedingungsloses Stipendium zu finanzieren. »Es ist die vielleicht verrückteste Idee eines Crowdfundings, die ich je hatte«, sagte er im Funding-Video. Ähnlich wie Micha für andere Menschen, hat Van Bo für sich selbst ein Grundeinkommen im Internet zusammengesammelt. 52 Stifter sollen ihn jede Woche eines Jahres mit Geld versorgen – ohne etwas als Gegenleistung zu bekommen. Etwa 1500 Euro pro Monat brauche er für sich und seine Familie. Das sogenannte D-Scholarship soll ein demokratisches Stipendium sein und irgendwann jedem ermöglichen, frei und zwanglos kreativ zu sein. Van Bo fing bei sich selbst an. Und tatsächlich: Es klappte.

Die Vorstellung, mich vor eine Kamera zu setzen und im Internet um Spenden für mein Zeitwohlstandsjahr zu bitten, erzeugte bei mir aber ein komisches Gefühl. Wäre das nicht im Grunde wie Betteln – nur mit modernen Mitteln und hipperen Vokabeln? Oder noch schlimmer: die krasseste Form der neoliberalen Selbstvermarktung, in der ich so telegen, eloquent, sympathisch und massenkompatibel wie möglich sein – oder zumindest rüberkommen – müsste, damit andere sagen: »Die Taubert ist ja mal ein lustiger Hase. Der gebe ich jetzt einen Hunni, damit sie machen kann, was sie will. Die ist nicht so ein rotziger, müffelnder Punk wie der mit dem Kaffeebecher in der S-Bahn, dem ich immer ein ›Geh arbeiten‹ hinterherbrülle.« Wenn man es mal ganz streng betrachtet: Was wäre denn eigentlich der Unterschied zwischen mir und dem Punk? Das gälte es ja überhaupt erst mal herauszufinden. Obwohl ich sowohl das Grundeinkommen von Van Bo als auch jene von Micha selbst mit Spenden unterstützt hatte, konnte ich mir das für mich selbst nicht vorstellen. Das privilegierte Geben ist einfacher als das bedürftige Nehmen. Ich brauchte einen anderen Ansatz.

Ich suchte nach der Telefonnummer meiner Lektorin. Sie hatte mir in den vergangenen Monaten schon ein paar Nachrichten geschrieben. *Hey Greta, länger nichts gehört. Was machst du?*, stand in der einen. In der nächsten: *Hey Greta, wie wäre es mit einem neuen Buch? Lass uns doch mal einen Kaffee trinken.* Und in der letzten: *Hey Greta, geht's dir gut?* Sie wurden offenbar alle mit der gleichen Auto-Responder-Ich-möchte-lieber-nicht-Mail beantwortet. Ich rief sie an.

Lektorin: Mensch, Greta, so was! Du lebst ja! Wie geht's dir?

Ich: Och, ein bisschen kalt ist es. Aber sonst eigentlich ganz gut.

Lektorin: Was machst du?

Ich: Nichts.

Lektorin: Aha, ist ja interessant. Nichts?

Ich: Ja, genau. Das ist ein sehr interessanter Zustand. Ich probiere aus, wie das ist, wenn man aus dem Hamsterrad des Müssens aussteigt. Wenn man nicht mehr mitmacht.

Lektorin: Aha. Und, was passiert?

Ich: Bisher noch nichts. Ich glaube, das ist eher so ein Langzeit-projekt.

Lektorin: Willst du das dokumentieren? Also als Buch?

Ich: Wäre das denn was für euch?

Lektorin: Was willst du denn genau machen?

Ich: Na nichts.

Lektorin: Mhhhhh.

Ich: Ich bräuchte allerdings einen Vorschuss, der mich ein Jahr durchbringt. So eine Art Grundeinkommen, ohne dass ich ein konkretes Ziel erreichen muss.

Lektorin: Mhhhhhhh. Hast du schon Material?

Ich: Nein.

Lektorin: Schick doch erst mal was rüber. Einen Beispieltext über einen Zeitmillionär.

Ich: Mhhhhhh.

Dann legte ich auf, erhob mich von der eisigen Bank im Neuköllner Fabrikinnenhof und ging zur Hebebühne, auf der Micha gerade das Geraffel für die Grundeinkommensverlosung zusammenpackte. Der Glücksritter mit dem Glücksrad für die Glückspauschale. Wenn das der Mann mit dem Ticket zum Grundeinkommen war, dann wollte ich jetzt bitte eins lösen. »Ich würde dich gern kennenlernen und das Thema Zeitwohlstand ergründen«, sagte ich. Es entstand so eine Pause, in der er hätte fragen können, was Zeitwohlstand sei, was ich mit dem Thema vorhätte und was das mit ihm zu tun habe. Stattdessen grinste er mich an und sagte: »Mit dir mach ich alles.«

Und so sitzen wir also Wochen später in seinem Auto, die Ödnis des Berliner Kottis um uns herum, durchnässt, zögernd, fremd und wissen nicht, was das ist: alles. Anything goes, ja klar. Aber wo fängt das an?

Wir fahren erst mal durch Neukölln zum Büro von

*Mein Grundeinkommen*. Dort befindet sich ein Regenschirm und außerdem die Steuerungszentrale für die bessere Welt. In den Fluren hängen Kabel aus den Wänden, und die Türen sind mit Folie abgedeckt. Drinnen graue Böden und graue Bürotische ohne Schreibtischkram. Hier werden einfach Laptops aufgeklappt, Videos hochgeladen, und los geht es in Richtung Sozialrevolution. Leere Grundeinkommens-Cola-Kästen bilden eine Treppe zu einem Fenster, durch das man auf eine kleine Balustrade klettern und über Berlin gucken kann. »Grundeinkommen kann wohl alles«, denke ich spöttisch und schlendere durch die Räume. Eingeschweißte Riesenwürfel liegen rum, ein Tandem lehnt an der Wand, bunte Post-its kleben an einer Wand mit Fragen wie: Wohin soll die Reise gehen? Darunter nicht nur Strategien für *Mein Grundeinkommen*, sondern auch ein nächstes Projekt von Micha und seinen Leuten: eine Versicherung für Hartz-IV-Empfänger gegen die Sanktionen des Staates. »Das wird richtig groß«, sagt Micha und klatscht in die Hände und hüpft sogar. »Wenn Hartz IV nicht mehr an irgendwelche Bedingungen geknüpft werden kann, ist es ja im Grunde wie ein Grundeinkommen für Erwerbsarbeitslose«, sage ich. »Ja, es ist ein Zwischenschritt in Richtung BGE.«

Das Unternehmen ist mittlerweile auf zwölf Mitarbeiter und Mitarbeiterinnen angewachsen. Es gibt sogar eine bedingungslose Praktikantin, die machen kann, was sie will, und trotzdem ein gesichertes Einkommen hat. Auch die anderen Mitarbeiter haben keine festgelegten Aufgaben. »Wie geht das denn?«, frage ich. »Zwölf Leute, und keiner muss ein festgelegtes Arbeitspensum stemmen, sondern alle können frei nach ihren Neigungen arbeiten?« Das klingt nach einer Mischung aus real existierendem Sozialismus, Generation-Y-Start-up und Chaos. »Na ja, wir führen viele Diskussionen. Nur weil alles kann und nichts muss, bedeutet das ja nicht, dass man weniger arbeitet. Im Gegenteil«, antwortet er. »Aber du bist der Chef?«, frage ich, und er wackelt zögernd mit dem Kopf. »Ich bin Starter und kein Verwalter. Ich mag mich nicht mit Buchhaltung, Mitarbeiterführung und Chefsachen beschäftigen.« Am liebsten wäre es ihm, wenn die Verantwortlichkeiten im Team wechselten. »Manchmal wollen wir führen und manchmal geführt werden.« Er nennt das »Heterarchie« – Verantwortung nicht zwischen oben und unten verteilen, sondern zwischen Gleichen. Dann hat er den Regenschirm gefunden und führt mich zurück zum Auto. Micha hat heute noch was vor: über seine Erfahrungen als Starter mit Grundeinkommen reden. Wie schon so oft. Die Podiumsdiskussion trägt den Titel: *Zeitverschwendung.* »Ich weiß gar nicht, was ich da soll. Damit kenne ich mich doch gar nicht aus«, sagt er, und wir fahren los.

Im Haus der Berliner Festspiele laufen die letzten Vorbereitungen für das Symposium. Auf einem Parkdeck haben sich zwei Frauen mit dickem Strick ein Bein hochgebunden und kämpfen. Drinnen schweben Schauspieler und Schauspielerinnen in Wallekleidern tänzelnd über eine kahle Bühne. »Das werden sie 24 Stunden lang tun, ein quasi spirituelles Erlebnis«, versprechen die Theatermacher und erklären im Programmheft: »Im Konkurrenzkampf um rationalisierte Aufmerksamkeitsressourcen entwickeln künstlerische Arbeiten, die den gewohnten Zeitrahmen sprengen oder unterlaufen, ein widerständiges Potenzial gegenüber durchgesetzten Zeitregimen.« Micha und ich stehen ungerührt daneben. Kunst halt. Seit wann gibt es dafür »gewohnte Zeitrahmen«? Wir schlendern in den Garten und holen uns einen Espresso. Es regnet immer noch, also klettern wir in ein orange-grünes Igluzelt, das für die Zeitverschwender aufgestellt wurde, wenn sie sich vom widerspenstigen Potenzial ausruhen wollen. Es riecht erdig, stickig, feucht. Wir legen uns auf den Rücken und schweigen eine Weile. Zeitverschwendungsübung, die erste. Die Tropfen rinnen die Zeltwand runter. Dumpfes Gemurmel. Die Welt draußen zerfließt. Die Welt drinnen verdichtet sich auf wenige Worte. »Ich bin aufgeregt«, sagt Micha. Er dreht den Kopf zu mir. Wir gucken uns einen Moment zu lange an. Jetzt bin ich auch aufgeregt.

Wir gehen mal lieber wieder raus aus dem Zelt, unter Leute, ins Haus, zur Bühne. Vor einer Wand, die mit Tausenden runden Wasserkieselsteinen beklebt ist, nimmt Micha Platz. Neben einer Kunstprofessorin und einer taz-Redakteurin sitzt dort noch ein zweiter junger Mann mit stechend blauen Augen, einem herzförmigen Mund und Fernseherfahrung. Gerrit von Jorck wird als »Zeitpionier« vorgestellt, der sich trotz Spitzen-Uni-Abschluss in Volkswirtschaft dafür entschieden hat, keine klassische Karriere anzustreben. Stattdessen arbeitet er freiwillig und ganz bewusst nur 13 Stunden in der Woche als wissenschaftlicher Fellow am Institut für Zeitpolitik. Forschungsschwerpunkt: Zeitwohlstand. Er sei davon überzeugt, dass wir angesichts drohender sozialer und ökologischer Veränderungen eine große Transformation einleiten müssen. Es gelte, sich ein Leben jenseits der Wachstumsgesellschaft vorzustellen – und es zu führen. Für ihn gehört dazu, weniger zu konsumieren und weniger zu produzieren. Er lebt von 550 Euro im Monat, die ihm in einem konsumreduzierten Leben völlig reichen. »Mein persönliches biografisches Beispiel ist ein medienwirksames Politikum geworden«, sagt er. »Ich setze mich sowohl privat als auch wissenschaftlich und aktivistisch dafür ein, dass Zeitwohlstand als ein erstrebenswerter Zustand erkannt wird und sich die Arbeitsverhältnisse entsprechend verändern.« Während ich mir seinen Namen und Kontakt ins Notizbuch schreibe, um auch diesen Zeitpionier später zu besuchen, frage ich mich, ob eine übergewichtige Frau Mitte fünfzig, die nicht mehr Vollzeit arbeiten will, wohl auch als medienwirksames Zeitwohlstandsvorzeigesubjekt taugen würde. Hätte ich mir ihren Kontakt notiert – oder sie einfach als faule Mutti abgestempelt?

Die zwei Zeitpioniere streiten mit grinsenden Gesichtern. Gerrit sagt:»Ich will kein bedingungsloses Grundeinkommen. Das ändert nur das Leben des Einzelnen, aber nichts systematisch an den Arbeitsbedingungen.« Micha hält dagegen:»Wenn erst mal der Zwang zur Arbeit abgeschafft ist, müssen sich die Menschen auch nicht mehr ausbeuten lassen, und die Arbeitsbedingungen verändern sich automatisch.« So geht das hin und her. Ich höre immer nur Arbeit, Arbeit, Arbeit.»Wolltet ihr nicht über Zeitverschwendung reden? Was das ist und wie es funktioniert?«, frage ich in Richtung Podium. Schließlich hatte ich gehofft, hier zu erfahren, ob dieser sperrige Begriff Zeitwohlstand etwas mit dem geläufigeren der Zeitverschwendung zu tun hat. Die Zeitpioniere gucken mich irritiert von oben herab an.»Aber die muss man sich ja erst mal leisten können«, sagt die taz-Redakteurin, und alle anderen nicken.

Meine Aufmerksamkeit wandert zu den Wasserkieseln an der Wand, die mir irgendwie näher am Thema zu bleiben scheinen als die Diskutanten. In dem Buch *Die Steinstrategie* hat der Autor Holm Friebe eine überzeugende Lektion *von der Kunst, nicht zu handeln* erteilt. Er gibt eine Nicht-Handlungsempfehlung ab und mahnt, die Passivität als produktive Ressource zu rehabilitieren.»In einer von sinnlosem Stress, Hektik und Atemlosigkeit geprägten Zeit ist intentionale Passivität eine rare und zu Unrecht verfemte Kunstform, die durch nichts besser versinnbildlicht wird als durch den ruhenden Stein.« Vom Stein lernen heiße liegen lernen. Das sei vielleicht die sinnvollste Strategie, mit den großen drohenden Umwälzungen unserer Gesellschaft umzugehen. Unter dem Einfluss eines ständig schneller werdenden Lebens und dessen Problemen, würden die meisten von uns auch zu schnell reagieren. Der Zwang zur Produktivität sei überall – und mache dabei vieles nur noch schlimmer. Er plädiert dafür, einen *Lifestyle of Resilience* einzuüben, und zitiert Bret Easton Ellis:»Härte dich besser ein bisschen ab. Gewöhne dich daran, dass die Welt nervt«, und schlussfolgert:»Der *Lifestyle of Resilience* beginnt mit der Einsicht, dass zu viel positives Denken irgendwann ins Negative umschlagen muss. Die Volkskrankheit Burn-out ist nur die zwangsläufige Kehr- und Schattenseite einer auf Freundlichkeit getrimmten Überbetriebsamkeit.« Nicht übereifrig für eine neue bessere Welt kämpfen, nicht optimierend für ein neues besseres Selbst strampeln. Egal, ob im Neoliberalismus oder auf der Gegenseite. Stay calm and carry on.

Mit der milchigen Erschöpfung einer zweistündigen Diskussionsrunde im Kopf fahren Micha und ich durch das nasse, von Laternen und Werbetafeln vibrierend flackernde Berlin. Aus den Boxen hämmert *A new error* von Moderat, ein neuer Fehler. Micha will jetzt noch zum *Museum des Kapitalismus*. In einem abgeschrabbelten Galerieraum in Neukölln stehen graue Trennwände mit ausgedruckten Erklärtafeln. Es soll wie ein Labyrinth aussehen, ist aber eher eine Konfrontationsübung für Klaustrophobiker. Wir treffen in einer Sackgasse Michas Freundin, in einer anderen Nische steht Michas engster Mitarbeiter von *Mein Grundeinkommen*. Mit beiden hat er gerade Stress. In einer anderen Ecke treffe ich Alix und Anselm vom Haus Bartleby. Mit beiden habe ich gerade Stress. Auf den Wänden steht, was am Kapitalismus stresst: Spekulation, Ökozerstörung, Diskriminierung, soziale Ungleichheit. Dazwischen ein paar selbstgebastelte

Pädagogikspiele aus Pappe. Zum Schluss ein Zettelblock, auf dem die Besucher ihre Hoffnungen und Utopien für die Zukunft aufschreiben können. Micha schreibt natürlich BGE drauf, ich male einen Stein und organisiere uns einen Drink. Leider gibt es am Ende des Klaustrophobikerlabyrinths und des Kapitalismus nur palettenweise containerten Wackelpudding und Billigwodka. »Hier«, sage ich und reiche ihm die Mischung. »Der Drink heißt *A new error*«. Er lacht erst, aber dann fällt mir auf, wie bekümmert er eigentlich guckt. Ob es am Kapitalismus oder seinem Kollektiv liegt? Vermutlich an beidem. »Weg und weiter?«, frage ich. Er nickt. Es kommt mir vor, als kennten wir uns schon ein halbes Leben. In meinem Notizbuch steht trotzdem noch nichts, das ich an den Verlag schicken könnte.

Es hat aufgehört zu regnen. Wir lassen das Auto stehen und treiben durch die kleinen Straßen von Neukölln, machen Halt in einer halbfertig sanierten Kinobar. Es steht ein großer weißer Gipswolf im Raum. Jutebeutel mit siebbedrucktem Wolfskopf liegen auf einem Regal. Die Gespräche laufen in etwa so: »Hey, wie läuft euer Crowdfunding für das Kino?« »110 Prozent? Krass! Ich mach ja auch so Crowdfundings für Grundeinkommen.« Und dann werden die Bierflaschen entkront und die Fan- und Followerzahlen diskutiert, und ich frage mich, ob Micha jetzt eigentlich ein Zeitmillionär ist. Augenscheinlich arbeitet er nonstop an der Zeitgeistversion einer Weltrevolution und ist dorthin mit stetem Einsatz und großer Geschwindigkeit unterwegs. Geht es beim Zeitwohlstand gar nicht um Zeitverschwendung?

Wir gehen die Weserstraße weiter. Auf den Bürgersteigen die Rummeligkeit einer Freitagnacht. Eine Pappmascheeblume vor einer bunt plakatierten Toreinfahrt zieht uns an, im Innenhof stehen riesige Plüschmonster, Kuppelzelte,

Sofas, in den Bäumen hängen Fahnen. Ich ziehe Micha rein. In einer Baracke, die so groß ist wie ein Chinaimbiss, eskalieren verstrahlte Gestalten. Alle haben dieses gelöste Endlich-Wochenende-und-ich-habe-die-Nase-voll-Glück-Lächeln. Wir holen uns Shots ohne Wackelpudding von einem Mann mit buntem Zylinder, dessen Konterfei auf dem Etikett der Wodkaflasche abgebildet ist. Die Bässe der Musik vibrieren über die Bohlen durch unsere Schuhsohlen bis in alle Nervenenden. Kippenstummel verstreuen sich auf dem Holz. Hier ist der Ort jenseits der harschen Wirklichkeit, jenseits der Arbeit, jenseits der Angst. Das wacklige Zuhause der Zeitverschwendung. Ein schwitzender Dicker kommt auf Micha und mich zu, stützt sich auf unseren Schultern ab und hält uns ein Amulett unter die Nase. Ich drehe es zwischen den Fingern und erkenne einen winzigen Kompass. Er fragt:»Wollt ihr wissen, wo ihr seid?« Seine Augen leuchten pointengeil, seine Schweißpranken tippen auf das Kompassblatt. »Ihr seid mittendrin. Immer mittendrin.« Dann dreht er ab. Und wir tanzen und hüpfen und drehen uns um uns selbst und feiern den verschwenderischen Moment. Unter uns ist alles nur Asche. Aber über uns glitzert die Diskokugel.

## 4 BEAT AND BOREDOM

Ich möchte leer sein

**Der Anrufbeantworter blinkt.** Die Stimme der Lektorin, ganz freundlich, ganz zuversichtlich, fragend. Wie es mir gehe (der Kopf dröhnt), wie die Suche vorangehe (welche Suche?), was Zeitwohlstand denn nun sei (ach so), ob ich schon Zeitmillionäre getroffen hätte (Micha Bohmeyer hat mir ein dunstig rotstichiges Bild von unserer verschwitzten Zeitverschwendungsfete mit dem Kompassmann geschickt), ob ich denn mal im Verlag vorbeikommen möchte. Wegen Wiedersehen. Wegen Zwischenstand besprechen. Wegen Vorschuss. Das Wort lässt mich zusammenzucken, als käme es gerade aus einer anderen Welt geschossen. Ich habe das versucht zu verdrängen: Mein Grundeinkommen ist ja nur so halbwegs bedingungslos. Ich kann machen, was ich will, aber ich muss was machen. Das bringt mich in akute Schizophrenie-Gefahr: Wie zum Teufel soll das gehen? Ein Buch über das Nichts-Machen machen? Dann mache ich ja was.

Ich drücke den AB aus, hole mir eine Ibu und gehe zum Bücherregal. Da stehen sie rum, meine Jungs. Kerouac, Bukowski, Thompson. Wie haben die das geschafft, diese zeitlosen, lebenshungrigen literarischen Allesschlucker, auf den Scherben ihrer Flaschen noch aufrecht zu stehen, weiterzugehen, abzudrehen – und das dann zu verkaufen? Haben die so gelebt, weil sie geschrieben haben? Oder andersrum? Ich ziehe Jörg Fauser aus der Reihe. Dieser Typ schaffte es, jeden noch so kleinen Kneipenrausch, jede Sexfantasie, jede Selbst- und Zeitverschwendung zum Rohstoff seiner fiebrigen Texte zu machen. Er driftete durch die Welt, durch türkische Opiumhöhlen, entlang am Strand der Städte, sein Leben eine einzige Gonzo-Tournee. Sich volllaufen lassen mit Realität, davon betrunken den Beat spüren, sich im Jetzt verlieren, alles wieder rauskotzen auf das Papier. Dann wieder leer sein. »Besser als die Gemeinschaft der Menschen war, über sie zu schreiben, und dann nicht an ihnen haften zu bleiben, sondern weiterzuhüpfen wie die Kugel im Roulettekessel.« Ja, das war es! Rocking and Rolling. Das Leben im Spiel. Ich musste einfach nur los.

Der Nachtzug holpert durch die mittelgebirgige Mittelmäßigkeit. Schrebergartenkolonien mit wehenden Deutschlandflaggen, Graffiti-Bombings an den Wellblech-Lärmschutzzäunen, verödete Bahnsteige ohne Fortkommen. Mit der Dunkelheit wird die Landschaft zum Schattenriss aus schwerer Industrie, leichten Hügeln, finsterem Nichts. Ab und zu flackernde Stadtlichter, mondbeschienene Flüsse. Ich möchte das Fenster aufschieben, um die Arme in den Fahrtwind zu halten und die Flüchtigkeit des Moments im Gesicht zu spüren. Oder wenigstens die Flüchtigkeit einer Zigarette. Aber das darf man natürlich nicht. Weder rauchen noch sich raushängen. Immer steht gleich der schlechtgelaunte Schaffner neben einem und muss seine Pflicht tun. Kontrolle. Dabei will man ihn bei seinen Uniform-Schulterpolstern packen, ihm tief in die Augen gucken und sagen: »Sie und ich, wir sind die vielleicht letzten überzeugten Anhänger einer untergehenden Reisekultur. Wir wissen, dass die Heizung im Schlafwagen immer ein bisschen zu hart ballert und in den Matratzen die Flöhe der Welt einen transnationalen Staat gegründet haben. Wir brauchen dieses maschinell stöhnende Geräusch des Dampfablassens, wenn die Räder stillstehen, und das lautlose Anfahren zur ungefähren Zeit. Wir zwei wissen, dass das hier nicht nur eine Zugfahrt ist, sondern eine der letzten echten Passagen. Zwischen einem Ort und einem anderen, zwischen einem Tag und einem nächsten, zwischen Vergangenheit und Zukunft. Wir hier im Zug – wir haben doch nur das Jetzt! Warum dann nicht rauchen?«

Ich war einfach eingestiegen in den nächstbesten Nachtzug, der von Leipzig abfuhr. Das ist für sich genommen schon eine Zeitwohlstandsübung: in ein anderes europäisches Land mit dem Zug zu reisen. Man fühlt die Zeit, die Strecke, die Reise – und schickt wenig $CO_2$-Emmissionen in die Atmosphäre. Seit es Billigflieger gibt, ist Zugfahren allerdings vergleichsweise ineffizient und teuer geworden, weswegen immer weniger Menschen sich in Nachtzug-Couchettes kuscheln wollen. Die Deutsche Bahn stellt deswegen einen Nachtzug nach dem anderen ein. Da wollte ich vorher doch noch mal mit, bevor der Beschleunigungsfetisch auch den letzten Nachtzug vom Fahrplan geschleudert hat. Mir war es im Grunde egal, wo ich landete. Einfach ausbrechen. Ich hatte einen kleinen Rucksack mit Zahnbürste, Lippenstift, Wechselschlüpfer, Geldbeutel, Telefon, Notnüssen für Hungeranfälle, Feuerzeug und Tabak, Gaffa, Ballistol-Öl, Messer, Notizbuch, einem Sammelband über Zeitwohlstand und einem Essayband von Fauser gepackt. *Bruxelles Midi* stand auf der Anzeigetafel. Da war ich noch nie und kaufte das Ticket. Zwischenhalt in Köln. Da war ich schon mal, da steht das Verlagshaus, da sollte ich vielleicht doch mal rausspringen und mein Experiment vorstellen. Ich krame den Sammelband raus, lehne den Kopf an die kalte Fensterscheibe. Also gut: Wonach suche ich?

*Zeitwohlstand* steht auf dem Buch, das das Konzeptwerk Neue Ökonomie herausgegeben hat. Das ist ein Thinktank in Leipzig, der sich damit beschäftigt, wie wir als Einzelne und als Gesellschaft insgesamt anders arbeiten, nachhaltig wirtschaften und besser leben können. Die Autoren sind die Stars der Postwachstumsszene. Sie fragen sich: Wie wollen wir Wohlstand verstehen in unserer Gesellschaft, in der die Menschen Zugang zu einer nie da gewesenen Fülle an Gütern genießen, aber immer weniger selbst bestimmbare Zeit zu haben scheinen? Sie sind sich einig, dass wir uns in der Zukunft vom materiellen Überfluss befreien müssen, dass wir uns vom ständigen Wirtschaftswachstum lösen müssen, dass wir neue Wohlstandsindikatoren brauchen, wenn wir nicht auf ein ökologisches und soziales Desaster zusteuern wollen. Aber wonach sollen wir streben, wenn nicht nach immer mehr Besitz? Im Grunde geht es um die große Frage, wie wir alle ein gutes Leben haben können. »Jeder weiß, dass es nicht unendlich Zeit gibt«, schreibt die Soziologin Frigga Haug. Jeder habe die gleichen 24 Stunden am Tag. »Sie gehören uns, und zugleich müssen wir sie weggeben und eintauschen.« Gegen Lohn, gegen Arbeitsleistung. Beim Zeitwohlstand geht es genau darum: Er bemisst, wie sehr wir selbst über diese Zeit verfügen dürfen, statt sie ausschließlich zu kapitalisieren – und sie mit dem befüllen, was uns wertvoll ist.

»Und, hast du das schon gefunden, Greta?«, fragt die Lektorin, als ich Stunden später auf dem Hocker an der Kaffeebar im Kölner Verlagshochhaus sitze und mein Wissen weitergebe. Alles ist so dynamisch grün gestrichen, und die Mitarbeitenden grüßen routiniert freundlich, wenn sie über den Geräusche schluckenden Teppich an uns vorbeihasten. »Na ja, da gibt es ein kleines Problem«, antworte ich. »Wenn man dem Soziologen Hartmut Rosa glaubt, dann sind wir alle Getriebene. Wir versuchen immer schneller, effizienter, optimierter durch die Welt zu gehen – und können sie dadurch nicht mehr fühlen. Im Sog der Beschleunigung wird uns die Welt fremd und kalt. Im schlimmsten Fall enden wir in einer Depression oder einem Burn-out. Da kann man ziemlich schlecht herausfinden, was das nun eigentlich ist: wertvoll. Damit wir die Welt wieder spüren können, müssen wir von ihr berührt und ergriffen werden.« Die Lektorin guckt interessiert. »Steht da auch drin, wie das geht?« Ich wiege den Kopf hin und her. »Es taucht immer wieder ein Wort auf: Resonanz. Damit wir uns nicht mehr von der Welt entfremdet fühlen, muss sie uns gewissermaßen antworten. Und das geht nur, wenn wir aufhören, ständig nach mehr Optionen zu gieren, die unser Leben besser machen sollen. Stattdessen geht es darum, jene Räume, Instrumente und Begegnungen zu finden oder zu schaffen, die mit uns resonieren, uns irgendwie erfüllen.« Ich klappe das Zeitwohlstandsbuch zu und weiß, dass eine Gebrauchsanweisung für Resonanzerfahrung toll wäre: Achtsamkeitsseminare, Schweigeklöster, Meditationsgruppen, Schwitzyoga, Ayurveda-Retreats, Klangschalen-Therapien. Aber ich werde das Gefühl nicht los, dass das nur eine andere Form effizienter kapitalistischer Selbstoptimierung ist – diesmal eben nicht auf der Ebene der Karriere, sondern der Seele, was eigentlich noch perfider ist. Das bessere Selbst, es steckt in dir, du musst es mit dieser oder jener Technik einfach nur freisetzen – hier geht es zum Online-Shop. »Ich glaube, Resonanz kann man nicht kaufen. Man kann sie nicht als fertiges Angebot konsumieren. Und man kann sie nicht direkt suchen«, sage ich also. »Vielleicht kann man sie finden, wenn man sich befreit.« »Wie meinst du das: befreit?«, fragt sie. »Von Erwartungen, von anderen und an andere. Indem man einfach mal ist und den anderen das Gleiche tun lässt. Einfach da sein – und zulassen, dass die Welt sich zeigt«, antworte ich und packe mein Buch wieder ein. »Und das bedeutet für mich einen Bruch mit meinen eigenen Handwerksregeln: keine vorgeplanten Interviews, keine instrumentalisierten Begegnungen, keine vorformulierte These. Ich möchte leer sein und mich so der Welt stellen.« Vielleicht kann ich so der Schizophrenie entkommen, denke ich still. Die Lektorin schreibt das Wort *Zeitwohlstand* auf ihren Zettel und legt ihn neben die Kaffeetasse und sagt: »Na dann mal los!« Mein Zug Richtung Leere fährt gleich weiter.

Als ich am Bahnsteig in Brüssel ankomme, erkenne ich Cliché kaum wieder. Barfuß steht er da, die Hosen hat er an irgendeinem längst vergangenen heißen Tag auf Dreiviertellänge geschnitten. Sein Gesicht wirkt verschoben, als würde jede Regung in eine andere Richtung streben. Die einst so festen gelben Augen flackern irrend durch den Raum. Die schwarze lange Mähne ist nur noch wildes Haar. Füße und Hände sind übersät von Schrunden, Narben und Dreck. Eine blutige Wunde klebt wie die Karikatur eines Schönheitsflecks an der rechten Oberlippe. Wir begrüßen uns mit einem schmalen »Salut«, und er führt mich zu seinem weißen riesigen Hund, der in einem weißen riesigen Van wartet. Den schiebe ich zur Seite, und wir fahren wortlos weg.

Ich habe ihn einst Cliché genannt, weil er bei unserer ersten Begegnung in Berlin genau das war: das Klischee eines Pariser Bonvivants. Wie der junge Serge Gainsbourg sah er aus, mit dieser ewigen Zigarette im Mundwinkel. Aber schöner, strahlender. Er führte immer ein Notizbuch bei sich für einen etwaigen Roman, er spielte Schlagzeug in einer etwaigen Band, er half seiner Mutter, das Schmuckimperium weiterzuführen und gondelte dabei durch eine funkelnde Handelswelt. Wenn ich ihn danach fragte, wie der Juwelenhandel so laufe, schaute er nur verächtlich und nuschelte etwas mit »bourgeois« vor sich hin. Seitdem sind viele Monate vergangen. Aber ich erfuhr, dass er sein Apartment in Paris aufgegeben hatte und nun mit seinen Pariser Künstlerfreunden in Brüssel lebte.

Der Lieferwagen fährt unter Brüssel hindurch; vor Tunneln leuchten Metro-Stationsnamen, innen ist Stau. Wir suchen einen Radiosender, um die Stille zu überspielen, und bleiben bei arabischen Wehklageliedern hängen. Wenn wir auftauchen aus dem Tunneldunkel, glänzen die Fassaden in der Sonne des Abends. Mal pittoreske Wohnhäuser, mal abgeranzte Häuserblocks, mal prunkvolle Residenzen, mal stählerner Modernismus. Zwischen den Mauern ist noch ein bisschen Platz für die Freiheit, die dort dann jeder anders meint. »Paris hat seine Möglichkeiten verloren«, sagt Cliché. Wie in anderen europäischen Megastädten ist der Kampf um Lebens-, Arbeits- und Wohnraum in Paris aberwitzig geworden. Wer nicht die Mittel besitzt, wird in die Peripherie gedrängt, in die Banlieues, wo sich der Existenzkampf zum Kulturkampf gewandelt hat und keine Hoffnung kennt. Auch in New York, London, Berlin vertreibt die Gentrifizierung genau jene Menschen, die die Stadt nicht nur als eine Ansammlung von Quartieren verstehen, in denen Menschen ihre ausgebeuteten Leiber in einer ordentlich sanierten Wohnwabe ablegen dürfen. Jene, die die immergleichen Supermarkt-, Bäcker-, Drogerie- und Kaffeehausketten nicht als »hervorragende Infrastruktur« verstehen, sondern als neonkalte, eindimensionale Nicht-Orte. Studenten, Kreativarbeiter, Künstler, die eine Baulücke oder Ruine nicht als monetarisierbaren, sondern als bespielbaren Raum betrachten, in den man lieber Zeit als Geld investiert.

Ein Rollgitter fährt hoch. Dahinter erstreckt sich die Einfahrt zu einem ehemaligen Lagerhaus, mit Zementsäcken, Brettern, Werkzeug. Wir parken den Lieferwagen und laufen hinein in das, was für Cliché und zwei Pariser

Freunde gerade als neuer Möglichkeitsraum entsteht. Eine Halle mit weiß gestrichenen rohen Ziegeln, überspannt von einem Wellblechdach und einem Glasgiebel. Cliché streicht mit seinen schwieligen Händen über jede Wand, die er hochgezogen hat. Dieses kleine Separee ohne Tür und Decke ist das Bad. Diese Ecke wird mal ein Tempel. Diese Treppe führt zu einer zweiten Etage. Eine Wäscheleine mit Socken überspannt das, was als Wohnbereich dient. Roher Putz staubt unter den Füßen. Das Künstlerleben ist eine Baustelle. »Weißt du, Greta«, sagt er in bedeutungsschwangerem Ton, den ich jetzt gar nicht erwartet hätte, nach all dem Bauarbeiter-Stolz. »Als wir uns damals kennengelernt haben, ging es mir nicht gut. Ich war innerlich traurig und zerstört.« Damals? In Berlin? An diesem warmen Sommertag, im Elektroclub, Sand unter den Füßen, ein kurzer Blick in die Augen, seine Hand, die mich festhielt beim Vorbeilaufen? Als wir die Hüte getauscht und Sandhügel runtergerutscht sind? Als wir sonnenbetrunken tanzten, als wäre es 1968? »Das hab ich ganz anders in Erinnerung«, antworte ich. »Ich war unglücklich. Ganz tief in mir. Aber seitdem, seit dieser Begegnung, ist alles besser geworden.« Ich schaue ihn an, diesen zerschundenen, blutenden Mann mit seinen Wunden. Hatte ich etwas damit zu tun, dass er jetzt in diesem äußerlich desolaten Zustand steckte? Sah so Heilung aus? »Du bist jetzt glücklich?« Er nickt heftig und streicht liebevoll über eine Mauer. Wände einreißen, neue aufbauen, Toiletten anschließen, Leitungen verlegen. Er musste seinen Körper schinden, bis er etwas erkannte: »Ich verstehe, wie das funktioniert, das uns schützt und behaust. Ich lerne die wesentlichen Dinge wirklich kennen. Ich bin an ihnen dran, ohne das ewige Metametameta. Als Künstler maßen wir uns so oft an, Dinge zu beurteilen. Dabei bleiben uns die einfachsten Funktionsweisen völlig fremd. Ich verabscheue das mittlerweile regelrecht.« Der in der Welt unbehauste Dandy hat seine Getriebenheit überwunden, sie einzementiert, etwas Neues geschaffen. Hat Cliché Resonanz erfahren? Hat die Welt sich ihm gezeigt, ihm geantwortet?»Hier ist die Bar, dort die Bühne«, sagt er und zeigt auf rumpelige Ecken. Die Halle verwandelt sich unregelmäßig in den Underground-Club»Le Lac«, mit Konzerten, Ausstellungen, Performances. Manchmal auch alles zusammen. Ein guter Spielplatz. Ein guter Ort für Resonanz.

Vom zentralen Rund aus zusammengesuchten Sesseln und Couches scheppern Schreie, Schnalzer und Gesang die hohen Wände entlang. Cliché dirigiert mich mit einem Kopfnicken dorthin. Ein zarter Blonder mit Zwirbelbart sitzt dort, ein James-Dean-Lookalike mit knallenger Hose, eine Gazelle mit Afro und Latzhose, ein tätowierter Berber. Eine Femme fatale mit irritierend großem rotem Mund hat ihre Beine über den Schoß von einem der drei Clubbesitzer gelegt. Er wandert ihre Netzstrumpfhose beiläufig mit den Fingern hoch. Drei blutjunge Musiker von der französischen Psy-Rockband»La Femme« springen mit einer Gitarre, Schweißerhelm und Brautkleid auf der Couch herum und intonieren Sequenzen ihres Albums»Psycho Tropical Berlin«. Mich befällt eine Beklemmung angesichts so viel explosiver, wilder Schönheit. Cliché hat sich in einen Sessel gehauen und stellt mich nicht vor. Ich fühle mich fremd und würde jetzt gern unsichtbar sein, weiß aber: Wenn ich nicht auffallen will, muss ich die jetzt alle durchküssen. Ich frage mich, ob es Statistiken darüber gibt, wie viele Stunden Franzosen damit verbringen, sich zur Begrüßung die Wangen und Mundwinkel zu berühren. Mir kommt das endlos vor, vielleicht auch, weil das selten so ein seelenloses geziertes Andeutungs-Luftküsschen ist, sondern wie eine winzige, echte Berührung. Wie ein natürliches Ausloten erotischer Möglichkeiten bereits beim Kennenlernen. Vielleicht kommt mir das aber auch nur so vor, orale Fixierung. Oder einfach Klischee.

In einem roten Kunststoffsessel versinke ich inmitten der lärmenden Szenerie. Die französischen Vokabeln branden wie Wellen an mein Ohr. Ein Meer aus verschwommenen Satzfetzen, Eeeeehhhh-Dehnungen, Beschimpfungen, hysterischem Gelächter, weggeworfenen Einfällen umtost mich. Es ist, als wäre ich der kümmerliche Rest eines Tintenfisches, dessen Tentakel abgeschnitten sind und der nichts begreifen und umfassen kann. Wie Kraken eine Tintenwolke sondere ich ab und zu eine zusammenhanglose Bemerkung in den blauen Dunst der Zigaretten ab. »Kraken sind ja völlig unterschätzte Tiere. In Deutschland hat ein Tintenfisch alle Ergebnisse der Fußballweltmeisterschaft 2010 vorausgesagt.« Einen Moment lang gucken mich die Leute an und sprudeln dann ungerührt weiter mit der Vokabelbrause. Der Sessel unter mir gibt immer weiter nach, und ich spüre, dass ich einer unhaltbaren Verlorenheit entgegenrutsche. Sich unter wilden, wild gewordenen und Wildheit inszenierenden Exil-Parisern wie ein behindertes Meerestier zu fühlen erzeugt eine gewisse Leere. Ich lasse es geschehen. Deswegen war ich ja irgendwie auch hier. »Solitude«, denke ich. Auf Französisch klingt die Einsamkeit auch gleich ganz anders. Melodiös und weich, wie ein Flötenton, den kein anderer hören kann. Außer dem weißen Hund von Cliché, der zu mir in den Sessel kommt und am Leder herumzauselt. Guter Hund. Soll aber trotzdem mal aufhören, weil wenn der Sessel kippt, bin ich verloren. Böser Hund. Lass mich. Ich bin ein Tintenfisch, ohne Tentakel, ohne Tinte.

Der Hund gähnt und steckt mich an. Bonjour Ennui. Guten Tag, Langeweile. Ich versuche, mich in den Kissen zu stabilisieren und starre das Tier an: Kennt es das Gefühl?

Komischerweise muss ich an den Kraken Otto denken, der Verhaltensforscher damit erstaunte, dass er aus Langeweile seine Aquariumseinrichtung umstellte und manchmal sogar aus seinem Becken herauskletterte, Wasser auf die Lampen spritzte, bis ein Kurzschluss den ganzen Raum verdunkelte. Was für ein kluges Tier – und was für ein merkwürdiger Gedanke. Sag ich diesmal lieber nicht laut. Aber was weiß ich auch sonst schon über Langeweile. Kenne ich noch das Gefühl? Ist dieser zähe Zustand gedehnter, ungenutzter, verlorener Zeit überhaupt noch aktuell? Warteschlangen sehe ich nur bei mir in der Straße, wenn die Rentner sich bei Polster & Pohl den neuen Reisekatalog abholen wollen. Und natürlich in Behörden und Ämtern. Wobei man dort ja mittlerweile auch schon eine Nummer ziehen und sich per SMS anfunken lassen kann, wenn man dran ist. Warteräume verschwinden allmählich aus dem öffentlichen Leben und werden an Bahnhöfen und Flugplätzen ganz bewusst derartig lieblos ausgestattet und in die unwirtlichsten Ecken verdammt, damit man als Reisender auch ja seine überschüssigen Minuten mit glasierten Donuts, Last-Minute-Mitbringseln oder Parfümproben verbringt. An Ampeln, Haltestellen, Klowänden – ach, eigentlich überall, wo der Blick länger als eine Sekunde im öffentlichen Raum verweilen könnte, hängen Werbetafeln oder Bildschirme, die die Aufmerksamkeit kapern. Für Langeweile gibt es kaum noch Raum und Zeit. Unordentliche Gefühle sollen vermieden werden.

Das war nicht immer so. Der Literaturwissenschaftler Heinz Rölleke hat dem Deutschlandfunk während der »Langen Nacht der Langeweile« erzählt, dass ebendiese als Wort zuerst im 13. Jahrhundert aufgetaucht ist und damals nichts weiter als einen langen Zeitabschnitt bezeichnet hat. Vier Jahrhunderte lang störten sich die Menschen nicht daran, dass manches eben lange und manches nur kurz dauerte. Im Gegenteil: Es entstanden ausufernde Romane und Dramen, die ungeheuer lang und umständlich geschrieben waren – was als Vorteil gewertet wurde, weil sie dadurch alle »Umstände« erfassen und darstellen konnten. Erst im 17. Jahrhundert kommt mit der Vergnügungssucht des Rokokos der Wunsch nach Kurzweil auf, nach Plaudereien, Amüsement und Unterhaltung. Die Langeweile wurde als etwas Lästiges empfunden und negativ konnotiert. Sie wurde lustvoll vertrieben, mit Pasteten und Mätressen.

Gegen dieses Taumeln zwischen dekadenter Tändelei und edler Ennui setzten später die Philosophen der Aufklärung ein neues Ideal des bürgerlichen Tätigseins. Voltaire empfahl, »einen Garten zu bestellen«, da Arbeit den Menschen von Laster, Langeweile und Sorge befreie. Und Kant stachelte seine Zeitgenossen dazu an, sich aus der Lässigkeit und untätigen Genügsamkeit »hinaus in die Arbeit und Mühseligkeiten zu stürzen«, damit sie ihre Talente entfalten und ihren Geschmack bilden könnten. Der puritanische Calvinismus bekämpfte die Langeweile als Vergehen an Gott, die Industrialisierung zerstampfte sie mit der rationalen Maschinentaktung, die Digitalisierung arbeitet mit ihrer ständigen Beschleunigung an ihrer vollständigen Abschaffung. Der moderne Mensch hat gelernt, dass er Langeweile vermeiden kann und muss, weil sie ineffizient, unsolidarisch, sündhaft und irrational ist. Und uns außerdem hin und wieder ziemlich unangenehm auf uns selbst zurückwirft – was manchmal auch die Form eines tentakellosen Tintenfischs annehmen kann.

Während ich so auf dem schiefen Sessel sitze, kommen und gehen ständig Menschen, was einen fortwährenden Bussi-Marathon erzeugt. Zwischen den Muah-Muah-Muah und A-tout-à-l'heure überlege ich, warum ich nicht einfach auch aufstehe, eine Stadttour mache, mir belgische Pommes mit Mayo hole, in pastellfarbene Design-Concept-Store-Schaufenster reingucke, in einem Vintage-Laden die Tücherkisten durchgrabe, in einem Café internationale Zeitungen lese oder in eine dieser superangesagten Galerien gehe. Laut der New York Times ist Brüssel das neue Berlin. In der Stadt gibt es so viel zu sehen, zu erleben, kennenzulernen, dass das Herumsitzen wie eine Sünde erscheint. »Die Ereignislosigkeit aushalten zu müssen scheint die größte Herausforderung für das spätmodern getaktete Subjekt zu sein, diese Zumutung des Stillstands, die eigene Ohnmacht zu ertragen«, hat der Autor Christian Schüle schon vor zehn Jahren in einem Aufsatz in der Zeitung *Die Zeit* geschrieben. Daran hat sich bis heute wenig geändert. Im Gegenteil: Allein beim Darüber-Nachdenken, was ich alles verpasse, während ich hier so rumsitze, packt mich der alte Affe Verpassungsangst, »FOMO« genannt. Das Akronym für »Fear of missing out« beschreibt die zeitgeistige nervöse Grundhaltung, woanders etwas zu verpassen. Es ist keine anerkannte Krankheit, sondern eher ein Überforderungszustand, aus den vielfältigen Informationen, Gelegenheiten und Optionen die eine erfüllende herauszufiltern. Großstädter zwischen zwanzig und dreißig Jahren sind fast ausnahmslos Fomotiker und hetzen von einem Angebot zum nächsten, auf der Suche nach dem perfekten Daseinszustand. Je schneller sie rennen, desto weniger können sie ihn erkennen. Ich bleibe erst mal auf dem schiefen Sessel sitzen.

Der weiße Hund schläft mittlerweile, mein Gefühl der Einsamkeit wächst. Wenn das Tier sich bei lautem französischem Künstlergebrüll langweilt, tut es das natürlich auch bei telepathischen deutschen Selbstgesprächen. Ich würde gern mein Smartphone aus der Tasche holen und die eigene Hingeworfenheit – auf den Sessel, auf das Fremdsein, auf das Seiende – wegswipen. Ich bin ja auch nur ein Kind dieser Zeit, das durch andauerndes Tippen, Klicken, Scrollen, Liken vom digitalen Sozialnetz ein bisschen gehalten und eingewickelt werden will. Mir ist schon klar, dass das alles eine endlose narzisstische Kuratierung unseres Selbst ist. Dass die Profilfotos bearbeitet sind und die Statusmitteilungen optimistische Ausschnitte aus dem Leben zeigen. Die schwarzen Bildschirme spiegeln nicht, wer wir sind, sondern wie wir uns abgebildet sehen möchten. Ich könnte jetzt zum Beispiel ein Selfie mit diesen eskalierenden französischen Rockstars in Brautkleidern und Helmen machen, es bei Facebook hochladen, »Brüssel ist das neue Leipzig« drunterschreiben und mich damit aus meinem Emo-Loch heraus-liken lassen. Der Tintenfisch sondert ja auch nur deswegen seine Tinte ab, damit die anderen Fische ihn mit der Farbwolke verwechseln. Während die Schollen noch die Wolke anglotzen, ist der Tintenfisch schon lange nicht mehr da. Ist also eine ganz natürliche Sache.

Aber wenn ich mal ganz ehrlich bin, ödet mich der Netznarzissmus am allermeisten an. Gerade weil ich weiß, dass auf meiner Timeline oft auch nur kunterbunte Nebelwolken stehen oder meinungsstarke Nebelkerzen losgelassen werden, wate ich durch Schwaden der Substanzlosigkeit, von denen am Ende nichts bleibt außer ein paar Memes, deren Hashtags (#fomo) durch neue Hashtags (#momo #jomo) sofort wieder ihre Bedeutung verlieren. MOMO bedeutet übrigens »Mystery of missing out«, wenn man nur ahnt, dass man gerade etwas verpasst, JOMO meint die »joy of missing out«, mit der man das Abgehängtsein kultiviert. Im Grunde guckt man aus Langeweile anderen Menschen in ihrer Langeweile zu: wie viele Kilometer sie morgens um das Tempelhofer Feld gelaufen sind, an welchem Food Market sie in dieser Woche teilnehmen wollen, welcher Aphorismus ihnen ein Gefühl von philosophischem Verständnis suggeriert, welchen Lesebefehl sie sich während der Bürozeit nicht verweigern konnten, wie der offenbar vorteilhafteste ihrer 15 Selfie-Versuche aussieht, was für ein irrer Ort diese neue Partykommune in Brüssel sein muss. Unter dieser Dunstglocke, die manche auch Filterbubble nennen, können wir nichts klar erkennen, nichts fokussieren, nichts verstehen und nichts fühlen. Keine Langeweile, und schon gar nicht deren Gegenteil: Resonanz.

Auf den Sofas herrscht Aufbruchsstimmung. Es gebe noch ein Konzert in der Nähe. Der weiße Hund springt von meinem Sessel, sodass ich langsam auf den Boden rutsche. Mich fragt keiner, ob ich mitkommen möchte. Cliché ist auch verschwunden – vermutlich Wände einreißen. Als ich mich aufgerappelt habe, gehe ich der Gruppe hinterher, die ihre Exaltiertheit draußen auf der Straße fortsetzt. An einer Straßenkreuzung holt jemand eine Mundharmonika raus, an der nächsten werden Schilder erklommen, dazu wird lautstark gesungen und geklatscht, sie malen mit Kreide auf die Straße, tragen sich huckepack, pusten in die Vuvuzelas vorbeiziehender Fußballfans. Alle paar Meter explodiert die Gruppe emotional anders. Ich tappe nebenher. »Wie hat das Krake Paul eigentlich gemacht mit den Voraussagungen?«, fragt mich plötzlich der James Dean auf Englisch, und ich bin wirklich verwundert – weil ich ihn verstehe und er mich offenbar vorhin auch verstanden hat. »Das Orakel der Weltmeisterschaft? Ich glaube, ihm wurden immer die Flaggen der Fußballmannschaften in Acrylglasboxen ins Aquarium gebracht. Die, auf die er sich setzte, war sein Siegertipp. Und der hat immer gestimmt.« James Dean lacht und sagt irgendetwas auf Französisch, das ich dann wieder nicht verstehe. Na ja.

Wir landen in einem schmucklosen Saal einer universitären Fakultät. Da sitzen in Stuhlreihen Kinder, Studenten, Rentner mit ernsten Gesichtern. Rote Vorhänge schirmen das Innen ab. Drei Musiker zupfen auf fremdartigen Instrumenten larmoyante Balkan-Melodien. »Das war früher die Musik der Ausgestoßenen, der Haschraucher und Strafgefangenen«, erklärt mir James Dean. Und ich fühle mich gleich sehr wohl. Wir sitzen eine Weile, dann halten es die Emotionsextremisten nicht mehr aus und beginnen ihre eigenen Instrumente auszupacken, mitzuspielen und zu tanzen. Das Mädchen mit den Netzstrumpfhosen nimmt meine Hand und zieht mich auf die Tanzfläche. Dort bilden sich wechselnde hüpfende Knäuel, in die ich manchmal hineingerate. Ich strenge mich wirklich an. Hoppele ambitioniert am Rand herum, lasse mich von James Dean über das Parkett schleudern, nippe am reingeschmuggelten Bier, lasse die Haare und die Arme durch den Raum fliegen. Dann ziehen wir weiter, raus in die Gassen der Stadt. Menschen, Lichter, Plätze, Lieder, Kälte, Hitze, Schreie, eine kippt um, einer fotografiert, hysterisches Lachen, brummender Bariton, mehr Bier, immer rauchen, schon wieder Straßenmusiker, ich möchte nach Hause, komm schon, bleib bei uns, nein wirklich, jetzt, ich muss nur noch das Entenhaus fotografieren, in das ich ziehen werde, wenn ich als Vogel reinkarniert werde, ich fahre jetzt, wir kommen mit. Irgendwann, ich weiß nicht mehr wann, holt einer den Lieferwagen. Dort pressen wir uns alle auf die Ladefläche. Die Jungs ziehen ihre Klamotten aus, hämmern gegen die Scheiben und rufen »Porno-Taxi«. Alle fallen durcheinander. Ich bin mittendrin und trotzdem ganz weit weg. Ich habe mir so viel Mühe gegeben, mitzurocken und zu -rollen, zu brüllen und zappeln. Aber in mir drin hat sich nichts bewegt. Als »Windstille der Seele« hatte Nietzsche die Langeweile umschrieben. Und genau so fühlt es sich jetzt an. Inmitten eines Geflechts aus Körpern und Gerümpel spüre ich die Leere umso heftiger. Sie breitet sich aus und legt sich über mich. Sie ist nicht leicht und nicht schwer, nicht laut und nicht leise, nicht gut und nicht böse, sie bringt nichts, vor allem aber will sie nichts. Sie ist einfach: nichts. Die Exil-Franzosen fallen aus dem Lastwagen in die Matratzen. Ich bin nicht müde und wandere durch die Räume, durchstöbere die Kisten mit Partyzubehör, mustere die Bücherschränke. Entdecke: Allen Ginsberg. Auch einer von diesen Beatpoeten der Sechzigerjahre. Ich ziehe das Buch raus, hole mir eine dicke Decke und ziehe mich auf die Dachterrasse zurück. Der Himmel ist feuerrot von der aufziehenden Morgendämmerung. Ich klappe das Buch auf und nippe die Zeilen, als wären sie ein starker Drink. Tropfen für Tropfen rinnen sie in meine große Leere. Natürlich ist das Buch auf Französisch, aber alles erscheint mir völlig klar. »Avec le cœur absolu du poème de la vie / arraché à leurs propres / corps bou à manger un millénaire.« Ich sitze da oben und fresse Ginsbergs poetisches Herz. Bis ich auch meines wieder spüre. Mit jeder Zeile mehr, entfaltet sich wieder der Beat. Die Poesie als Resonanzraum – da hätte ich auch früher drauf kommen können. Am heimischen Buchregal zum Beispiel. Als die Sonne sich senkt und der Himmel wieder rot wird, fange ich an zu schreiben. Über Tintenfische und Rockstars und den Gipfel der Langeweile. Manchmal muss man den erst erklimmen, das Spektakel erkennen, es hinter sich lassen, den Erlebnisdruck abschalten, bei sich sein, um die Welt wieder zu spüren.

Ich packe meinen Rucksack, hinterlasse eine kurze Botschaft und verlasse diesen Club, der mich erst leer und dann voll gemacht hat. Ich muss weiterziehen wie eine Roulette-Kugel im Glücksspiel des Lebens.

## 5 DER SÜNDENTRUNK

Für Kaffee braucht man mehr Zeit als Geld

**Die Straße liegt** da wie totgeprügelt. Die Morgensonne ist noch nicht hinter den fünfstöckigen Plattenbauten und Gründerzeithäusern aufgetaucht, die sich in Beige, Graugelb und Rostrot links emporheben. Wie eine dunkle Schlucht sieht sie aus mit zerbrochenem Glas und abgenuckelten Kippenstummeln auf dem asphaltierten Abgrund. Immerhin keine Hundekacke, das ist ja auch nicht selbstverständlich in urbanen Szenevierteln. In den Fenstern hängen einfarbige Vorhänge oder verblichene Gebetsfähnchen, einer hat einen lila Tulpentopf auf die Scheibe geklebt. Vom plakatierten Graffito-Kopf hängt eine Ecke schlapp herunter. Es riecht nach Gulli. Ich gehe die Straße vor bis zum ›Nichtsnutz‹. So ganz werde ich mich nie an den merkwürdigen Namen des Ladens gewöhnen. Aber der Kaffee ist gut, und irgendwo muss der Morgen ja anfangen. Und wenn man mal ehrlich ist, dient ein Café meistens seinen Gästen ja auch genau dazu: ein paar Minuten nichts und niemandem zu nutzen – außer dem eigenen Vergnügen.

»Bonjour Tristesse«, rufe ich Maestro zu, der die Stühle vor die Schaufenster stellt. Zwei Tische links vom Eingang, zwei Tische rechts. Und gegenüber auf der anderen Straßenseite eine wacklige Bank, die wie eine mittelalterliche Melkbank aussieht. Äußerst ungemütlich, aber man kriegt dort Sonne und meistens auch Gesellschaft. Maestro nickt, als er mich auf die Melkbank zusteuern sieht, streicht sich die halblangen Haare hektisch in den Nacken. »Endlich«, sagt er, als wäre es eine Begrüßung, verschwindet in der Jugendstiltür und kommt mit zwei kleinen weißen Tassen wieder. Ich kenne Maestro noch gar nicht so lange, ein korrekter Kerl aus Hamburg, der vor zwei Jahren seinen Bürojob gegen den Traum vom eigenen Café getauscht hat. Seither ist er immer ziemlich energiegeladen unterwegs. Seine Bewegungen sind schneller als die anderer Menschen, und sein Kopf auch. Man sagt, er sei vielleicht der klügste Typ der Straße. Jedenfalls wurde er von vielen Kiezkollegen schon als möglicher Telefonjoker für Quizsendungen angefragt, in die natürlich niemals jemand von uns bisher eingeladen und also wirklich reich wurde. Wir haben alle nur von einem viel: Zeit.

»Hab schon mal einen Löffel Zucker reingetan«, sagt Maestro, was offenbart, dass er von der schnellen Truppe ist und bei mir die morgendliche Nichtsnutzigkeit so allmählich zur Routine verkommen ist. Jeden Tag sitze ich hier, es kommen andere Nachbarn aus dem Kiez vorbei, grüßen, kurzer Schwatz, kleiner Schmatz. Das Leben ist schön, bis das Telefon aufblinkt. Die Lektorin ruft an und fragt, wo das Material bleibe, ob ich denn schon was zum Thema Zeitwohlstand herausgefunden hätte. Ich krame mein Notizbuch aus dem Beutel und lese kryptische Zeilen über Glücksräder und Glücksritter. In meinem Kopf flimmern die Bilder aus Berlin. Wackelpudding. Wodka. Wir-sind-mittendrin. Dann Tintenfische und Beatpoeten. Brüssel calling. Ich mümmle ja und nein und dass ich mich bald wieder melde. Aus Recherchegründen könne ich gerade nicht so gut sprechen, weil ich gerade mitten in einer wichtigen Zeitwohlstandsübung sei.

Ich ziehe den Schaum vom Tassenrand. Das ist der schönste Moment, dieser erste vorsichtige Schlürfer – weich, heiß, stark, süß –, und ich kann den Seufzer gar nicht unterdrücken, dieses Mikroglücksgefühl am Morgen. Wie eine synästhetische Übersetzung der flirrenden Querflöte aus der Kaffeekantate von Johann Sebastian Bach. »Ei, wie schmeckt der Coffee süße, lieblicher als tausend Küsse«, seufzt und stöhnt darin ein sündiges Mädchen. Sie will einfach nicht die Finger vom Kaffee lassen, obwohl der Vater ihr sogar androht, sie nicht zu verheiraten, wenn sie sich weiterhin hingibt. Ich kann sie gut verstehen. Der Thomaskantor Bach saß übrigens selbst zwei Mal in der Woche im Zimmermann'schen Kaffeehaus, um seine Musikfreunde zu treffen; sie musizierten und debattierten. Vor allem aber saßen sie herum. Bachs liebstes Leipziger Kaffeehaus ist vom »Nichtsnutz« räumlich nur ein paar Hundert Meter entfernt. Und inhaltlich direkt um die Ecke. Anfangs galten die Kaffeehäuser noch als Lasterhöhlen, in denen dem Türkentrunk und damit dem hedonistischen Leben gefrönt wurde. Später wurden sie ein Stück müßiger Kulturgeschichte. Leipzig war in Sachen Kaffeehaus-Trödelei schon immer weit vorn dabei: Das erste Kaffeehaus Europas eröffnete hier und ließ die Geistesgrößen der Zeit dort verharren. Bach, Goethe, Lessing, Klinger, Schumann, Wagner saßen da und schlürften. Später auch Revolutionäre wie Robert Blum, Karl Liebknecht und August Bebel. Wer in diese Stadt kam, saß früher oder später in einem Kaffeehaus – egal, welche wichtigen Werke der Weltgeschichte er noch zu erschaffen hatte. Die »Kaffeesachsen« haben das entspannte Herumsitzen und Kaffeetrinken aus feinsten Meissener Porzellantassen kultiviert und zum Statussymbol erhoben. Wer kann, der kann auch anders. Die zelebrierte Kaffeepause ist also schon lange ein bürgerliches Zeitluxusgut – und als Zeitwohlständler gibt es keinen Grund, mit dieser Tradition zu brechen.

Vor Kurzem las ich das *Leipziger Grundgesetz*, das ein paar städtische Blogger aufgeschrieben haben. Die wichtigsten Regeln lauten:»1. Immorr mid dorr Ruhe. 2. Ersdma 'nen Gaffee. 3. Gemiedlich machen. 4. Nich ärgorrn, nur wundorrn.« Wenn man das wirklich auf Sächsisch aussprechen möchte, muss man die Sprachgeschwindigkeit voll runterfahren. Das kann man gar nicht im üblichen deutschen Stechschritt-Stakkato vorlesen. Man muss noch nicht mal mehr den Mund großartig öffnen. Ein entspanntes Vokalmümmeln genügt. Wenn Ortsfremde versuchen, Sächsisch zu imitieren, machen sie meistens diesen einen Fehler: Sie sprechen zu schnell. Dadurch fallen sie sofort auf. Sächsisch ist ein Entschleunigungsdialekt.

Maestro setzt sich zu mir auf die Melkbank, wir schweigen eine Weile und gucken in den blauen Streifen zwischen den Dächern der Schlucht. Einfach mal ein paar Minuten das Wetter erleben, bedächtig mit dem Kopf nicken, den Stand der Sonne über den Dächern diskutieren. Die Jahreszeit bemerken. Den Lauf der Zeit fühlen. Das dauert nicht lange, ein paar Schlucke vielleicht. Aber die kleine Kaffeezeremonie verschraubt mich fest mit dem anbrechenden Tag.

Und genau deswegen ist der Kaffee ja auch so populär geworden: Kaffee ist das beliebteste Getränk in Deutschland. Insgesamt 162 Liter trinkt ein Deutscher durchschnittlich pro Jahr, das sind fast drei Tassen am Tag. Und ein großer Teil dieses Kaffees wird nicht in der eigenen Maschine gebrüht, sondern irgendwo da draußen konsumiert. So wie ich das tue. Der Deutsche Kaffeeverband hat erhoben, wo Deutschland seinen Außer-Haus-Kaffee wegzieht. Und wenn man sich die Statistik anschaut, wird klar, dass es oft ein schnelles Vergnügen sein muss, kein Sitzen und Schlürfen auf einer Melkbank. Laut Kaffee-Kompass 2014/2015 des Deutschen Kaffeeverbands sind Stehcafés, Getränkeautomaten und Tankstellen die beliebtesten Orte des Kaffeetrinkens. Der schnelle schwarze Kick für zwischendurch.

Dort einen Pappbecher mit Kaffee in die Hand gedrückt zu bekommen klingt für mich eher nach Kaffeestress und nicht nach Kaffeepause. Eine Bachkantate kommt einem da wohl er selten in den Sinn.

Der Kaffeebecher zum Mitnehmen ist zum sichtbarsten Merkmal einer gehetzten Gesellschaft geworden. Wer sich an den Pappbecher klammert, signalisiert wortlos, dass er zum Frühstücken keine Zeit hat, weil ihm wichtige Termine bevorstehen, bei denen er wach und fit sein muss. Er muss sich dopen, aufputschen, hochbringen. Bis Ende 2003 galt Koffein der Anti-Doping-Agentur noch als verbotene Stimulanz im Sport und wurde auf der Dopingliste aufgeführt. Es spricht angeblich die gleichen Regionen im Hirn an wie Kokain und bringt uns schnell in den Zustand des Ablieferns. Damit ist der Kaffee auch die ideale Kapitalismusdroge: leistungssteigernd und aktivierend. Der Coffee to go ist dessen Pervertierung, denn er verspricht, dass man noch leistungsstärker und aktiver sein kann, weil man alles gleichzeitig schafft und damit noch effizienter ist: entspannen und beschleunigen. Frühstücken und zur Arbeit fahren, genießen und abliefern. Alles gleichzeitig schaffen und alles haben können – das ist das große Versprechen, das in einem kleinen Cappuccino zum Mitnehmen steckt. Und zugegebenermaßen ist das ja auch schön: dieses Gefühl, voll unter Strom im Strom zu stehen.

Ich erinnere mich noch an meinen ersten Coffee to go. Es war vor vielen Jahren auf einer Recherchereise in Chicago. Als Ossikind war ich erst spät in den USA gewesen, und als ich die Stufen des U-Bahn-Schachts mit meiner kleinen Ledertasche hochkletterte, entließen mich diese in eine andere, größere, glattere, glitzerndere, bessere Welt. Die Spiegel der Fassaden, die weiten Avenues, die eiligen Menschen. Ich setzte mich erst mal und zündete mir eine Zigarette an, da kam eine Gruppe pubertierender Jungs und laberte auf mich ein, dass das ja wohl gar nicht ginge. Ich verstand erst überhaupt nicht, was die wollten, da sei doch gar kein Marihuana drin. Aber die meinten ernsthaft diese kleine, harmlose Gauloise, und ich drückte sie am Rinnstein aus. Dann saß ich allein im Flockenwirbel eines Dezembertages und beobachtete, wie man zu sein hat in der Neuen Welt, um dazuzugehören. Und da sah ich sie, die zahllosen Becher und Kübel mit dem Plastikdeckel. Wie sie als Hand- und Seelenwärmer von den urbanen Leistungsträgern an mir vorbeigeschleppt wurden, als wäre die kalte Straße ihre Kaffeebar. So ein portabler Napf Herzklopfmittel inmitten der hämmernden Welt, das war die Droge. Es schwappte etwas Toughes und Freies darin: Du kannst gehen, wohin du willst, du kannst machen, was du willst, du kannst sein, wer du willst – und trotzdem noch einen Kaffee trinken. Diese Verheißung verfing bei mir sofort, und ich suchte nach dem nächsten Starbucks. Damals gab es die noch nicht in Deutschland, und ich fühlte mich sehr avantgardesk – bis ich an die Reihe kam und die Bohnensorte und den Milchfettgehalt und die Bechergröße sagen sollte. Ich verstand kein Wort und war von den Multioptionen einer simplen Kaffeebestellung erschlagen, weswegen ich einfach sagte: »The regular«, und die Frau hinter der Maschine sagte: »There is no regular«, und ich dachte: »Wow, die große Freiheit. Land der unbegrenzten Latte.« Jedenfalls war es dann genau so, wie ich es mir vorgestellt hatte: Ich tauchte ein in die Menschenmassen (allerdings mit erhöhter Konzentration auf mein Becherchen, man muss diesen Balanceakt ja erst üben), zog mit dem Kaffee durch die glitzernden fremden Straßen (allerdings mit einem riesigen Kaffeefleck auf dem Mantel, weil das Üben auch Niederlagen kennt), saugte die große Freiheit durch ein kleines Loch in einem Plastikdeckel. Ich war in Chicago, Mann! Ich war tough, ich war frei, ich war Kaffee trinken. Es war wunderbar, vor allem, weil ich in dieser Geschäftigkeitssimulation nicht merkte, wie allein ich eigentlich war.

Dieses Gefühl hat sich bis heute festgesetzt: Mit dem Kaffeebecher bin ich mittendrin, aber nicht dabei. Mein Herz schlägt wild, aber ich kann es nicht spüren, weil ich ja unterwegs und abgelenkt bin. Sich hinzusetzen, eine Tasse mit Henkel festzuhalten und sie konzentriert auszutrinken ist für den freien, beschäftigten Menschen zur echten Herausforderung geworden. Nicht nur, weil er dafür im dicht geplanten Alltag gar keine Zeit mehr hat, sondern weil er dann auch für einen Moment mit sich und der Welt allein ist. Nicht nebenher Auto fahren, nicht zur Straßenbahn laufen, nichts nebenbei lesen, nichts auf dem Handy nachgucken, nichts dabei geschäftsmäßig verhandeln. Nichts nutzen. Nur sitzen und nippen. Das ist schwierig. Die sinnfreie Kaffeepause löst sich auf, sie verschwindet im Strudel der allgegenwärtigen Beschleunigung. Und es ist wirklich Zeit, sie ganz dringend wiederzubeleben, weil in ihr die Lösung für ein paar ganz grundsätzliche Probleme unserer Gegenwart liegt.

Bleiben wir erst mal beim Coffee to go. Man könnte jetzt einwenden, dass ein schneller Kaffee zum Mitnehmen am Morgen nun mal zum Zeitgeist gehöre und nicht den Untergang des Abendlandes bedeute. Aber der Kaffee steckt in den meisten Fällen in einem Pappbecher. Die Deutsche Umwelthilfe hat 2015 zusammen mit dem Forschungsinstitut TNS Emnid eine Umfrage gemacht und hochgerechnet, dass allein in Berlin pro Jahr 166 Millionen Becher weggeworfen werden, das sind etwa 450000 Stück am Tag. Wenn man die alle nebeneinanderstellt, ergibt das eine Strecke vom Alexanderplatz bis nach Potsdam. Jeden Tag. Weil man meistens unterwegs ist, werden die Becher dann einfach in einen Mülleimer geworfen und als Restmüll verbrannt. Eine gigantische Ressourcenverschwendung, denn um die

Becher herzustellen, braucht es mehrheitlich frische Zellulosefasern – also Bäume. Für die Herstellung der Plastikdeckel muss wertvolles Erdöl oder Recycling- oder Biokunststoff eingesetzt werden. In jedem Fall braucht es also viel Energie und Ressourcen. Verschiedene Umweltverbände haben deswegen schon Kampagnen gestartet, um Mehrweg-Becher populär zu machen. Der Naturschutzbund wirbt mit »Carry your Cup«, die Deutsche Umwelthilfe sucht »Becherhelden«, um die Mehrweg-Tassen zu promoten, einzelne Kommunen und Ökoaktivisten können sich wegen der ständigen Vermüllung von Parks und Straßen sogar eine Pflichtabgabe für Einwegbecher vorstellen. Tatsächlich empfinden selbst die Coffee-to-go-Trinker es als störend, im Jahr etwa 80 Kaffeebecher zu verschwenden, und würden einen Mehrweg-Becher mit sich herumtragen – wenn sie den Kaffee dafür billiger bekämen. Man könnte das gesetzlich regeln, aber als EU-Verordnung wird eine Pflichtabgabe auf die fiesen Rohstoffkillerbecher wohl nicht so schnell durchgehen, dafür ist die Lobby der Industrie zu stark. Und für ein Umdenken des Kaffeetrinkers sind die ökologischen Folgen einfach zu weit weg von der eigenen Lebenswelt. Die Deutsche Umwelthilfe kommt zu dem Schluss: »Nehmen Sie sich ein wenig Zeit und trinken Ihren Kaffee vor Ort – aus einer Tasse.«

Wie wir heute unseren Kaffee trinken, zeigt exemplarisch, wie wir uns mit der Welt verbunden fühlen. Und das ist erschreckend: nämlich offensichtlich überhaupt nicht. Diese Ex-und-hopp-Mentalität, die wir mit dem Kaffee und dessen Becher zeigen, ist zum gängigen Verhaltensmuster in fast allen Bereichen unseres Lebens geworden. Essen, Kleidung, Information, Kontakte – alles wird besinnungslos konsumiert. Wir nehmen uns, was wir glauben zu brauchen. Wir ziehen es uns rein, ohne es zu spüren. Wir entledigen uns dessen, ohne uns weiter darum zu kümmern. Und ja, ich schreibe jetzt »wir«, weil es natürlich auch mich betrifft. Ich hab auch diese Becher mit mir rumgeschleppt und gedacht: »Na ja, ist ja nur einer!« Doch so pathetisch es auch klingt: Es ist nur ein kleiner Becher für den Menschen, aber eine riesige Verschwendung für die Menschheit.

Es lohnt sich also, dem Kaffee wieder mehr Zeit, Bewusstsein, Hingabe zu schenken und damit aus der Logik des schnellen Verbrauchens herauszukommen. In den deutschen Großstädten entstehen neben den schnellen Kaffeetanken derzeit Refugien einer neuen entschleunigten Kaffeekultur, in denen dem Rösten, Brühen und Trinken geradezu zeremoniell gehuldigt wird. Es geht den langsamen Brühern wohl eher nicht so sehr um die Befreiung vom Becherüberfluss als vielmehr um die Befreiung aus der Bewusstlosigkeit. Der Kaffee wird aus seinen Pads und Kapseln geholt, er wird den vollautomatisierten, fremden Maschinen enteignet und kann als sinnliches Genussmittel neu entdeckt werden. Kaffeebohnen auswählen, mahlen, aufbrühen, filtern – die einzelnen Arbeitsschritte brauchen Zeit und Hingabe. Indem der Genuss verzögert wird, steigert sich die Lust. Der Produktdesigner Holger Klapperich erforscht als Doktorand an der Folkwang Universität in Essen diesen Zusammenhang am Beispiel des Kaffees und fragt dabei, ob und wie Verzögerung positiv wahrgenommen werden kann. Er hat zu Anschauungszwecken einen »Delay-o-mat« erfunden. Das ist ein Getränkedosenautomat, bei dem der Konsument bewusst entscheiden kann, ob er seinen Kaffee schnell oder langsam bekommen möchte. Ob er nur ein perfektes Endergebnis oder auch Teil des Prozesses sein möchte.

Ich kontaktiere diesen Kaffee-Zeitpionier, um mehr über seine Entdeckung der Langsamkeit zu erfahren. Der Ruhrpott ist mir aber zu weit weg, um einen langsamen Kaffeepott zu trinken, und wir einigen uns darauf, uns im September in Berlin zur Slow Living Conference zu treffen. Die Entschleunigungsmesse hat sich selbst das Ziel gesetzt, »das Bewusstsein für die Bedürfnisse in unserer 24/7-Lichtgeschwindigkeitsgesellschaft zu schärfen«, wie es auf der Einladung heißt. Es gibt Vorträge über »Digital-Detox-Hotels«, karge Mönchszellen ohne jeden Komfort, die allerdings zu Luxuspreisen. Oder die Idee des »Slow Retail«: Wie die Magie des Konsumierens durch Entschleunigung wiederbelebt werden kann. Zwischen den Programmpunkten »Der Lebensraum Bad als Ritualort«, in dem ein Armaturenhersteller über Fußbäder als Quelle spiritueller Aufladung berichtet, und einer »Re-Boost«-Einheit von drei Damen, die »Office Yoga« als Geschäftsmodell entwickelt haben, stellt Holger seinen Delay-o-mat vor.

Als wir uns treffen, hat er den sperrigen Apparat mit seinen Glaskästen und Rampen und Holzfüßen gerade wieder in einem Auto verstaut. Holger, 27, halblange schwarze Locken, Nasenpiercing, leichte Strickjacke, sieht aus wie jemand, bei dem man den Smalltalk überspringen und ihn nach dem Händedruck direkt die Augen zuhalten, ihn drei Stufen hochführen und auffordern kann: »Riech mal!«, bis eine samtene Welle aus würzigen Röstaromen und schokoladigem Gemahlenem die Sinne flutet. Wir stehen blind schnüffelnd in einer winzigen Brühbar in Kreuzberg. Als wir die Augen aufmachen, sehen wir einen Tresen, auf dem in beleuchteten gläsernen Kolben das Kaffeewasser brodelt, in das frisch gemahlener Kaffee eingerührt und siedend aufgekocht wird. Es sieht aus wie Alchemie. Der Barista, ein zotteliger Tscheche mit Tattoos, erklärt jeden Schritt mit großer Geduld, hinter ihm hängt das »Brewmenu«, auf dem die Kaffeesorten mit Vokabeln wie »malzig, Karamell, rote Früchte, saftig, süß, feine Säurestruktur« beschrieben sind. »Is wie Wein«, sagt der Tscheche. »Du musst dich drauf einlassen und dir Zeit nehmen, das Getränk wirklich zu erfahren.« Holger und ich nehmen einen »Kolumbien Washed« aus dem Filterverfahren in kleinen Gläsern und versenken uns in die Brühe. Ehrfürchtig riechen und saugen und schmatzen wir uns rein. Wir wollen nach dem ganzen Gebrodel und Geglucker jetzt was spüren. »Ich hab 'nen Riesenrespekt vor dem Kaffee«, sagt Holger und guckt scheu ins Dunkel des Glases. Er schmeckt wie der Filterkaffee aus der Thermoskanne bei Oma. »Also nur weil das jetzt länger gedauert hat, schmeckt es aber nicht besser«, nörgele ich. »Ja, das ist auch nicht unbedingt das Ziel«, antwortet Holger. »Es geht darum, den Prozess sichtbar zu machen.« Und schon sind wir mittendrin.

Holger sagt, dass in der Vergangenheit kommerzielles Produktdesign – wie zum Beispiel von Kaffeemaschinen – immer nach möglichst effizienten Lösungen gesucht hätte, um ein möglichst gutes Produkt zu erschaffen. Heute müssten wir nur noch eine Kapsel einlegen und auf einen Knopf drücken, um eine gute Tasse Espresso zu trinken. Für fast jeden Lebensbereich gibt es mittlerweile schwarze oder weiße Kisten, die unsere alltäglichen Wünsche immer besser und immer schneller befriedigen. Und nicht nur das – um als Innovation zu gelten, warten die Maschinen mit immer neuen automatisch herstellbaren Sonderbefriedigungen auf, von denen wir gar nicht wussten, dass wir sie wollten. »Crema!«, rufe ich. »Das steht jetzt auf jeder Maschine. Eigentlich war das mal diese goldbraune Schicht, an der man richtig gut gemahlenen und frischen Espresso erkannt hat. Von den Automaten wird die Crema jetzt aber künstlich vom Ventil draufgeschäumt.« Holger nickt. »Genau darum geht es. Der Konsument hat keine Ahnung, was er da eigentlich trinkt.« Die Prozesse sind nicht sichtbar, der Energieaufwand bleibt vage, das Erlebnis ist verborgen.

»Und warum ist das ein Problem?«, frage ich.

»Die Industrie schwatzt uns sozusagen Bedürfnisse auf«, sagt Holger.

»Wie Crema«, denke ich, rufe aber diesmal nicht dazwischen.

»Was der Konsument aber wirklich von einem Produkt möchte, ist etwas anderes. In meiner wissenschaftlichen Arbeit gehe ich von fünf echten Bedürfnissen aus: Autonomie, Sicherheit, Stimulanz, Kompetenz und Popularität – das ist es, was wir wirklich als Menschen von einer Ware erwarten. Wenn ich mir jetzt meinen Kaffee aus einem Automaten hole, ist das zwar ein sicheres und populäres Erlebnis. Aber alles andere fällt komplett hinten runter. Damit wir uns als autonom, kompetent und stimuliert wahrnehmen können, müssen wir heute die Prozesse hacken.«

»Das bedeutet, wir brechen die Automatisierung auf und widmen uns selbst wieder einzelnen Teilverfahren wie Bohnen mahlen oder mit der Hand brühen – obwohl wir es gar nicht müssten beziehungsweise das Ergebnis manchmal sogar schlechter ist und länger dauert. Der Prozess ist also wichtiger als das Resultat«, sage ich.

»Zumindest sollte man sich entscheiden dürfen.«

»Was nützt ein langsamer Kaffee, zum Beispiel aus deinem Delay-o-mat?«

»Der Apparat stellt dich vor die Wahl: Entweder du kriegst das Getränk ganz schnell ohne jeden Spaßfaktor, oder du wählst die langsame Variante, bei der die Kaffeedose viele unterhaltsame Extraschleifen nimmt. Damit hinterfragt die Maschine unsere üblichen Konsumentscheidungen.«

»Ist er eine Provokation?«

»Klar, weil er die Verspätung positiv bewertet. Das ist in einer beschleunigten und auf ständige Effizienz getrimmten Gesellschaft ein Akt der Rebellion, sich bewusst für die langsamere Variante zu entscheiden.«

Holger erzählt, dass er sich selbst nicht als ein Zeitpionier empfindet. Wenn er morgens zur Universität fährt, holt er sich seinen Kaffee oft aus dem Automaten. Sich mit seiner ebenfalls selbst entwickelten halbautomatischen Kaffeemühle einen Kaffee zuzubereiten, bleibt für ihn bislang ein Ritual für ruhige Stunden. »Wir wollen ja am Ende doch alle das Sicherheitsnetz der Zivilisation behalten und nicht in vorindustrielle Zustände zurückverfallen«, sagt er. Trotzdem hat sich etwas verändert, seitdem er über die bewusste Verzögerung nachdenkt. Er blicke »über den Tellerrand hinaus« und wolle mit seinen Designartefakten das auch bei anderen anregen. »Es ist wichtig, eine Wahl zu haben. Der Mensch sollte sich von der Industrie nicht zu viele Fähigkeiten wegnehmen lassen, denn dann ist er ihr ausgeliefert.«

Wie wir unseren Kaffee trinken, ist also mehr als eine Frage des Geschmacks und der Neigung. Es zeigt, wie sehr wir uns der permanenten Beschleunigung des Alltags hingeben – wenn wir mit der schwarzen Leistungsdroge durch die Straßen eilen. Es zeigt, wie besinnungslos wir an der Ressourcenverschwendung teilnehmen – wenn wir aus Pappbechern trinken und sie dann wegwerfen. Es zeigt, wie wir uns Bedürfnisse von der Industrie einreden lassen können – wenn wir die wirklichen Herstellungsprozesse nicht mehr verstehen. Die Kaffeepause zeigt also, wie tief wir in der kapitalistischen Spirale der Besinnungslosigkeit stecken.

Um mich daraus zu befreien und nicht geldwerte Leistung, sondern lebenswerte Momente zu schaffen, lerne ich wieder das sitzende, gelassene Trinken. Morgens, auf der Melkbank des »Nichtsnutz«. »Ihr seht aus wie Greise«, schallt es herüber. Tschoka schleicht über die Pflastersteine der Straße, als wäre sie ein klebriger Sumpf. Er wohnt ein paar Häuser weiter und ist vermutlich gerade auf seinem morgendlichen Kiezgang in Richtung Alkoholtheke vom

Norma. »Und du siehst aus wie Ozzy Osbourne, nachdem er einer Fledermaus den Kopf abgebissen hat«, antworte ich. Tschokas Locken liegen wild, die Nickelbrille vergrößert die glasigen Augen, und der Rotwein vieler Flaschen hat die Zähne dunkel gefärbt und muss in Strömen über das Kinn auf das T-Shirt gelaufen sein. Er winkt ab, kommt aber trotzdem rüber. »Un, wie geht's, wie steht's?«, fragt er.

»Sometimes we sit and think, and sometimes we just sit«, sage ich.

»Was is' los?« Tschoka schwankt etwas.

»Das ist ein Filmtitel«, springt Maestro ein, und ich vermerke ihn auch auf meiner inneren Telefonjoker-Kandidatenliste.

»Von einem Kurzfilm über einen 50-Jährigen, der in ein Altenheim zieht und beschließt, dort einfach nur noch rumzusitzen«, erkläre ich.

»Und das Schöne dabei ist doch, dass der Protagonist eigentlich gar nicht krank oder klapprig oder dement ist, sondern einfach ganz entspannt nichts tun möchte«, sagt Maestro. »Das irritiert alle anderen. Die Ärzte, die Pfleger, die anderen Heimbewohner. Einfach nur da sein und auf den Tod warten.«

»Also wie ihr«, sagt Tschoka und geht weiter.

Wir gucken uns an, Maestro lacht. Kann er ja auch: Er sitzt hier, weil ihm der Laden gehört. Aber ich? Ich irritiere jetzt sogar schon Tschoka auf dem Weg zum Norma mit meinem Zeitwohlstand. Einfach nur sitzen und nichts wollen, das ist eine Provokation, ein Tabubruch, eine Grenzüberschreitung. Warum darf man die Ressourcen der Welt verschwenden, aber nicht sich selbst?

# 6 GLORIOSE VERSCHWENDUNG

## Wer rumsitzt, wird angepisst

**Und so richte** ich mich ein in der Verschwendung. In der Agonie der Stunde. Im süßen Nichts. Einfach so den ganzen Tag auf der Straße ziel- und zweckfrei rumsitzen, wie geht das eigentlich? Bei uns in Deutschland gleitet man an den lungernden Gestalten lieber schnell vorbei, als wären sie störende Steine in der Strömung des Alltags. Aber im Orient, da ist das anders. Männer sitzen regungslos am Rand der Straße, vielleicht ein Hölzchen zwischen den Zähnen, vielleicht eine Gebetskette in der Hand, und sind einfach nur: da. Was passiert, wenn nichts passiert? Um das genauer zu studieren, flog ich vor ein paar Wochen nach Marrakesch und hatte mir absolut überhaupt gar nichts vorgenommen – außer etwa zehn Tage lang ausgiebig in der Straße rumzusitzen. Keine Königsgräber, keine Kamelausritte, keine Souk-Bummeleien. Ich hatte keinen Reiseführer dabei und keinen Ehrgeiz, sondern wollte einfach mal sehr, sehr lange rumsitzen. Nicht am Strand dösen, nicht unter einem Baum träumen. Sondern meinen orientalischen Mann stehen – beziehungsweise sitzen. Ich suchte mir das scheußlichste Café in der Innenstadt aus. Die Lederstühle waren durchgesessen, und auf einem Fernseher lief in einer uneinsichtigen Ecke hinter dem Rücken der Gäste in ohrenbetäubender Lautstärke Fußball. Der schmierige Kellner stellte mir Minztee und einen Aschenbecher auf den Tisch. An jedem

Tisch saß ein Mann, eingehüllt in ein warmes Gewand mit Wollzipfelmütze und trank aus einem kleinen Glas Kaffee. Meine Tischnachbarn guckten zuerst irritiert, sagten aber nichts. Nicht zu mir, nicht zueinander. Irgendwann hatten sie sich wohl an mich als Fremdkörper gewöhnt. Wir nippten und glotzten, obwohl es eigentlich überhaupt nichts zu glotzen gab. Manchmal gingen zwei verhüllte Muslimas vorbei, manchmal knatterte ein junger Mann mit dem Moped staubaufwirbelnd die Straße entlang; der Höhepunkt war ein sturer Esel, der von einem Orangenbaum fressen wollte. Ich wunderte mich, dass keiner ein Gespräch führte, eine Zeitung las oder auf sein Telefon guckte. Sie rührten sich nicht und wirkten seelisch und geistig irgendwie offline. Es war keine Pause, die wir einlegten, um uns zu erholen. Dafür dauerte es einfach zu lang. Es war aber auch keine Meditation, die wir da vollführten. Dafür versenkten wir uns nicht genug. Und als Kontemplation konnte man dieses unheilige Stieren nun auch nicht wirklich bezeichnen. Es war einfach eine grobe Zeitverschwendung ohne ersichtlichen Sinn.

Ich beobachtete bei mir folgenden Verlauf: In der ersten Phase guckte ich mir alles sehr genau an – die Menschen, die Straße, das Kaffeegläschen, und sinnierte darüber, wie fremd das alles war und wie es sich normalisiert, wenn man nur lange genug draufguckt. In der zweiten Phase dachte ich über dies und jenes nach, das sich in den letzten Stunden, Tagen, Wochen, ach überhaupt im Leben so angesammelt hatte. Das konnte sich zu einem sehr angeregten Selbstgespräch steigern, manchmal wechselte ich die Sprachen, übernahm groteske Gegenpositionen oder führte Filmdialoge innerlich weiter. Wie bei Jim Jarmuschs »Coffee and Cigarettes« – nur eben im Kopf. Man musste aufpassen, es nicht zu wild zu treiben und dann unvermittelt loszulachen oder aufzustöhnen. Ein dezentes Kopfschütteln, mit der Zunge schnalzen oder seufzen, ging aber. In der dritten Phase verebbten die Gedanken dann so allmählich auf ein intellektuelles Minimum. Ach, ein Vogel ... na, trink ich jetzt noch ... so was, ein Faden an meinem Mantel ... mach ich später weg. Die Rinnsale der Rationalität versickerten allmählich. Nach unzähligen Stunden war ich geistig vollkommen ausgetrocknet, erhob mich umständlich, nickte den Herren ernst zu, und sie nickten ernst zurück. Es war, als wüssten wir etwas, das wir gerade über Stunden gemeinsam geteilt hatten. Aber das Gegenteil war der Fall: Wir wussten gar nichts.

Nach einer Woche war ich derartig verschwendungsgeübt, dass ich manchmal direkt nach dem Hinsetzen schon in Phase drei übergehen konnte. Die äußere Welt erzeugte keine Fragezeichen mehr. Die innere Welt suchte keine Antworten mehr. Glas, Moped, Esel. Was gab es da noch mehr zu verstehen? Es ist, wie es ist. Ich saß auf diesem unbequemen Lederstuhl und war einfach ein Teil dieser Welt und die Welt ein Teil von mir. Kein Grund, in Stress zu verfallen. Es war der vielleicht erholsamste Urlaub meines Lebens.

In Leipzig auf der Holzbank in meiner Straße frage ich mich, warum diese Form des existenzialistischen In-der-Welt-Seins nur im Urlaub gelingen soll. Für die orientalischen Männer gehört es ja auch zum Alltag. Und ich habe Zeit. Also setze ich mich in Positur, lege zurecht, was ich für einen Tag mit mir selbst brauche: eine Schachtel Zigaretten, einen Kaffee. Das Handy räume ich wieder weg, denn ich möchte nicht versehentlich auf die Uhranzeige des Displays gucken. Es ist ganz angenehm warm, marokkanisch fast. Ich ziehe die Schuhe aus. Der Nagellack blättert von den Zehennägeln, ich betrachte das abgeschabte Muster eingehend. Phase eins. Schöne Farbe eigentlich, Karmin, schätze ich mal. Aber warum ist der schon so runter? Tschoka wandert vorbei und schüttelt mit dem Kopf. Phase zwei setzt ein und damit die mäandernden Gedanken: Also der Nagellack ist jetzt nur noch auf der oberen Hälfte des Zehs. Auf der unteren ist nichts. Da sieht man mal, wie die Zeit vergeht. An der Lackuhr. So was. Aber wie lange ist das her, dass ich die Zehen bemalt habe? Wie schnell oder langsam ist seitdem die Zeit vergangen? Ich wackele mit dem Fuß wie mit einem Pendel. Eine ungenaue Uhr habe ich da entdeckt. Mehr als die Tatsache, dass es eine Vergangenheit und eine Gegenwart gibt, kann ich von ihr nicht ablesen. Selbst wenn es einen eindeutigen Zeitpunkt irgendwo in der Vergangenheit gegeben haben muss, an dem ich pinselnd im Bad saß, und eine unbekannte Zeit, in der der Nagel gewachsen ist, sagt das nichts über die Zeit selbst aus. Darüber, wie viel Zeit ich mit den bunten Füßen durchschritten habe. Wie sich die Zeit angefühlt hat. Ich lasse den Fuß zurück in den Schuh gleiten. Mir geht es auch nicht besser als Augustinus, der in seinen *Bekenntnissen* über das Wesen der Zeit schreibt: »Wenn mich niemand danach fragt, weiß ich es; will ich einem Fragenden das Wesen der Zeit erklären, weiß ich es nicht.«

In der Ferne höre ich eine Kirchturmglocke schlagen. Ja, denke ich, dort oben ist die Zeit für alle gleich. Alle 15 Minuten trifft der Schlegel auf das Metall und zählt mit. Viertel, halb, dreiviertel, um. Bevor sich die mechanische Uhr durchgesetzt hat, war der Alltag von natürlichen Rhythmen bestimmt: von den Jahreszeiten, dem Stand der Sonne, vom Wechsel der Gezeiten. Jeder Tag hatte dadurch seinen eigenen Rhythmus, und der Mensch damit auch. Die ersten Uhren waren eher grobe Zeiteinteilungen. Angefangen haben damit die Römer, die mit einer Sonnenuhr den Tag in zwölf gleichgroße Einheiten zerlegten. Nachts wurde die Zeit geschätzt. Die Mönche des Mittelalters wollten für ihre Gebete auch nachts die genaue Uhrzeit kennen und nahmen mit einer Wasseruhr genauer Maß. Jahrhundertelang waren nur Klöster der Ort für das disziplinierte Leben nach der Uhr, in denen jeder Tagesablauf vereinheitlicht und vertaktet war. Die ersten mechanischen Uhren waren um 1300 noch zierende Herrschaftssymbole an Kirchen und Palästen. Einmal dort oben angebracht, dauerte es nicht mehr lange, bis die Uhr auch den Rest der Bevölkerung unter ihr Diktat stellte. Irgendwie sind wir alle zu Mönchen und Nonnen geworden, die ihr Leben und Arbeiten vertakten. Die beim Glockenschlag, beim Weckerklingeln, beim Handyalarm hochschrecken und denken: Huch, ich mussmussmuss. Nicht beten, aber leisten. Max Weber behauptete, dass der Protestantismus (und insbesondere der Calvinismus) uns eine Ethik eingepflanzt hätte, in der Geschäftigkeit und Pflichtbewusstsein die obersten Tugenden wären. Um Gottes Ruhm zu mehren, musste der Protestant arbeiten. Dann war er ein guter Diener seines Herrn. Daraus ist eine Zweckrationalität des Lebens und der Lebenszeit entstanden, auf der der Kapitalismus prächtig gedeihen konnte. Je mehr wir arbeiten, umso besser ist es für das Seelenheil. Dann sind wir gute Diener unseres Herrn. Die eigene Zeit mit Nichtstun oder Nagellackstudien zu vergeuden, ist nach Weber die erste und prinzipiell schwerste aller Sünden. »Zeitverlust durch Geselligkeit, faules Gerede, Luxus, selbst durch mehr als der Gesundheit nötigen Schlaf – höchstens 6 bis 8 Stunden – ist sittlich absolut verwerflich.«

Während ich hier auf der Holzbank sitze und in den Himmel starre, öffnen sich die Türen der Häuser und speien die fleißigen Arbeiter aus, die eiligen Schrittes in Richtung Produktivität ziehen, um später wieder von den Geschäftstüren eingesaugt zu werden in Richtung Konsum. Ein ewiges Rein und Raus: rein in den Betrieb, raus aus dem Betrieb, rein in den Laden, raus aus dem Laden. Das ist die Logik, die dieses Wirtschafts- und Sozialsystem zusammenhält. Sich ihr zu entziehen ist unwirtschaftlich und asozial. Mit diesem Prädikat muss man erst mal klarkommen. Ich zünde mir eine Zigarette an und merke: Ich komme bislang damit ganz gut klar. Ach, wie ist das schön, so sittlich verwerflich auf einer Bank zu sitzen. Das Dogma zu sprengen. Ich summe »Watching the wheels« von John Lennon. »Well, they shake their heads. And they look at me as if I've lost my mind. I tell them, there's no hurry. I'm just sitting here doing time.«

Als ich gerade in Phase 3 meiner Zeitverschwendungsübung übergehen will, spüre ich, wie Wasser auf meinen Kopf rieselt. Gerade war es doch noch sonnig. Der Blick in den Himmel verrät, dass das Wetter nicht umgeschlagen hat. Das Getröpfel weitet sich zum Strahl und läuft meinen Rücken hinunter. Ich springe auf und bringe meinen Kaffee in Sicherheit. Scheiße, was soll das denn? Ein Typ aus dem ersten Stock schließt schnell sein Fenster. Er hat keine Blumen davorstehen. Hinter der Scheibe erscheint noch kurz sein hasserfülltes Gesicht. Dann verschwindet er. Ich rieche an meinen Klamotten. Pisse!

Sich dem Nützlichkeitsprinzip zu verweigern und sich stattdessen die ungehörige Freiheit zu gönnen, sich selbst und seine Kräfte wegzuwerfen, sei ein Akt der Rebellion. Das hat der Philosoph Georges Bataille bereits in den Dreißigerjahren aufgeschrieben. Ich möchte lieber nicht – produktiv sein, pflichtbewusst sein, nützlich sein. Diese Absage irritiert, damals wie heute, weil sie eine Grenze überschreitet. Es ist ein »Nein« gegen gesellschaftliche Machtstrukturen und ein »Ja« zum persönlichen Lustprinzip. Damit sei der Mensch frei und souverän. Bataille nennt es die *Gloriose Verschwendung.* »Der souveräne Mensch Batailles ordnet sich nichts unter und ist damit auch selbst keiner Instanz untergeordnet. Er lebt eine bewusst ruinöse Existenz, er verzichtet auf das Prinzip der Nützlichkeit zugunsten des Prinzips der Intensität. Die höchste Intensität erreicht er durch den Verlust, die Verausgabung, die pure Verschwendung«, schreibt Jacques Derrida fünfzig Jahre später.

Nun bin ich also derartig ruinös und vogelfrei, dass man mir schon Pisse auf den Kopf schüttet. Ein Nachbar kommt vorbei und gibt mir ein Ei als Geschoss für einen etwaigen Rachefeldzug. Ein anderer schlägt vor, im Briefkasten einen Kackbeutel zu versenken. Selbst Luftgewehre werden für den Freiheitskampf der gloriosen Verschwendung angeboten. Ich denke kurz darüber nach und lehne dann ab, den Pazifisten John Lennon im Hinterkopf.»I'm just sitting here watching the wheels go round and round. I really love to watch them roll.« Das Thema muss anders angegangen werden.

In Nürnberg hat das Künstlerkollektiv »Geheimagentur« im Jahr 2014 eine »Agentur für Zeitverschwendung« gegründet. Über Glastüren stand das Kürzel AfZ in Hellblau, Dunkelblau und Rot. Davor eine Hollywoodschaukel oder Teppiche für eine Siesta. Drinnen gab es Schreibtische für Beratungsgespräche, wie der freiheitsliebende Bürger am besten seine Zeit verschwenden kann. »Wir leben in einer Zeit, die Produktivität und Effizienz in den Vordergrund stellt. Unmerklich hat sich unsere Lebens- und Arbeitsgeschwindigkeit der wachsenden Produktionsgeschwindigkeit angepasst. Mittlerweile spüren wir die Folgen«, stand auf einem Flugblatt, das die Künstler am 1. Mai in der Fußgängerzone verteilt hatten. »Zeit kann nicht gespart oder angehäuft werden, sie hat ihren Wert nur in der Verschwendung. Die AfZ fordert ein Recht auf Lebenszeitverschwendung für alle!« Vier Wochen lang saßen die ketzerischen

Agenturmitarbeiter von zehn Uhr bis zehn Uhr im Büro und überlegten, wie das denn nun genau funktionierte: Zeitverschwendung. »Wir waren irgendwann von einer wohligen Ruhe angefüllt«, erzählte mir einer der Geheimagenten. »Es gab keine Uhren und keine digitalen Geräte. Alles war analog und angenehm langsam.« Sie redeten in Stuhlkreisen mit Besuchern, strickten, bekritzelten Papier an Stellwänden, hüpften auf Gymnastikbällen herum, lagen im Schaufenster und dösten, trödelten am Schreibtisch. Auf mechanischen Schreibmaschinen tippten sie ein paar Empfehlungen, welche Strategien der Verschwendung sie weiterempfehlen konnten: »Gehen Sie in einen Buchladen. Bieten Sie Menschen an, aus dem Buch vorzulesen!« Oder »Schreiben Sie ein Unmotivationsschreiben!« Oder: »Küssen Sie, egal wen oder was!« Jeder Besucher, der sich mit der Agentur und deren Thema identifizierte, konnte ein »Ich-bin-eine-Filiale«-Zertifikat bekommen und fortan als eigene AfZ wirken. Denn: Der Geist des Zeitverschwendens existiert unabhängig von einem konkreten Ort. »Jeder Zeitverschwender kann weitere Menschen zum Zeitverschwenden anregen«, heißt es im Abschlussbericht. Und dazu wieder ein paar konkrete Tipps, was die eigene AfZ aufweisen sollte. Zum Beispiel »Stühle draußen stehen haben, keine festen Öffnungszeiten, eigenartig gelangweilt machen, Espresso anbieten, analogen Schriftverkehr praktizieren, ungenau bleiben, Eis spendieren, nicht zum Punkt kommen, die Frage, was Zeitverschwendung ist, nicht entscheiden«.

Meine Holzbank in der Straße könnte also durchaus als AfZ-Filiale durchgehen. Tatsächlich bleiben immer wieder Nachbarn und Passanten hängen, setzen sich dazu, erzählen Klatsch oder Quatsch. Zwischendrin mache ich Streckübungen. Und warte auf Richard Gasch.

Vor ein paar Wochen hatte ich auch mal wieder der

analogen Kommunikation gefrönt und ihm eine Postkarte geschrieben. Vorn waren drei rennende Frauen mit vollen Tellern darauf, ins Adressfeld schrieb ich *Labor für Gutes Leben, zu Händen Richard Gasch.* Dann den Text: *Lieber Richard, jetzt wundern Sie sich bestimmt: eine Postkarte mit rennenden Frauen? Wohin wollen die denn so schnell? Noch dazu mit fleischbeladenen Tellern? Ist das eine Metapher für unsere Gesellschaft? Ich weiß es nicht, denn ich frage mich das überhaupt: Warum immer diese Hast? Und wie kommt man da raus? Lässt sich das vermeiden?* Ich lud ihn als Experten für Zeitwohlstand ein, sich mit mir zu treffen, bat um Antwort ohne Bild, aber mit guter Laune, steckte die Karte samt einer Hand voll Konfetti in einen Umschlag und wartete. Einen Monat später kam die Antwort per Mail: *Liebe Greta, ich bin mir bewusst, dass deine Postkarte eine praktische Anwendung der entschleunigten Kommunikation darstellt. Und das hat mich unheimlich entzückt. Auch ich wollte dir eine Postkarte zurückschicken. Doch heute bemerkte ich deine Karte erneut, und mir fiel ein – es ist nicht passiert. Weil ich keine Zeit hatte oder ehrlicher: mir keine nahm. Ich arbeite immer noch zu viel.* Richard hat zusammen mit anderen die Zeitschrift *transform* gegründet. Ein Magazin, das der Frage undogmatisch und gut gelaunt nachgehen soll, wie wir unsere Gesellschaft zum Guten transformieren können. Die erste Ausgabe mit dem Thema »Wir schmeißen hin« war gerade erschienen. Im Editorial stand: »Das *transform*-Magazin erscheint, damit wir aus den Hamsterrädern der Optimierungsgesellschaft aussteigen können. Damit *Gutes Leben* in Genuss einfacher wird. Weil wir wissen, dass eine andere, schönere Welt möglich ist.«

Damit der Transformer Richard auch mal selbst in den Genuss der Zeitverschwendung kommt, für die er im Heft so schwärmt, lade ich ihn zu meiner AfZ-Bankfiliale ein. Er fährt mit einem Cross-Fahrrad vor, die Sneakers leuchten fabrikneu weiß, über der Schulter trägt er eine Bauchtasche.

Wir begrüßen uns, und als geschulte AfZ-Filialleiterin hole ich uns ein großes Moskauer Eis aus dem Russenladen von gegenüber, 88 Cent, ein gewaltiger Sahneberg, den wir in Espresso stürzen. Wir haben keinen festen Zeitrahmen für unser Treffen vereinbart, es gibt keinen vorab verabredeten Fragenkatalog, kein inhaltlich konkreter zu umreißendes Vorhaben als Zeitverschwendung. Also lecken wir erst mal.»Ich glaube, das Eis ist nicht bio oder fair oder regio«, sage ich.»Mhhhh. Stimmt. Wie krass, dass uns so was heute schon auffällt«, antwortet Richard.»Wenn etwas NICHT bio oder fair ist.«

»Du schreibst doch in deinem Heft darüber«, antworte ich.»Ob unsere Enkel nicht irgendwann mal auf unserem Schoß sitzen werden und uns fragen, warum wir einen zerstörerischen Lifestyle an den Tag gelegt haben, der die Ressourcen der Erde vernichtet hat. Fängt so was nicht bei einem staniolverpackten russischen Eis an?«

Richard guckt auf die weißen Turnschuhe. Nickt mit dem Kopf.»Aber du hast doch das Eis gekauft!«

Ich:»Ja, deswegen frage ich ja: diese ständigen Widersprüche, die sich für den postmodernen Transformationswilligen auftun, sind mir wohlbekannt. Richtig handeln und gut leben. Wie funktioniert das? Die Widersprüche, die sich dabei auftun, kann ich erkennen, kann sie minimieren, aber nicht völlig auflösen. Die muss ich dann aushalten.«

Richard:»Haha, Widersprüche aushalten. Das ist gut. Mich nervt ja diese absolutistische linke Logik der Hippies, die Verzicht predigen und dabei so moralisch sauer gucken.«

Ich:»Und ihr bei *transform?* Seid ihr die gut gelaunten Hipster, die von teuren Fahrrädern schwärmen und viel lachen?«

Richard: »Im Grunde schon. Wir wollen anders leben, weil es cool ist, nicht nur weil es richtig ist. Wir kaufen uns ein Rennrad, weil es ein schönes Objekt ist. Na und? Immer noch besser als einen Mercedes.«

Ich: »Ist *transform* der Versuch, den etwas drögen Postwachstumsdiskurs hip zu machen?«

Richard: »Ich will schon, dass die Welt besser wird. Und dafür möchte ich mehr Leute in die Debatte reinholen und ihnen erklären, dass das *Gute Leben* nicht Anstrengung und Verzicht bedeutet, sondern Erleichterung und Spaß.«

Als die Kaffeeeis-Gläser leer sind, brechen wir zu einem Spaziergang auf. Durch enge Straßen, Wohnhäuser, Baustellen, Brachen. An einem Brombeerbusch entdecken wir schwarze Beeren. Wir pflücken sie uns gegenseitig, obwohl sie noch krachsauer sind, und grinsen mit stumpfen Zähnen. Dann balancieren wir über eine mannshohe Mauer und springen auf ein Stück aufgeschütteten Strand, wo Liegestühle stehen, laufen am Kanalufer entlang. Wir sind langsam, sehr langsam. Eine Schildkröte könnte uns begleiten, wie schon die exzentrischen Dandys des 19. Jahrhunderts, wenn sie durch die Straßen flanierten. Heute ist man als Flaneur auch ohne Schildkröte schon fremdartig genug. In der *transform*-Ausgabe hatte ich einen Ratgebertext entdeckt, in dem das Flanieren doch tatsächlich so erklärt wurde, als wäre es eine ganz fremdartige Bewegungsform, die heute keiner mehr beherrscht: »Gehen Sie einfach von zu Hause los, aber achten Sie darauf, langsam zu gehen. Anfangs wird Ihnen das unnatürlich vorkommen, doch liegt das nur daran, dass Sie erst einmal die jahrelange Erziehung zur schnellstmöglichen Fortbewegung von A nach B überwinden müssen. Bald schon werden Sie sich an das langsamere Tempo gewöhnen, und Sie werden großes Vergnügen haben an der Welt unendlicher Wunder, die Ihnen das Herumschlendern eröffnet.« Der Text stammt vom großen britischen Müßiggänger Tom Hodgkinson, der die Zeitschrift *The Idler* gegründet und diverse Standardwerke für Müßiggänger geschrieben hat. Darunter *How to be idle, The idle parent* und *The freedom manifesto*. In seinen Werken beschreibt Hodgkinson, warum es besser ist, sich lieber im Jetzt zu entspannen und das Leben zu genießen, als sich für eine vermeintlich bessere Zukunft zu quälen. »Unser Magazin verfolgt einen ähnlichen Ansatz wie *The Idler*«, sagt Richard. »Aber diese Art des britischen Humors funktioniert in Deutschland nicht so gut. Debatten müssen hier immer ernsthaft und politisch geführt werden.« Widersprüche kann nicht jeder aushalten.

Am Strand entdecken wir einen Kanuverleih und beschließen, eine andere Form des Treibenlassens auszuprobieren. Mit frisch erworbenen und entkronten Bierflaschen zwischen den Knien und Kippen im Mundwinkel paddeln wir los. Die Beine und die Biere werden von unseren unbeholfenen Platschern sofort nass. Wir trudeln und wanken und kommen kaum voran. Die Schildkröte würde uns jetzt locker abhängen. Ich lasse das Ruder ruhen. Wir treiben mit dem Strom. Am Ufer stehen gewaltige Bürgervillen mit ausladenden Terrassen und eigenen Bootsstegen. Richard guckt sehnsüchtig und sagt: »Vielleicht werde ich ja doch noch irgendwann reich. Die Hoffnung gebe ich nicht auf.« Er war vom Leben im materiellen Überfluss auch gar nicht so weit entfernt. Bevor er *transform* gründete, war der Dresdner ein »Marketingtyp«, wie er es nennt. Erst bei dem Klingelton- und Handyspiele-Abzocker Jamba, wo er sich zweieinhalb Jahre die Werbesprüche hat einfallen lassen, die mit brutalster Nervtonmusik in Dauerrotation auf Musikkanälen liefen (»Hol dir jetzt die kränksten Sounds im Jamba-Sparabo auf dein Handy. Schicke ratzke1, und du bekommst diesen

Sound: Muahhahaaa.«) Dann ist er mit einigen anderen Mitarbeitern aus der Firma ausgestiegen und hat einen eigenen Handydienst-Anbieter gegründet. Das Angebot diesmal: ein Handyspion, mit dem man andere Telefone orten kann. Mit beiden Jobs hat er »richtig derbe« Geld verdient. So viel, dass er es sich leisten konnte, danach in Amsterdam seinen Marketing-Bachelor zu machen und dem immer stärker aufkommenden Zweifel Raum zu geben, ob es wirklich das ist, was er der Welt hinterlassen will: Ratzke1 und Spionagesoftware. »Ich wollte da raus, aber hatte noch nicht den Mut dazu. Die Angst vor finanziellen Einbußen war einfach zu groß.« Er heuerte wieder bei einer Werbebude an und verklingelte mit seinen Einfällen weiter Handyverträge. »Mein schlechtes Gewissen wurde immer größer. Ich habe mich sogar den Anti-Konsum-Aktivisten vom ›Amt für Werbefreiheit‹ angeschlossen. Tagsüber habe ich Werbung gemacht. Nachts habe ich Plakatwände vernichtet. Das war schon schizophren.« Die Widersprüche ließen sich immer schwerer aushalten. Seit dem Studium in Amsterdam arbeitete er sowieso nur noch Teilzeit, zweieinhalb Tage in der Woche. »Mein großes Vorbild Tom Hodgkinson hat mich darin bestätigt: Erst mal in Teilzeit arbeiten, bevor man sich ganz aus der Mühle befreit. Und heute muss ich sagen, dass ich es mir nicht mehr vorstellen kann, 40 Stunden in der Woche oder mehr zu arbeiten.« Er kündigte, packte seinen Rucksack und reiste drei Monate mit dem Zug durch Osteuropa, die Türkei und den Iran.

Im Kanu haben wir mittlerweile einen guten Takt gefunden. (Richard paddelt und erzählt, ich rauche und mache »Mmmhhh«). Ein Wehr zieht das kleine Boot zu sich. Die Nachmittagssonne liegt wie ein orangefarbener Ölfilm auf dem Wasser, dahinter verliert sich die Welt im sich nähernden Dunkel. Wir lassen uns in den Sog des Wehrs ziehen und freuen uns über den kurzen Kitzel der Gefahr. Dem Abgrund entgegentreiben. Im Reisen war es möglich, über alle Grenzen und am Ende vielleicht auch mal über sich selbst hinauszukommen. »Im Iran habe ich alles losgelassen«, sagt Richard. »Ich saß mit den Leuten stundenlang, tagelang rum. Vielleicht kam mal eine Shishapfeife vorbei. Das war's. Die perfekten Idler.« Aber die drei Monate orientalischer Gelassenheitsübung können die dreißig Jahre okzidentaler Leistungslogik nicht aufwiegen.

Heute arbeitet Richard freiberuflich. Er konzentriert sich auf die Arbeit als Magazinmacher, übernimmt kleinere Werbetextereien für Freunde, hilft seiner Freundin, ein Künstlercafé aufzubauen – und muss sich bald beim Amt vorstellen. Denn die Ersparnisse schmelzen allmählich. »In den Handybuden hatte ich Geld, aber keinen Sinn. Mit dem Magazin habe ich Sinn, aber kein Geld«, fasst Richard sein Dilemma zusammen. Kann man den Kapitalismus bekämpfen und trotzdem Kohle bekommen?

Ich nehme mein Paddel. Wir müssen allmählich weg vom Sog ins Nichts, das jetzt bedrohlich nahe kommt. Weg vom verschwenderischen Nichts-Tun. Zu zweit tauchen wir die Plastikpaddel ins Wasser. Das Gespräch erstirbt. Wir sind jetzt zu schnell unterwegs, um uns zu entspannen, aber immer noch zu langsam, um die anderen Kanuten zu überholen. Irgendetwas dazwischen. Das passt doch eigentlich ganz gut, überlege ich. Im Fluss sein, zwischen Aktion und Relaxation wechseln. Weder die völlige Selbstverschwendung zu glorifizieren, wie es Bataille tut. Noch die völlige Selbstaufgabe zu akzeptieren, wie es ein Jamba-Sparabo-Job verlangt. Der Widerspruch wird aushaltbar, wenn sich die Bedürfnisse und Ansprüche nicht ins Extrem steigern.

Wir steigen aus dem Kanu und machen uns wieder auf den Weg, gehen am Kanal entlang, laufen über eine Baustelle, wo gerade Loftwohnungen mit Pool auf dem Dach entstehen. Unsere Köpfe gucken in den Himmel. Irgendwo da oben werden sich in ein paar Monaten Menschen im Luxus aalen. Vor unseren geistigen Augen sehen wir Poolpartys mit Cocktails und Cocktailschirmchen. Sich in seinen Ansprüchen an materiellen Wohlstand zu mäßigen, klingt vernünftig. Weniger arbeiten, weniger Geld verdienen, mehr leben, mehr Zeit. Aber was ist mit diesem Traum vom luxuriösen Leben, den Richard – vielleicht auch der Mensch an sich – dann doch immer wieder mal heimlich träumt? Der Philosoph Lambert Wiesing erklärt in seinem Buch *Luxus*, dass die Liebe zum Luxus gar nicht unbedingt etwas mit dem Pool oder den Cocktails zu tun hat. Sondern dass es darum geht, sich in dieser vernünftigen zweckrationalen Welt auch mal irrational und unangepasst zu verhalten. Luxus sei ein Gefühl der Unangemessenheit, eine Trotzigkeit wider die Effizienz. »Luxus ist nur eine von vielen Möglichkeiten, mit Üblichkeiten zu brechen. Dabei passiert genau jener Bruch durch übertriebenen Aufwand, der weder strafrechtlich noch moralisch verboten ist. Deswegen ist er besonders attraktiv für Leute, die die Gesellschaft nicht revolutionieren, aber trotzdem nicht zu einem funktionierenden Rädchen verkommen wollen.« Das luxuriöse Gefühl ist der Ausbruch aus der Konformität. Und dieses hat wesentlich mehr Ausprägungen als monetärer Reichtum, materielle Statussymbole, Besitz. Weniger, freier und sinnerfüllter zu arbeiten bedeutet meist weniger Geld – aber nicht automatisch weniger Luxus. Die Verschwendungslust kann andere Formen annehmen als materiellen Protz.

Wir erreichen wieder meine Holzbank und lassen uns seufzend nieder. Der Plattenladen auf der anderen Seite der Straße hat jetzt auch eine Bank herausgestellt, auf der zwei Typen sitzen. In einem Treppenaufgang hocken die Nachbarn, die mir am Morgen Eier und Gewehre angeboten haben. Maestro vom Café Nichtsnutz kommt mit klappernden Kaffeetassen herüber. Die Sonne hat jetzt genau den richtigen Winkel und rollt die letzten Strahlen wie einen goldenen Teppich auf der Straße aus. Wir sitzen sinnlos auf dem Bürgersteig. Und es fühlt sich nach dem größten Privileg überhaupt an. Ich merke, wie es wieder auf meinen Kopf tröpfelt. Jeder Luxus produziert Neid.

# 7 UNBEKANNTE SCHWÄRZE

Wie ich über Acedias Schatten springe

Das Leben im Weniger wird mir allmählich zu viel. Seit mehreren Monaten sage ich so gut wie alle Anfragen ab. TED-Talk in Frankfurt? Abgesagt. Lesung in den Alpen? Abgesagt. Investigativrecherche? Abgesagt. Es erscheint mir zunehmend idiotisch, vermessen, ja irgendwie auch zynisch, das alles einfach so vorbeirauschen zu lassen. Den Generalstreik zu proben, um gegen den Produktivismus zu protestieren. Zum einen sind es spannende Angebote, zum anderen komme ich mir komisch vor, in einer gesellschaftlichen Situation, in der so viele verzweifelt nach Arbeit suchen, diese aus Experimentiergründen abzulehnen. Kann man sich überhaupt zum Zeitwohlständler erklären, ohne arrogant und selbstgefällig rüberzukommen und diejenigen zu verletzen, mit denen man doch solidarisch sein möchte: den Ausgebeuteten, Gehetzten, der Würde beraubten Arbeitnehmern?

Wenn ich nicht auf meiner Holzbank sitze, ziehe ich mich zurück in einen Kokon: Heim, Herd, Herz. Endlich kann ich mal ganz und gar die familiären Freuden auskosten, die ich sonst nur mit Zeitdruck dazwischenschiebe: mit dem Kind ins Theater, Kuchen backen, Joggen, Blumen pflücken, Leute zum Essen einladen, Möbel bauen, Klamotten tauschen. Ich habe sogar eine blaue Schürze geschenkt bekommen, auf der neben Herzchen und Blümchen der Satz eingestickt steht: *Herr im Haus bin I.* Statt wilde Reportagen zu schreiben, kümmere ich mich jetzt darum, wilde Rauke zu pflücken. Schön, schön. Doch, doch. Eigentlich. »Vermausung in der Komfortfalle«, würde das die Publizistin Bascha Mika nennen. Sich freiwillig ins Private zurückzuziehen sei feige, schreibt sie in ihrem Buch *Die Feigheit der Frauen.* »Wer sich in den Städten umschaut, dort, wo die Kreativen und Medienleute wohnen, die Intellektuellen und gutverdienenden Mittelständler, wo die neue Bourgeoisie ihren grüngesprenkelt-liberal-urbanen Lebensstil pflegt, gerade dort also, wo Paare aufgrund ihrer Bildung und ihres ökonomischen Hintergrunds mehr Wahlmöglichkeiten haben – dort feiern die alten Rollen fröhliche Urstände.« Mika ist Feministin und fordert, dass die faulen Akademikerfrauen sich nicht ihr Leben zwischen der Zuneigung des Mannes und den Bedürfnissen der Kinder zerkrümeln lassen sollen. Dass sie aus der Biedermeier-Bude raus ins Leben springen und gestalten sollen. Mit diesem Wutausbruch hat sie die Öffentlichkeit enorm provoziert. Frauen würden nicht nur von einem bösen patriarchalen System kleingehalten, sondern auch von sich selbst. Im Kokon ist es warm und gemütlich. Die eskalierende, gefährliche Welt bleibt draußen. Ich finde, dass es für jeden Menschen immer auch eine Option sein darf, sich für eine Weile zu verpuppen. Aber während im Tierreich eine Verpuppung meint, dass aus einem Wurm ein Schmetterling wird, habe ich manchmal das Gefühl, beim menschlichen Cocooning ist es andersrum.

Das Leben zwischen Holzbank und Haushalt ist scheinbar sorgenfrei. Ich habe Zeit, ich habe Geld. Und trotzdem geht es mir nicht gut. Ein dunkler Schlund des Selbstzweifels hat sich in mir aufgetan, der mich von innen aufzufressen droht. Wo willst du hin? Was willst du tun? Was willst du erreichen? »Nichts«, brülle ich ihm entgegen.

»Ich will nichts!« Aber er gähnt nur weiter. »Na toll«, denke ich, »da will man sich einmal verinnerlichen, mal schauen, wie es so läuft, wenn man den Verlockungen des Geldes, des Ruhmes, der Äußerlichkeiten entsagt, und dann ist da: nichts!«

Wie immer, wenn es mir unbeschreiblich geht, schreibe ich auch nicht. Das Papier soll sich den farblosen, sinnlosen Schmodder nicht merken, der sich sowieso schon in allem festsetzt. Im Hirn, im Gemüt, in den Poren. Ich schreibe und rede nicht gern über diesen komischen schwarzen Schlund, weil ich gar nicht weiß, was ich sagen soll. Es ist ja nichts. Wenn mich einer fragt, wie es mir geht, sage ich: »Die Sonne scheint«, und zeige mit dem Finger in den Himmel. Das reicht den meisten als Antwort. Wer Sonne auf dem Kopf hat, muss doch auch selbst strahlen. Nur Tschoka guckt verächtlich, sagt: »Na und? Ich jeh' jetzt zum Arzt und lass mir meine Tabletten verschreiben. Wejen da Sonne. Aber von innen.« Er hat ihn wohl auch, den Schlund, der alles Helle wegfrisst. Und Pillen.

Ich spüre selbst, wie allmählich der Wille erschlafft, der Großes schaffen möchte. Der mich sonst antreibt, zum Mitmischen aufstachelt und gierig auf das Leben stürzen lässt. Die Flügel ausbreiten und fliegen. Stattdessen ist alles so: egal. Mittlerweile trage ich viel Schwarz, schleiche lautlos durch die Straße und mache einen auf Acedia. In Kirchen und christlichen Büchern wird Acedia oft als Frau mit hängendem Kopf und wallenden Kleidern dargestellt. Ihr Blick fällt ins Leere. Sie ist eine der sieben Todsünden. Für Kant sogar die schlimmste aller Todsünden: die Trägheit. Acedia kam mir lange wie die große dunkle Antiheldin der Leistungsgesellschaft vor. Eine skandalöse Ikone der Sünde. Eine Amy Winehouse der Moralphilosophie. Sie umwehte etwas Rebellenhaftes. Das fand ich – wie einige andere Laster auch – eigentlich recht attraktiv. Bis ich sie näher kennenlernte.

Acedia Winehouse muss wohl auch Evagrius Ponticus besucht haben, jenen gelehrten Eremiten, der sich in die ägyptische Wüste zurückzog und den ersten Lasterkatalog der Moralgeschichte verfasste. Er beschrieb die »bösen Gedanken«, die einsetzen, wenn sich Einsiedler von der Welt zurückziehen. Dämonen würden versuchen, die mönchhaft Abgeschotteten von ihrem Ziel abzulenken, die *Apatheia* zu erreichen. In der Antike meinte das apathische Dasein noch etwas Positives, nämlich sich von der Außenwelt nicht erschüttern zu lassen und leidenschaftslos der Glückseligkeit entgegenzustreben. Obwohl der ägyptische Eremit also apathisch in der Wüste in seinem – sagen wir mal – spirituellen Kokon lebte, fernab von der Geschäftigkeit der Welt, obwohl er sich frei gemacht hatte von allem Wollen und Müssen, ängstigte er sich vor der Faulheit wie vor einem irren Seelenmonster. Ich hatte das lange nicht verstanden und dachte, das selbstgenügsame In-der-Sonne-Sitzen allein würde mich auch irgendwie der glückseligen Apatheia näherbringen. Innerlich frei machen. Vom Außen, von den Begierden, von der Fremdsteuerung. Stattdessen öffnete Acedia ihren schwarzen Schlund und zog alles in Zweifel und Nichtigkeit hinab, das sich vorher noch so schön angefühlt hatte. Papst Gregor der Große, der den Lasterkatalog des ägyptischen Eremiten zwei Jahrhunderte später in seiner *Moralia in Iob* überarbeitete, verschmolz die Laster der Faulheit und der Traurigkeit zu einer einzigen Todsünde: der Trägheit des Herzens.

Ich habe beobachtet, dass sich sowohl die Faulheit als auch die Traurigkeit als Protest gegen unsere superoptimierte, superoptimistische Gesellschaft inszenieren lassen. Zum Beispiel sind »Sad Girls« gerade im Internet äußerst beliebt – es gibt eine Flut von Selfies mit dem Hashtag #prettywhenyoucry auf Instagram, Sad-Girl-Anstecker und Handtaschen auf Etsy und Twitter-Persönlichkeiten wie die Künstlerin Audrey Wollen, die fast stündlich aus der Tiefe ihres inneren Schlundes twittert und für die Depri-Tweets sogar eine Erklärung hat: Junge Frauen würden durch Machtsysteme »zum Schweigen gebracht, unterdrückt und brutalisiert«. Das Sad Girl würde mit öffentlicher Traurigkeit dagegen protestieren. Das Szenemagazin *Vice* spricht von einer »tragfähigen kulturellen Bewegung«, die sich da weltweit zusammenheule. Eine andere Vice-Autorin definiert sich und ihre – auch männlichen – jugendlichen Altersgenossen als »Generation Melancholie«, weil die Welt da draußen so kompliziert ist.

Angesichts so viel narzisstischer Trägheit und Resignation, kommen mir wirklich fast die Tränen. Ich möchte kein Teil dieser Emo-Jugendbewegung sein. Und ich möchte auch nicht als schwarze Larve im Heim-und-Herd-Kokon bleiben. Wie komme ich da jetzt wieder raus? Einfach wieder alle Aufträge annehmen? Zurück ins Hamsterrad? Ich schaue nicht im Internet, sondern in der Bibliothek nach, wie ich Acedia wieder loswerde – und finde Überraschendes. Thomas von Aquin schreibt, dass der Gegensatz zur Acedia nicht Fleiß, sondern Freude sei. Als mittelalterlicher Dominikanermönch meinte er dabei natürlich jene Freude, die eine »Frucht der Gottesliebe« ist. »Der in Acedia befangene Mensch hat weder den Mut noch den Willen, so groß zu sein, wie er wirklich ist. Er möchte lieber weniger groß sein, um sich so der Verpflichtung der Größe zu entziehen.« Damit sei Acedia eine pervertierte Demut – man wolle die übernatürlichen Güter nicht annehmen, weil sie ihrem Wesen nach verbunden sind mit einem Anspruch an den Empfänger.

Gläubige Menschen könnten sich mit diesem Hinweis an ihren Pfarrer wenden oder für eine Weile in ein Kloster zurückziehen, um die Freude der Gottesliebe und die eigene Größe wieder zu fühlen. Aber wohin gehe ich? Postmoderne Agnostiker puzzlen sich zu Begriffen wie »Gott« und »Liebe« ja eher eigene Glaubensgrundsätze zusammen. Stoßen sie auf Zweifel oder Verzweiflung, gehen sie zu einem Coach. Das mache ich jetzt auch. Denn ich hatte da jemand wortwörtlich Sagenhaftes kennengelernt: Jesta Phoenix.

Es war im Februar, in jenem Backsteinhof, in dem auch der Grundeinkommens-Micha sein Glücksrad gedreht hatte. Ich saß in einem kleinen schwarz gestrichenen Raum und guckte das Programm der Konferenz durch. Ein »Slow Business Coach« wollte über »Kreatives Zeitmanagement« reden. Ich verdrehte die Augen. Coaching. Management. Neoliberale Selbstoptimierungskacke. Weil ich aber direkt nach ihr damit dran war, einen Vortrag zu halten, blieb ich halb interessiert, halb skeptisch sitzen. Und dann tauchte sie auf: kurzgeschorene Haare, Basecap, Wohlfühl-Wollpullover, Treckingschuhe. Ich dachte: »Eine Öko-Punkerin?« Mit Berliner Schnauze erzählte sie, wie sie als Ossi nach der Wende keine Lust auf das Streben in Staat und Strukturen hatte, nicht mehr zur Schule ging und sich selbst bis zum Abitur unterrichtete. Ich dachte: »Eine Anarchistin?« Die Wangen rosig, die Gesten intensiv, mal als Theaterautorin gearbeitet, mal als Seelsorgerin. Ich dachte: »Eine Künstlerseele?« Sie erzählte Anekdoten von ihrer Frau, den zwei Kindern, dem Leben in einer hippiesken Kommune am Stadtrand. Ich dachte: »Eine Regenbogenmama?« Die Frau auf der schwarzen Bühne sprengte alle Vorstellungen, die ich mir bislang von einem Businesscoach gemacht hatte. Ihre Blicke ketteten sich während ihres Vortragspektakels fest an meine Augen. Nach der Veranstaltung ging ich zu ihr, sagte: »Du bist doch kein Coach. Das Wort trifft es doch gar nicht!« Sie antwortete: »Du kannst mich auch weise Frau

nennen«, und lachte, dass der volle Busen wogte. Dabei war
es kein Scherz.

Nun also: Wiedersehen mit Jesta Phoenix. Aus der
Asche zurück ins Leben. Wir treffen uns am Spreetunnel in
Friedrichshagen. Dort, wo der Fluss in den Müggelsee mün-
det. Auf dem Wasser gleiten Segelboote. Am Ufer sitzen
Familien mit Picknickkörben. An manchen Badebuchten
steigen Nackte ins wellenbekräuselte Nass. Es riecht nach
Kiefernzapfen, Sandboden und Sommerferien. Jesta hat einen Rucksack auf und blaue Crocs-Schuhe an den Füßen.
»Wir werden heute viel laufen«, sagt sie. »Bist du bereit?«
Ich nicke artig, obwohl ich äußerst ungern viel laufe. Jesta
bezeichnet sich selbst als »Slow Business Coach« – dabei bezieht sich das »slow« aber nicht auf langsames Gehen oder
langsames Geschäftemachen. Sondern auf allgemeines Entschleunigen. Sie nimmt ihre »Coachees« mit auf eine Wan-
derung entlang des Berliner Müggelsees, damit sie dort erst
mal heraustreten aus dem eigenen Zweifel, der meist in der
Frage gipfelt: Mache ich genug? Wer zu ihr kommt, weiß,
was er im Leben machen möchte. Er arbeitet, er arbeitet
gern, er arbeitet zu viel. »Ich mache keine Beratung, in der
es darum geht, anhand von Kennzahlen dein Arbeitspensum zu optimieren, damit du noch mehr schaffst«, sagt Jesta.
»Mir geht es darum, dass Menschen glücklich arbeiten.« Der
Schlüssel zum Arbeitsglück liege dabei in der Fähigkeit, Zeit
entsprechend dem eigenen Tempo, der eigenen Ansprüche,
der eigenen Intuition zu gestalten. »Ich helfe Menschen
dabei, ein intuitives Zeitmanagement zu entwickeln«, sagt
Jesta. Am liebsten in Form von »Walk and Talk«. Mit dem
bewegten Körper kommen auch die Dinge in Bewegung.

»Wir steigen jetzt hinab in die Unterwelt. Such dir
vorher einen Stein. Der wird die Last sein, die du von hier
mit nach drüben nimmst. Er symbolisiert deine Sorgen und

Zweifel. Den können wir dann drüben zurücklassen.« Einen Kiesel in meiner Tasche steigen wir die Stufen hinunter. Mit den grünen Kacheln an den Tunnelwänden und den vereinzelten Lampen, die Lichttore illuminieren, sieht es wirklich aus wie eine Passage der antiken Sagenwelt. Als wir wieder auftauchen aus dem Dunkel, weht ein frischer Wind. An einer knorrigen Platane, deren Äste bis in das Seewasser reichen, machen wir Halt. Es ist der »Auftragsbaum«. An ihm soll ich die Mission der Reise klarmachen: die Trägheit des Herzens überwinden.

Jesta erzählt, dass sie bislang hauptsächlich Frauen beraten hat. Die meisten von ihnen fragen sich, wie sie glücklichere Arbeitende sein können. »Darf ich mich rausziehen aus dem Job und ein halbes Jahr von Hartz IV leben, um herauszufinden, was ich wirklich will?«, »Kann ich meinen gutbezahlten Job kündigen, um mich selbstständig zu machen?«, »Soll ich Aufträge ablehnen, um mehr Zeit für mich zu haben?« Solche und ähnliche Fragen hat die Platane oft gehört. »Sowohl Freiberuflerinnen als auch Angestellte haben immer das Gefühl, dass sie nicht genug leisten – egal, wie viel sie machen«, sagt Jesta. Sie hätten den Grundsatz der Wirtschaft verinnerlicht, dass auch sie als kleinste wirtschaftliche Einheit beständig ihre Produktivität steigern müssten. »Viele Wirtschaftsberater würden dann sagen: Mach dir einen Plan, achte auf Zeitdiebe, nutze deine Zeit effizient, sei tough, sei streng!«, sagt Jesta. »Aber das höhlt nur noch weiter aus, weil wir dabei immer tiefer in die Knechtschaft der Leistungslogik geraten.«

Wir laufen über schwarzen feinen Sand. Kiefernzapfen knirschen unter den Sohlen. Ich erzähle Jesta davon, wie schwer es mir fällt, das Nicht-Produktivsein auszuhalten. Dass ich Angst habe, mein Potenzial zu vergeuden. Jesta hat jetzt so eine intensive Therapeutenstimme und sagt damit so

intensive Therapeutensätze wie:»Angst ist ein Schwimm-
ring. Er hält dich an der Oberfläche deiner selbst. Wenn du
zum Problem runtertauchen willst, musst du den Schwimm-
ring ablegen. Dort unten ist das alte Wissen. Ich bin deine
Reißleine.« Wir gründeln in meiner Biografie, zerwühlen den
Alltag. Jesta sagt:»Wir wollen alles immer unter Kontrolle
haben. Aber das ist absoluter Bullshit. Das schaffen wir nicht.
Lass diesen Zwang los!« Wer glücklich arbeiten will, muss
nicht routiniert arbeiten. Er muss herausfinden, wann und
wie er sich am besten entfalten kann.»Du hast die besten
Ideen in der Sauna? Warum wohl? Weil du entspannt bist! Es
geht genau darum: diese Zustände zu finden und zu nutzen.«

Wir erreichen einen Holzpavillon, bei dem wir pau-
sieren. Vier Jugendliche haben sich dort bereits ausgebreitet, sind aber gerade damit beschäftigt, im Zeitlupentempo
Wollfäden in die Äste der Bäume zu spannen.»LSD«, denke
ich.»Die haben gerade auch eine mythische Zeit!« Wir lassen sie trippen. Jesta packt eine Tupperdose aus mit Tomaten,
Gurken und Kräutern aus dem Havelland. Ich habe nur eine
Packung Notnüsse dabei und zwei Dosen Litschisaft vom
Bahnhofskiosk. Das schmeckt zusammen sehr gut. Neun-
zig Minuten sind vergangen. So lange dauern auch Traum-
phasen. Ich bin ganz schön fertig, ausgeträumt irgendwie.
Glücklicherweise erzählt Jesta gern, viel und anekdotisch
über ihr Leben. Sie ist in einer DDR-Plattenbausiedlung in
Hennigsdorf aufgewachsen. Im dortigen Stahlwerk haben
Männer gearbeitet, die nach Russland geschickt worden waren und sich von dort eine Ausbildung und eine Frau mitgebracht hatten.»Bis ich fünf war, dachte ich, alle Kinder
auf der Welt haben eine russische Mutter.« Wir lachen, es
klingt lustig, aber hinter der Anekdote steckt auch der Ernst
eines Kinderlebens: Sie wuchs zwischen der Gewalt des Vaters, der Depression der Mutter, der Enge der Platte, der Au-

torität des DDR-Staatsapparates auf. Da war viel Härte, viel Schwärze.»Ich weiß, wie es ist, mit Narben zu leben«, sagt Jesta. Vielleicht hat sich dort der Faden entrollt, dem sie bis heute folgt: sich mit Worten freizuschreiben einerseits, andererseits sich zu kümmern – um»people who struggle«. Jesta benutzt immer wieder englische Begriffe, wenn sie über ihre Vergangenheit redet. Sie war in der Highschool in Alabama, hat in London an der Middlesex University studiert.»Die kleene deutsch-russische Punkerin« in der weiten Welt. In London hatte Jesta kaum Geld, ist mit dem Rad durch den Regen zur Uni. Kilometerweit grau.»Ich habe mich wie der letzte Dreck gefühlt in dieser snobistischen Stadt.« Aber sie hielt durch, lernte mit wenig Geld, wenig Komfort und wenig Sicherheiten zu leben.»Rückblickend bin ich dankbar für diese Erfahrung«, sagt sie. Sie empfindet materielle Unwägbarkeit nicht als die schlimmste aller Bedrohungen. Acht Jahre unterrichtete sie an der britischen Open University Kreatives Schreiben. Zu den Kursen wurde telefonische Beratung angeboten, und da saß dann Jesta am Hörer, aus dem das Leiden junger Kreativarbeiter schnarrte. »Egal, ob die Studierenden körperlich, fachlich oder sozial zu kämpfen hatten: Es ging am Ende immer um Zeitmanagement.« Sie begann, sich einen eigenen Handwerkskasten der Zeitberatung zusammenzustellen. Später erweiterte sie ihn mit professionellen»Coaching-Tools«.»Beim Coaching geht es darum, zu erkennen: Wie funktioniere ich und wie das System? Und wie bekomme ich das in Einklang?« Sie selbst hätte es in ihrem gesamten beruflichen Leben nie gewollt, sich irgendwo fest anstellen zu lassen. Nicht als Schreibtrainerin, nicht als Drehbuchautorin für TV-Serien, nicht als Dozentin.»Ich halte die Umstände festangestellter Arbeit nicht aus«, sagt sie. Dort könne sie nicht so handeln, wie sie es am liebsten tue: intuitiv.

Die Sonne steht jetzt hoch über uns. Ich nehme intuitiv einen großen Schluck aus der Litschisaftdose. Es knirscht, dann breitet sich ein Schmerz im Mund aus: eine Wespe! Die Zunge schwillt auf gefühlte Faustgröße an und liegt wie ein schmerzender, gelähmter Wulst in der Mundhöhle. Die Trägheit, jetzt auch auf der Zunge. Weil ich mir ein nasses Tuch in den Schlund stopfe, verstumme ich nun vollends. Jesta erzählt weiter, es fließt aus ihr heraus. Jeder Satz eine geronnene Lebenserfahrung. Ihre Weisheiten über die Zeit schwappen zu mir wie das Wasser des Müggelsees an sein Ufer. »Wenn du über deine Zeit frei entscheidest, bekommst du ein Gefühl dafür, was Reichtum wirklich bedeutet«, sagt sie. »Ownership würde man im Englischen sagen: Du besitzt etwas wirklich Wertvolles. Es gehört dir.« Ich versuche eine Frage trotz des gelähmten Wulstes: »Wwach pachierd, wenn dach alle machen?«

»Das ist meine Utopie«, antwortet Jesta. »Alle machen das, wo und wie sie ihr Bestes geben können. Mann, wäre allet schön. Wir könnten die Welt so wirklich zu einem besseren Ort machen!«

»Dann guckt jeda auch chich. Dach chühlt chich auch die Dauer auch nich cho gut an.«

»Es ist ein menschliches Bedürfnis, für das, was wir tun, und das, was wir sind, wahrgenommen zu werden. Wir müssen mit anderen in Austausch treten – und uns gegenseitig sehen: Hier bin ich, da bist du. Wir brauchen Verbindung, sonst bleiben wir auch im Zeitreichtum allein.«

Als wir uns dem Spreetunnel nähern und unsere Passage zurück in die echte Welt antreten wollen, steht an einem Bierwagen eine vage vertraute Gestalt in blauer Badehose mit einer Kapitänsmütze auf dem Kopf. Micha Bohmeyer, der Glücksritter mit dem Grundeinkommen, gibt sich heute offenbar bedingungslos dem Sommertag hin. Sowohl Micha als auch Jesta habe ich am kalten Konferenztag kennengelernt, jetzt sind sie beide an diesem warmen Ferientag wieder da. Entweder Berlin ist wirklich nur eine Ansammlung von Dörfern oder der Müggelsee eine Zeitmillionärs-Enklave. Ich versuche eine Vorstellung: »Chechta, Miccha, Miccha, Chechta.« Die beiden teilen sich ein Bier. »Woher kennen wir uns? Alabama, London, Friedrichshagen?«, fragt Jesta. Micha zuckt die Schultern, um nicht sagen zu müssen, dass sein Gesicht, seine Idee und somit er als Posterboy der Grundeinkommensszene in jedem deutschen Medium ausgestellt worden waren. Während die beiden sich ihre Wer-bist-du-was-machst-du-Fragen gegenseitig stellen und beantworten, hocke ich im Liegestuhl und überlege stumm: Micha will Arbeit vom Zwang des Gelderwerbs befreien. Mit einem bedingungslosen Einkommen für alle könnte man dafür die Voraussetzungen schaffen. Jeder könnte dann erst mal frei über seine Zeit verfügen. Jesta will, dass diese Zeit nicht nur als Freizeit, sondern als Sinnzeit erkannt und genutzt werden kann. Beide kämpfen für dieselbe Utopie von der zwangsbefreiten Zeit. Mit den beiden hier zu sein, den silberglänzenden See vor den Füßen, bringt die Utopie plötzlich zum Greifen nah. »Dach icht ja chön, dach wir jetcht hier alle chitzen«, sage ich. »Machen wir wach schuchammen?«

Ich denke an Diskussionen über Zeitwohlstand. Jesta möchte gern ein Interview mit Micha für ihren Blog machen. Micha möchte zu seiner hochgeheimen Bucht fahren, der schönsten Badestelle Berlins, wie er sagt. Das hat man jetzt davon, wenn drei freie Zeitgeister zusammenkommen. »Schuchammen!«, rufe ich, was es aber auch nicht klarer macht. »Choncht icht allech nichts!«

Es dämmert bereits, als wir uns mit Michas weißem Gefährt auf den Weg machen. Vorbei an den letzten Ausläufern des Großstadtlebens: Imbissbuden, Einfamilienhäuser, dann Pferdekoppeln, dann nur noch Wiesen und Bäume. Wir parken an einem Kiefernwald, zwischen dessen kahlen Stämmen schon die Dunkelheit hängt. Ich studiere das Parken-verboten-Schild vom Forstamt, nach dem widerrechtlich geparkte Fahrzeuge sofort abgeschleppt werden. Jesta rennt mit ausgebreiteten Armen ins Dunkel – so sollten wir das auch machen, wenn Wildschweinhorden auftauchen. Micha hängt sich ein Handtuch um die Schultern und zischt ab ins Unbekannte. »Fünf Minuten sind wir da«, höre ich gerade noch. Es riecht nach trockenen Nadeln und Baumharz. Ein klebrig-süßer Lockstoff des Sommers. Himbeersträucher kratzen an den Beinen. Die Kiefernzapfen werden zu kleinen stachligen Tretminen. Der Weg ist eher eine Wurzeltreppe, die unendliche Fallen stellt, bevor er sich völlig verliert. Die blaue Stunde verwandelt sich ins Dunkelblaue, aber ein See ist nirgends zu sehen. »Du willst uns doch verarschen«, sagt Jesta, die zumindest gern läuft, nach zwanzig Minuten. »Weicht du auch wirklich, wo wir chind?«, frage ich besorgt. »Jaja. Es wird so einsam und wunderschön sein!«, sagt Micha und springt weiter, als wäre er ein Reh. Mich wieder in Dunkelheit und Einsamkeit zu stürzen war eigentlich nicht der Sinn dieses Ausflugs. Ich spüre, wie sich mit der äußeren Schwärze auch die innere wieder meldet. Acedia calling. »Gleich balancieren wir über einen Baumstamm«, höre ich Micha von irgendwo rufen. Jesta lacht hysterisch, »too much«, bis wir vor der kleinen krummen Planke stehen, die im feuchten Moor liegt. Mir ist alles egal. Jesta stolpert und verliert einen Croc, ich watschel wacklig durch den Schlamm. Wir sehen ein Zweimannzelt auf einer moosigen Stelle, grüßen eine bekiffte Gitarrencombo auf einer Picknickdecke auf einer Anhöhe, hören andere Nachtbader in der Ferne. Berliner haben von Einsamkeit einfach einen ganz anderen Begriff, denke ich. Und sind die alle tatsächlich auch über diesen winzigen Baumstamm gerutscht? Mit Zelt und Gitarren? Wir klettern noch viele weitere »fünf Minuten« ein Plateau hoch, rutschen wieder runter, tasten uns durch Astlabyrinthe, stolpern über Steine. Mir kommt es vor, als würden wir zum Herz der Finsternis vordringen. Dann stehen wir vor einer winzigen Uferbucht. Aufgewühlte Erde, plattgetretenes Gras, dahinter Schilf, dahinter dunkelgrau der See, dahinter tiefschwarz der Wald. Jesta bekommt einen Lachanfall. Sie klappt zusammen und hält sich den Bauch, aus ihren Augen rinnen Tränen. »DAS ist die schönste Badestelle Berlins?«, prustet sie. »Schön, nicht?«, sagt Micha, setzt die Kapitänsmütze ab und läuft ins Wasser. Jesta zieht auch ihre Sachen aus. In Ostberliner Geheimbuchten wird nackt gebadet. Die Leiber sind so fahl wie der Mond. Unter meinen Füßen spüre ich, wie der Morast weich zwischen den Zehen hindurchgleitet. Als ich mich schließlich auch ausziehe, bemerke ich den Kiesel in meiner Tasche, den ich am Anfang der Passage am Spreetunnel eingesteckt habe. Das ist die Last, hatte Jesta gesagt. Das ist die Trägheit, sage ich. »Komm schon, Greta!«, ruft Micha. »Spring einfach! Es ist wunderschön!« Jesta gluckst immer noch. »Der verrückteste Badeausflug meines Lebens!«

Was hinter uns liegt, mag dunkel und beschwerlich sein. Was vor uns liegt, mag groß, grau und ungewiss erscheinen. Aber wenn wir stehen bleiben, versacken wir im bodenlosen Nichts. Ich will nicht mehr das Nichts erforschen. Ich will raus aus dem Kokon und schauen, was man mit der Zeit sonst noch anfangen kann, wenn man sie nicht verschwendet. Ich will die Flügel ausbreiten, in fremde Gefilde fliegen, Menschen treffen, in ihrer Welt sein. Ich schleudere den Stein in den See und springe: Wir. Hier. Jetzt.

## 8 IM WENIGER

Zeit ist mein Gemüse

Als der erste Tropfen auf mein Gesicht fällt, weiß ich, dass wir es nicht schaffen werden. Der Wind reißt an den Klamotten, und ich trete in die Pedale. Auf dem Kindersitz meckert das Kind. Ich lasse den Bahnhof hinter mir, biege in die Eisenbahnstraße ein, rieche Döner, sehe Dealer, rase durch den Park, Picknickdecken werden zusammengeräumt, passiere die Kleingartenanlagen mit den wehenden Sachsen-Flaggen, erreiche die Einfamilienhäuser mit Jägerzaun. Ein zweiter Tropfen trifft meine Haare. Wenn ich durch die Schlaglöcher der Leipziger Peripherie fahre, rumpelt die Holzkiste auf dem Fahrrad. Hier würde ich normalerweise nie reinfahren, in die menschenarme Vorort-Idylle. Ein dritter Tropfen erwischt genau meine Nase. Der Himmel verfinstert sich. Wir sind sofort nass. Ich bastele dem Kind und mir Mützen aus Plastiktüten, was nur lächerlich aussieht und sonst gar nichts nützt, und schiebe das Rad einen schlammigen Weg entlang, bis das Feld vor mir auftaucht. Warum tue ich mir das immer wieder an? Warum gehe ich nicht einfach mit einem Schirm in den Supermarkt um die Ecke? Warum der ganze Aufwand?

Jede Woche fahre ich mit dem Fahrrad raus aus der Stadt, auf ein kleines dreieckiges Stück Land, das keinen Hektar groß ist. Brombeerbüsche umranken die Felder, auf denen Erbsen, Bohnen, Salat, Kohl, Kürbisse, Tomaten, Pe-

peroni wachsen. Was geerntet werden darf, ist mit einem blauen Wimpel gekennzeichnet oder liegt schon einsammelfertig in einer Kiste. Bei Sonnenschein sieht das wildromantisch aus und triggert die urbane Landlust. Da springen Kinder durch die Beete, und schöne Menschen mit Bewusstsein und Strohhüten jäten, hacken, gießen, pflücken. Die Hummeln brummen, und es gibt immer etwas zu entdecken. Bei Regen versinkt das Idyll genau wie meine Laune im Schlamm, und ich frage mich, warum ich dieser Gurkengruppe überhaupt mal beigetreten bin.

»Bioregiofair, bioregiofair, bioregiofair«, mümmle ich in den Regen. Das Wasser tropft mir von der Nasenspitze. Mein T-Shirt klebt am Körper. »Was murmelst du?«, fragt Marian Schwarz, der in einen gelben Friesennerz gehüllt am Feldrand steht. Ich stelle mein Fahrrad ab. »Ach, ich versuch mir noch mal selbst zu erklären, warum ich hier bin«, sage ich. »Na wegen mir«, antwortet er und lacht. Und irgendwie stimmt das sogar. Vor drei Jahren hatte ich nach einer Möglichkeit gesucht, mich unabhängiger von der industriellen Nahrungsmittelproduktion zu machen. Ich hatte keine Lust mehr auf plastikverpackte Gurken und pestizidverseuchte Erdbeeren und genetisch veränderte Kartoffeln. Ich wollte mir mein eigenes Essen anbauen, wollte unabhängig sein und selbstwirksam – leider fehlten mir dazu jegliche Voraussetzungen wie Werkzeug, Ackerland und Wissen. Als ich Marian Schwarz, den Stadtgärtner, kennenlernte, erzählte er mir, dass er den entfremdeten Städtern wieder das nahebringen wolle, was in den letzten Jahrzehnten aus der Stadt verbannt worden sei: die Landwirtschaft. Ich war sofort angefixt.

Er nahm mich mit auf diesen zumindest stadtnahen dreieckigen Zipfel Land und erklärte mir, wie das läuft in dieser solidarischen Feldwirtschaft. Das Gemüse wird ohne künstlichen Dünger und ohne maschinelle Hilfe angebaut. Das Saatgut stammt aus der eigenen Zucht. »Wir versuchen bedarfsgerecht zu produzieren, das heißt, wir bauen hier nur das an, was wir wirklich brauchen, um möglichst wenig Überschuss zu haben«, erklärte Marian. Am Anfang des Gartenjahres schätzt die Gruppe, wovon wie viel benötigt wird. Dann wird der Anbauplan festgelegt. Etwa 70 bis 80 Kilo Gemüse und Obst kann man hier im Jahr mitnehmen. Jeder zahlt, so viel er kann und möchte, denn die Feldwirtschaft ist solidarisch organisiert. Bei mir sind das mittlerweile 65 Euro pro Monat, die ich für Pacht, Saatgut, Wasser und Löhne bezahle.

Das Konzept der »community supported agriculture«, kurz CSA, breitet sich in Deutschland und im Rest der Welt rasant aus. Es funktioniert folgendermaßen: Die landwirtschaftliche Produktion wird gemeinschaftlich organisiert. Produzent und Konsument teilen die Arbeit und das Risiko solidarisch untereinander auf. Die Gemeinschaft garantiert, die angebauten Feldfrüchte abzunehmen und dafür den vereinbarten Betrag zu zahlen – egal, wie die Ernte ausfällt. Außerdem hilft sie auf dem Feld und vergibt manchmal auch Kredite zu niedrigen Zinsen für Investitionen. Im Gegenzug weiß sie über den Anbau ihrer Lebensmittel genau Bescheid, reduziert den eigenen $CO_2$-Abdruck, lebt mit den Jahreszeiten und rückt wieder näher an die Mittel zum Leben heran. Stadtgärtner Marian hörte oft von Städtern, dass sie autarker werden wollten von den globalisierten, kapitalistischen Produktionsketten. »Urbane Subsistenz wünschen sich viele«, erzählte er mir damals, »aber sie zu erreichen ist in der Stadt sehr aufwendig.«

Das Leben im Weniger scheint gerade sehr angesagt. In deutschen Städten und Kommunen poppen mehr Stadtäcker, Guerillabeete und Gemeinschaftsgärten auf als Dönerläden. Es gibt Essens-Kooperativen, Foodsharing-Initiativen und Lebensmittelläden ohne Verpackungen. Sich weniger am kapitalistischen Buffet zu bedienen ist keine linksradikale Nischenerscheinung mehr, sondern schmeckt auch dem Mainstream immer besser. Das Magazin *Spiegel Wissen* hat in einer Ausgabe mit dem Titel »Weniger ist mehr« eine große Bandbreite von modernen Verzichtern vorgestellt. Auf dem Cover hüllt sich eine junge Frau in eine dicke Wolldecke ein und sinniert. Vielleicht darüber, wo die nächste Möhre herkommt. Vielleicht darüber, wie viel der Mensch braucht zum Glück. Die *Frankfurter Allgemeine Sonntagszeitung* hat unter der Überschrift »Nichts mehr zu verlieren« eine andere junge Frau im weißen Nachthemd gezeigt und behauptet, Verzicht sei so hip wie nie zuvor. »Immer mehr Menschen verweigern den Konsum – ein Lebensstil, der durch Entrümpelung der eigenen vier Wände und eine radikale Form des Konsumverzichts geprägt ist.« Im Internet gibt es Blogs wie *good:matters | goods:don't*, die aus dem Konsumverzicht ein einjähriges Gesellschaftsspiel machen. Es gibt Dokumentarfilme, Podiumsdiskussionen und Bücher über minimalistische Experimente, die erzählen, wie das funktionieren soll: Reduzieren. Ich selbst habe vor einigen Jahren so ein Experiment gemacht und bin zwölf Monate lang in den Konsumstreik getreten. Nichts mehr kaufen, alles selber machen, anbauen, konservieren, tauschen, teilen. Ich lebte mit Nomaden, Kommunarden und Bauern, im Wald, auf der Straße, am Rand der Gesellschaft. Schrieb das alles auf, veröffentlichte es und wurde eingeladen in Großkonzerne, in kirchliche Organisationen, an Universitäten, in Clubs, auf Festivals und Kongresse, um darüber zu sprechen. Es war erstaunlich, wer sich für das Thema so alles interessiert. Da saßen ältere Damen mit Seidentüchern, Studenten in Röhrenjeans, Alt-Linke in Filzwesten, Ingenieure mit Outdoorjacken – das ganze gesellschaftliche Spektrum – und stellten im Wesentlichen immer wieder drei Fragen: 1. Bist du echt? Du siehst gar nicht so aus wie eine Verzichterin. (Vielleicht hätte ich mir eine Wolldecke umlegen oder ein Nachthemd anziehen sollen.) 2. Bist du jetzt wieder normal? (Wobei mir das Wort »normal« Schwierigkeiten bereitete: War jetzt derjenige normal, der sich seine uniformen Plastikbeutelmöhren ohne Geschmack zu Pfennigpreisen kaufte, oder derjenige, der sie selbst anbaute?) Und 3. Ist das subsistente Leben nicht furchtbar zeitaufwendig? (Wenn ich Ja sagte, merkte ich, wie viele so ein resigniertes Das-muss-man-sich-leisten-können-Kopfnicken zeigten und abschalteten.) Ich begriff, dass viele Menschen den großen Überfluss satthaben, dass sie weniger Konsumartikel in ihrem Leben als Befreiung wahrnehmen würden, dass sie sich nicht vor weniger Komfort scheuen. Sie wollen sich gern aus der Zwangslage des ewigen materiellen Anhäufens befreien. Wollen bioregiofair-bioregiofair-bioregiofair leben. Aber sie haben dafür einfach keine Zeit.

Um herauszufinden, wie das anderen gelingt, habe ich vor dem Ausflug zum solidarischen Acker Diana Neumerkel besucht. Die Gewitterschwüle drückte schon vom Himmel in ihren kleinen Hinterhof des Gründerzeithauses, in dem sie in einer Wohngemeinschaft in Halle/Saale wohnt. Dort standen wir schwitzend, und sie stellte eine Karaffe Wasser mit selbstgezüchteter Minze auf den Tisch. Dazu selbst geerntete Äpfel. Zwischen einer Feuerstelle und einer Sitzgruppe stand ein Klettergerüst mit roter Partnerschaukel. »Wollen wir?«, fragte ich, und sie nickte. Wir klemmten unsere Hintern auf die winzigen Sitzflächen der Schaukel, verkeilten die Knie umständlich ineinander und schaukelten quietschend erst mal eine Runde. »Ist mir als Kind immer so unendlich groß vorgekommen, so eine Schaukel«, sagte

Diana. »Ja«, antwortete ich, »so wächst man eben raus aus allem: aus den Spielplätzen, aus Überzeugungen, aus Strukturen.« »Und dann sucht man sich eigene«, antwortete sie. Wir kletterten von der Schaukel runter und begannen die Suche nach dem Punkt, ab dem sie zur Zeitmillionärin geworden war.

Dianas Werdegang beginnt geordnet: Die gebürtige Dresdnerin lässt sich zur Gestaltungstechnischen Assistentin ausbilden, findet einen Job in einer Potsdamer Internetagentur, die bankrottgeht. Heuert in einer Dresdner Werbeagentur an, arbeitet dort die üblichen acht Stunden am Tag. Büro, Rechner, Kaffeetasse. »Da sitzt du dann vor einem weißen Dokument und merkst, dass du gerade nicht kreativ sein kannst. Dass jetzt einfach nichts passiert in deinem Kopf und du trotzdem deine Zeit absitzen musst.« Das Funktionieren in vorgegebenen Zeitabläufen widerstrebt ihr. Es wächst ein Unbehagen, so viel von der eigenen wertvollen Zeit an Strukturen hergeben zu müssen. »Acht Stunden arbeiten ist sowieso zu viel«, sagt sie. Sie kündigt und nimmt ein Studium an der Burg Giebichenstein in Halle/Saale auf. An der Kunsthochschule beginnt, was sie rückblickend einen kontinuierlichen Weg zu mehr Selbstbestimmtheit nennt. Sie trifft Dozenten und Kommilitonen, für die alle klar ist, dass Arbeit mehr ist als bloßer Gelderwerb. Zusammen organisieren sie Ausstellungen, Festivals, Projekte, die nicht darauf abzielen, dass mehr verkauft oder konsumiert wird. Im Gegenteil. »Mir sind die Themen Umwelt, Bildung und Nachhaltigkeit immer wichtiger geworden«, sagte Diana. Und ihr war klar, dass sie nach dem Studium nur frei und freiberuflich arbeiten kann.

»Wie sieht das genau aus?«, fragte ich, und Diana erzählte von ihren verschiedenen Spielfeldern. Die Hälfte der Woche lebt und arbeitet sie in einer Biogärtnerei außerhalb von Halle. »Ich komme raus aus der Stadt, habe meine Hände im Boden, spüre die Jahreszeiten.« Sie wird für ihren Einsatz nicht mit Geld, sondern mit Gemüse bezahlt. Außerdem hat sie noch kleinere Nebenjobs in einem Biosupermarkt und in einem Café in Halle, die auch von der Biogärtnerei beliefert werden. Dadurch kann sie es sich leisten, bei Grafikaufträgen darauf zu achten, wer der Auftraggeber ist. »Es gibt keinen Tag, an dem ich mich langweile«, sagte sie, »weil ich alle Aufgaben gern mache.«

Ich:»Und wie viel arbeitest du jetzt am Tag?«

Diana:»Das kommt natürlich darauf an, was ich mache: Wenn ich auf dem Feld arbeite, dann bin ich schon nach zwei Stunden erschöpft. Aber wenn ich nachts an meinem Schreibtisch an einer Grafikarbeit sitze, kann ich auch schon mal in einen Sechs-Stunden-Flow kommen. Mehr als fünf bis sechs Stunden möchte ich aber nicht am Tag arbeiten.«

Ich:»Welchen Stellenwert hat Geld für dich?«

Diana:»Meine finanziellen Ziele sind relativ gering. Miete, Essen, Reisen, Krankenversicherung und Bafög zurückzahlen. Dafür reichen die 800 bis 1000 Euro, die ich als Kleinunternehmerin verdiene. Für Konsumgüter gebe ich sehr, sehr wenig aus, und es befremdet mich regelrecht, durch Einkaufsstraßen zu laufen.«

Während Diana erzählte, musste ich an eine soziologische Studie aus dem Jahr 1991 denken. Sie brachte das erste Mal den Terminus *Zeitpioniere* auf für Menschen, die ihre eigenen Vorstellungen von Zeit haben, sie bewusst gestalten wollen und Zeit einen eigenen Wert zuweisen. »Zeitpioniere sind Personen, die ihre Zeitvorstellungen in der Arbeit und im außerbetrieblichen Alltag zu verwirklichen suchen, sich dabei Hindernissen und Brüchen stellen und darüber eigenständige Gestaltungsformen von Zeit entwickeln.« So lautet die etwas trockene Definition.

Interessant dabei ist, dass die Zeitpioniere damals noch als absolute Ausnahme galten. Ihr Wunsch nach Selbstentfaltung und Selbstbestimmung hatte noch etwas Pionierhaftes. Sie mussten sich von vorherrschenden »Normalitätsunterstellungen« distanzieren und damit klarkommen, anders zu sein. Innerhalb eines Vierteljahrhunderts wurde die Gruppe der Unnormalen aber immer größer. Kreativschaffende, Start-up-Gründer, Blogger, Designer, Projekte-Macher, Künstler, Programmierer lehnten zunehmend das klassische 9-to-5-Arbeitsmodell ab. Sie gründeten Agenturen und Ladenbüros, Kollektive und Bürogemeinschaften, in denen Leben und Arbeiten miteinander verschmolzen. In dem Bestseller *Wir nennen es Arbeit* erklären Sascha Lobo und Holm Friebe, dass die digitale Boheme auf Festanstellung und Monatsgehälter pfeift und den Traum vom selbstbestimmten Arbeiten lebt. Mittlerweile ist es zum Wesensmerkmal einer ganzen Generation geworden, eine möglichst günstige »Work-Life-Balance« einzufordern. »Die Generation Y möchte ihre Zeit möglichst frei einteilen und selbst verplanen können«, schreibt Maria Kovarik in dem Buch *Der Ruf der Generation Y nach Easy Economy*. (Wobei Easy Economy eine Wirtschaft mit flexibleren Arbeitszeitmodellen beschreibt.) »Unter dem Baum sitzend im Park an einem schönen Tag seine Präsentation zu erstellen, ist eine Fantasie, die sich die Millennials erfüllen möchten.«

Das Y im Generationsetikett wird häufig englisch ausgesprochen, weil das angeblich die Frage ist, die die ab 1980 Geborenen sich und ihren Arbeitgebern zu stellen trauen: Why? Warum sollte ich das tun? Manche Autoren, die die Generation beschrieben haben, empfinden die Wohlstandskinder mit ihren egoistischen Ansprüchen an Arbeitgeber als anmaßend, andere sehen in ihnen eine Emanzipationsbewegung von Menschen, die sich, ihre Fähigkeiten und ihre Zeit nicht einfach so an den Markt verkaufen.»Für mich ist es entscheidend, meine Zeit mit Sinn zu befüllen«, sagte Diana.»Ich kann es mir nicht mehr anders vorstellen und denke ganz oft: ›Boah, was bin ich doch für ein Glückspilz, dass das funktioniert!‹« Diana und ich standen auf und verließen den schönen kühlen Schatten des Innenhofs. Sie wollte mir noch ihre Arbeits- und Lebensorte zeigen. Wir flanierten die Straßen von Halle/Saale entlang, vorbei an prächtigen Bürgerhäusern und Deutschlands einzigem Bergzoo. Am Café Rosenburg, einem Eckcafé mit Flohmarktmöbeln und bemaltem Porzellangeschirr, in dem Diana gelegentlich arbeitet, machten wir Halt. Wir saßen an einem Tisch mit zwei Restauratoren und redeten über das freie Kreativleben in der Stadt. Ringsrum löffelten Studenten die Tagessuppe, andere hatten einen Rechner vor sich aufgeklappt. Ich fragte mich, ob Ypsiloner im Grunde das Gleiche wie Zeitpioniere sind. Schließlich soll es ja eine der wichtigsten Eigenschaften der Generation sein, souverän mit Zeit umzugehen.

Ich denke an meinen Freundeskreis, der ein Poesiealbum der Generation Y sein könnte. Hoch ausgebildete Akademiker zwischen 28 und 38. Als Studenten sind wir mit dem Rucksack in der Welt umhergereist, wir haben viele Praktika gemacht, viel gelesen, viel diskutiert, viel gefeiert. Uns war klar, dass wir nach unseren Abschlüssen nicht einfach in die Tretmühle springen und uns für ein paar Rentenpunkte den Rest unseres Lebens für irgendjemanden abstrampeln wollen. Es geht uns darum, uns sinnvoll in die Welt einzubringen, flexible Bürozeiten zu haben – und gut bezahlt zu werden. Heute arbeiten meine Freunde als Journalisten, Pressesprecher, Unternehmensgründer, Wissenschaftler, Projektentwickler – manche als Freiberufler, andere als Pauschalisten, mit losen Arbeitsverträgen oder

Festanstellung, einige sind sogar Chefs. Fast alle sind glücklich mit ihren Jobs, sie machen durchaus sinnvolle Arbeit. Aber Zeit zum Schaukeln oder für einen Spaziergang an einem ganz normalen Werktag wie Diana hat eigentlich keiner von ihnen.

Anders als Ypsiloner wählen Zeitpioniere häufig ein genügsames, konsumreduziertes, einfacheres Leben. »Wer mit Zeit anders umgeht, ist ein Pionier, der weniger besitzen muss, weil er die Zeit zu seinen Besitztümern zählt«, heißt es in der soziologischen Studie aus den Neunzigerjahren. Der Zeitpionier ringe um das richtige Verhältnis zwischen festem Einkommen und frei verfügbarer Zeit. Dabei büße er durch seine eigenen, reduzierten Arbeitszeiten häufig Einkommen ein – und versuche das auch nicht anderweitig zu kompensieren. »Zeit tritt in Konkurrenz zu Geld. Zeit wird zur Wohlfahrtssteigerung eingesetzt und konkurriert als Zeitwohlstand mit materiellem Wohlstand.«

Zeitpioniere entscheiden sich oft bewusst für einen suffizienten Lebensstil und befreien sich von jeglichem Überfluss. Nicht nur, weil das Anbauen und Selbermachen viel Zeit braucht, sondern weil sie wissen, dass auch materieller Wohlstand handfesten Stress bedeutet. Der Soziologe und Suffizienzanhänger Niko Paech weist in einem Aufsatz darauf hin, dass Konsumgüter, Dienstleistungen und Kommunikationstechnologien nur dann überhaupt Glücksgefühle verursachen können, wenn man sich ihnen aufmerksam widmet. Man muss Zeit in sie investieren. Wenn ich mir eine Zeitschrift kaufe, brauche ich ein paar ruhige Momente, um sie zu lesen. Wenn ich mir einen Kaffee aufbrühe, brauche ich ein paar Schlucke, um ihn zu schmecken. Wenn mein Telefon vibriert, brauche ich ein paar Sekunden, Minuten, Stunden, um zu verstehen, welche Kommunikationswelle da gerade wieder anbrandet. Wir versuchen zwar alles gleichzeitig, es gelingt aber nur mäßig. Da der Tag nur 24 Stunden hat, die Anzahl der Dinge und Erlebnisse, die wir uns kaufen können, jedoch geradezu explodiert, konkurrieren sie um unsere knappe Aufmerksamkeit. Durch Multitasking oder Effizienzsteigerung versuchen wir des materiellen Überangebots Herr zu werden. Die Folge: Wir sind überfordert vom Überfluss der Möglichkeiten.»Sich klug jener Last zu entledigen, die viel Zeit kostet, aber nur minimalen Nutzen stiftet, führt zu mehr Unabhängigkeit vom volatilen Marktgeschehen, von Geld und Erwerbsarbeit. Die Kunst der Reduktion bedeutet auch Angstfreiheit, denn wer weniger benötigt, ist auch weniger angreifbar.« Das bedeutet letztlich: Der suffiziente Zeitpionier braucht zwar einerseits mehr Zeit für das aufwendige DIY-Leben, andererseits spart er aber auch Zeit, weil er sich nicht mehr der Dauerwerbesendung des Konsumierens aussetzt. Stell dir vor, es ist Kapitalismus, und keiner geht hin.

Diana zeigte mir das Gelände einer alten Stadtgärtnerei. Ein gelber Schornstein thronte über dem Areal, die Gewächshäuser waren leer, über den Beeten hatte sich die gelbe Melde ausgebreitet. Wir umrundeten das Grundstück. Sie zeigte auf verwilderte Flächen.»Hier habe ich noch bis vor Kurzem zusammen mit zehn anderen Gärtnern unser Gemüse angebaut«, erzählte sie.»Aber es gab Probleme mit dem Pächter. Jetzt fangen wir auf einem anderen Gelände von vorne an.«

»Du bist ja umtriebig«, sagte ich.

»Ja, ich möchte mich von Geld zunehmend unabhängig machen und möglichst viel von dem, was ich brauche, selbst produzieren.« Manchmal koche sie mit einer veganen Kochgruppe, veranstalte Workshops, lade Leute ein, sich über Essen und Leben Gedanken zu machen.

Ich guckte Diana an, wie sie gut gelaunt dastand zwischen den gelben Blüten und den überwucherten Spuren ihrer Arbeitszeit. Wie viele solcher Felder gab es da draußen in der Republik, auf denen junge Menschen Gemüse und den Traum vom anderen Leben beackerten? Und wie viele der Initiativen und Projekte und Think-and-Do-Tanks waren wieder verschwunden? Und waren sie nicht genau deswegen gescheitert, weil sie nicht nach den Prinzipien Effizienz und Ertragssteigerung organisiert waren?»Nervt es dich nicht manchmal, dass du in solche Gärtner- und Koch- und Gemeinschaftsprojekte so viel Zeit reinsteckst – und dann gehen sie nach einiger Zeit krachen?«, fragte ich sie. Diana zuckte mit den Schultern.

»Ich glaube, dass es ein Ausdruck von Freiheit ist, aufzuhören, wenn es nicht mehr funktioniert. Wir wollen doch mit Alternativen experimentieren, wie Leben auch aussehen kann. Das kann natürlich auch scheitern.«

Vielleicht ist das der gordische Knoten, den Zeitmillionäre zu durchschlagen wagen und andere eben nicht: Sie trennen den Zusammenhang von Zeit und Leistung, auf dem das ökonomische Nutzungsdiktat beruht. Sie bestellen ein Feld, solange es sinnvoll und ertragreich ist. Und wenn es nicht mehr funktioniert – weil der Pächter sich querstellt, weil die Gruppe zerbricht, weil sich die Interessen verändern – dann ziehen sie weiter. Denn was auf den Feldern wächst, sind eben nicht nur Möhren, sondern ein Gefühl der Selbstbestimmtheit, Unabhängigkeit und Freiheit.

Als ich von Diana wegfuhr, war ich gut gelaunt, holte das Kind aus dem Kindergarten, und wir fuhren mit dem Rad in Richtung des solidarischen Feldes. Dann kommt der Regen und meine subsistente Euphorie ist dahin. Ich bin nass, erschöpft und in den Kisten finde ich nur noch einen Rettich und ein paar Salatblätter. »Jetzt zieh nicht so ein Gesicht«, sagt Marian und schleppt abgesägte Äste zu einer

Feuertonne. »Komm, wir machen ein Feuer!« Die Äste zischen in der Nässe, dichter Qualm steigt auf. Ich tanze mit dem Kind um die Tonne, als wären wir Indianer, damit uns wieder warm wird. Der Regen hört komischerweise auf, vielleicht war es ein Antiregentanz. Wir hocken uns zwischen die Brombeerbüsche und starren in die züngelnden Flammen. Aus materialistischer Perspektive war dieser Feldausflug ein großer Reinfall. Es liegt so gut wie nichts in der Kiste. Der Himmel reißt auf, und es fallen zwei Strahlen aus ihm, die in etwa auf der gleichen Kitschstufe mit Regenbögen und Sonnenuntergängen stehen. Zu abgedroschen schön, um es öffentlich zuzugeben. Aber im Supermarkt halt einfach nie zu sehen. »Soll ich dir noch einen Kürbis abschneiden?«, fragt Marian. Ich schüttele den Kopf. Heute nicht. Alles ist gut. Zeit ist mein Gemüse.

## 9 GIB UND NIMM

### Wenn Zeit wirklich Geld wäre

**Während ich auf** der Isomatte nach einer möglichst entspannten Position suche, kniet Tobias über mir und reibt sich die Hände. Warm sollen sie sein und locker. Dann streicht er vorsichtig meine Haare aus dem Nacken, fragt, wie es mir geht. Ich schaue zu ihm hoch: die rote Fischerhose ist locker gebunden, darüber ein Achselshirt, aus dem die langen Arme wie Adlerschwingen herausgucken, ein mildes Lächeln im sommersprossigen Gesicht. Dahinter im nüchternen weißen Raum liegen fünf weitere Menschen auf Isomatten, über denen auch jemand händereibend kniet. Ich murmele, dass es sicherlich schon anstrengendere Aufgaben im Leben gab, und schließe die Augen. »Es muss auch dem Gebenden gut gehen«, sagt Tobias in den Raum. »Sonst überträgt sich die schlechte Energie auf den Menschen.« Ich bin heute ein Anschauungsobjekt. Für Energiekreisläufe. Für Thaimassage. Und dafür, was es bedeutet, Zeit und Fähigkeiten freiwillig miteinander zu teilen.

Es ist ein warmer Samstag im Oktober. In einem Hinterhaus der Berliner Karl-Marx-Allee haben sich zwölf Leute im »HandlungsSpielraum« versammelt. Das ist ein offener Projektraum, in dem man sich jenseits von Geld, Institutionen oder Leistungszertifikaten gegenseitig bilden kann. Es gibt Tische, Stühle, Liegeflächen, eine Küchennische und ein Schmuckatelier, einen Infotisch mit Zeitschriften wie *Oya* oder Flyern über das Freilernen und Tomatenpflanzen im Innenhof. An den Wänden hängen Sinnsprüche von Ivan Illich (»Ein Großteil des Lernens resultiert nicht aus Unterrichtung. Es ist vielmehr das Resultat einer ungehinderten Teilnahme an relevanter Umgebung.«) und viele selbstgeschriebene Zettel, die mehr oder weniger nach dem Sinn und Unsinn des Lebens fragen. Zum Beispiel: »Was würde ich arbeiten, wenn ich Raum und Zeit dafür hätte?« Darunter kleben handbeschriebene Post-its mit den Antworten: »Singekreis für Nicht-SängerInnen«, »Liebesschule« und »Skillsharing«. Das Studium generale für Neohippies, denke ich. Weil ich mich im Singen und Lieben schon anderweitig fortbilde, interessiere ich mich für Letzteres. Es geht mir um konkrete »Skills«. Und mehr: Ich möchte herausfinden, ob und wie es funktioniert, wenn Menschen ohne Bezahlung ihr Wissen, ihre Erfahrungen und ihre Dienstleistungen weitergeben, für die man sonst bezahlen muss. Kann ich mit Zeit statt Geld bezahlen? Und wie erkenne ich ohne Preisschild den Wert?

Am Morgen saß die Skillsharing-Gruppe im Innenhof, Teetassen in den Händen, stellte sich vor. Es waren hauptsächlich Menschen zwischen 20 und 30 Jahren, sonnengebräunt, gut gelaunt. Da war Tamay, ein durchtrainierter blitzsauberer Youtuber, der im Internet die Trainingsmethode »Mobility« erklärt, weil er »Leuten etwas geben möchte, was sie glücklich macht«. Er hatte Visitenkarten dabei und eine Videokamera. Daneben saß die dunkelgelockte Spanierin Faima, die es faszinierend findet, dass es solche Veranstaltungen in Berlin gibt, wo Leute zusammenkommen, die »einfach Bock auf Kontakt« haben. Sie bot lateinamerikanisches Tanzen als Workshop an. Die Französin Audrey, die in ihrer Freizeit Obdachlose an Händen und Füßen massiert, findet, dass Momente körperlicher Hinwendung der größte Luxus im Leben sind – und dass es diesen gerecht zu verteilen gilt. Sie hatte zehnminütige Massageeinheiten im Angebot. Danach erzählte eine Conny, dass sie sich im HandlungsSpielraum sonst ihre Gemüsekiste von der Solidarischen Landwirtschaftsgruppe abhole, die hier ihren Verteiler habe, sich aber vorstellen könne, diesmal vegane Seifen aus Möhrensaft und Lavendel herzustellen. Und dann war da also Tobias, der zu diesem Wochenendseminar eingeladen hatte – nicht nur, um einen Thaimassage-Workshop zu geben, sondern um seine Idee der Gemeingüter zu leben und zu verbreiten.

Gemeingüter umgeben uns überall. Ihr altertümlicher Begriff ist Allmende, bei dem man allerdings schnell an eine Ziegenweide oder einen Genossenschaftsacker ohne Zäune denkt. Geläufiger ist heute das Wort »Commons«, weil es die Möglichkeiten weitet, was alles gemeinschaftlich von allen Menschen frei genutzt werden kann: Es gibt natürliche Commons wie Wasser, Wälder, Boden, Fischgründe, Luft, Artenvielfalt oder die Atmosphäre. Aber auch soziale wie Plätze, Parks, Gärten, der Feierabend, oder kulturelle wie unsere Sprache, Erinnerungen oder Wissen. Auch die Zeit wird als Commons begriffen, weil jeder Mensch das gleiche Recht hat, dieses wertvolle Gut zu nutzen. Wenn man Zeit als Allmende miteinander teilt, ist es kein Tauschmittel – wie es bei Zeittauschringen der Fall wäre –, sondern die edelste Form des Miteinander-in-Kontakt-Kommens. Wer seine Fähigkeiten, sein Wissen und seine Zeit anderen ohne verabredete Gegenleistung zur Verfügung stellt, emanzipiert sich vom Erwartungsdenken, das fragt: Und was springt für mich dabei raus? Er gibt bedingungslos. Der Kommunismus hat versucht, alle Güter zu verstaatlichen. Der Kapitalismus will alles privatisieren. Eine wachsende Zahl von Aktivisten und Wissenschaftlern engagiert sich neuerdings dafür, dass es auch eine dritte Möglichkeit gibt: die der Vergemeinschaftung innerhalb unseres bestehenden Systems. Im »Commonismus« werden materielle und immaterielle Güter auf der Basis von Kooperation, Kommunikation und selbstbestimmten Regeln gemeinschaftlich genutzt. Tobias findet, dass auch Fähigkeiten als Commons angeboten und genutzt werden sollten. Das klingt theoretisch nach einer guten Idee. Mal sehen, wie sie sich so in der Praxis bewährt. Wir schreiben unsere Workshop-Ideen auf bunte Kärtchen und basteln daraus einen Stundenplan. Ich biete im Buzzfeed-Stil eine Mini-Schreibwerkstatt (»10 Regeln, die jeden Text besser machen«) und klebe den Vorschlag zwischen »Seedbombs basteln«, »Stricken«, »Schnelles Lagern« und »Brotbacken«. Alles wirkt so zwanglos und zugewandt und gemeinschaftlich wie auf einem Hippiefestival. Ganz abwegig ist der Gedanke nicht: Auf dem »Burning Man« in der Wüste Nevadas werden fast alle Waren (außer Kaffee) schenkend verteilt und Kunstaktionen, Akrobatik, Massage und was das Festivalleben sonst noch zum gefühligen Rausch werden lässt, freiwillig miteinander geteilt. Auch auf den jährlich stattfindenden Rainbow-Gatherings irgendwo im Nirgendwo, auf denen sich die weltweite Öko-Friedens-Aussteiger-Traveller-Eso-Szene in Sitzkreisen zusammenrudelt, gibt es für das gemeinsame Essen einen Magic Hat, in den alle ihr Geld werfen. Zwischendrin lehren sich die Druppies – wie sie sich selbst nennen – gegenseitig Didgeridoo zu spielen, Tai-Chi, afrikanisches Trommeln oder auch mal einen Windgenerator zu bauen. Und auf der Fusion im mecklenburgischen Lärz leben Tausende Festivalbesucher den »Ferienkommunismus«, wie es die Veranstalter selbst nennen. Für ein paar Tage werden diese Festivals zu sozialen Experimentierfeldern. Alles wird geteilt: Nahrung, Zelte, Rausch, Fähigkeiten, Zeit. Wenn man nach ein paar

Tagen völlig verdreckt und high vom Gelände stolpert, fragt man sich, warum das eigentlich schon wieder so verdammt geil war. Die Musik, ja. Die Drogen, ja bestimmt. Aber vor allem: die Menschen, die Gemeinschaft, dieses unglaubliche Zusammengehörigkeitsgefühl. Wenn nicht Geld oder Tauschgeschäfte die Währung sind, sondern freiwilliges Geben und Teilen, entsteht ein intensives Gefühl von Gemeinschaft. Aber funktioniert das auch jenseits dieser außergewöhnlichen Blasenwelten?

»Ich habe es auf dem Festival *Africa Burns* in Südafrika erlebt, wie freundlich und kommunikativ Menschen miteinander umgehen können, und dachte: Das muss doch auch jenseits dieser Orte funktionieren«, erzählte mir Tobias Braun, als wir uns das erste Mal im Sommer in Neukölln trafen. Ich saß verkatert auf dem Bordstein zwischen einem Dönerladen und der Deutschen Bank und lutschte ein Eis. Eine Baustelle zerfraß die Straße und meine Nerven. Tobias kam frisch und ausgeschlafen mit dem Fahrrad von einem Berliner See, an dem er nachts im Zelt geschlafen und morgens meditiert und Yoga gemacht hatte. Auf seinem Rücken schulterte er einen gewaltigen Rucksack – ein Tourist in der eigenen Stadt. Irgendwie war er auch auf einer Reise: weg von den starren Strukturen, die ein geregeltes Erwerbsleben verlangt, hin zu möglichst freier Entfaltung. Tobias war schon auf vielen Festivals, Kongressen und Seminaren gewesen, bei denen lieber geteilt als mit Geld oder Ware bezahlt wurde. »Die Menschen begegnen sich dort anders. Sie kommen auf einer ganz anderen Ebene zusammen, weil Geld nicht die Zugangsvoraussetzung ist«, sagt er. »Das freie Geben und Nehmen verändert unser Zusammenleben. Das entspricht meiner Vision von einem Miteinander, so wie es unserer schönen Welt gebührt.«

Während des Politikwissenschaftsstudiums arbeitete

Tobias nebenher in »typisch industriekapitalistischen Jobs«. In einer Eisengießerei, im Einzelhandel, als Promoter. »Ich war wie ein Rädchen im Getriebe der großen Kapitalismusmaschine. Diese Effizienz, die dort alles beherrschte, hat sich angefühlt, als würde ich menschlich verkrüppeln.« Tobias wollte so nicht leben, wollte keine Konsumgüter produzieren oder vertreiben, dafür Geld bekommen, um dann wieder Konsumgüter anzuhäufen. »Ich suche für mich persönlich und für andere nach Möglichkeiten, anders zu leben und zu lernen.« Er beschäftigte sich mit Gemeingütern, der Gemeinwohlökonomie und den Handlungsspielräumen, die es für solche Ideen gibt. So kam es, dass Tobias »Skillsharing« auf den Zettel im HandlungsSpielraum schrieb.

Als ich seine Einladung zu dem Workshop-Wochenende im Mailfach hatte, fragte ich mich, warum man für so etwas Simples wie Sich-zusammensetzen-und-voneinanderlernen einen englischen Begriff und ein Format braucht. Das machen Menschen doch, seit sie das Feuer entdeckten. Sie haben nicht die brennende Fackel weitergereicht, sondern das Wissen, wie man sie entzündet. Mein Opa hat mir das Angeln beigebracht, mein ehemaliger Mitbewohner Juri hat mir gezeigt, wie man Soßen andickt, Gärtner Marian hat mir das Mulchen nahegelegt, meine Freundin Charly hat mir den entscheidenden Trick zum Auslüften verrauchter Partykleidung vorgeführt, mein Guru Harald hat mich das Meditieren gelehrt und mein Kind vermittelt mir das Bummeln neu. Für den autodidaktisch lernbaren Rest nutzte ich bislang Ratgeberbücher und Youtube-Tutorials. Leben bedeutet Weitergeben, Teilen und Lernen.

»Wir versuchen, diesen Gedanken zu institutionalisieren«, erklärte mir Tobias damals an der staubigen Baustelle. Es gehe beim Skillsharing nicht nur um die einzelne Fähigkeit, sondern darum, Teilen als ökonomisches Prinzip auszuprobieren.»Ich übe harsche Kritik an unserem ausbeuterischen Wirtschaftssystem«, sagte er. In ihm werden Waren und Dienstleistungen ausschließlich nach ihrer Wettbewerbsfähigkeit – also ihrem Profit und ihrer Effizienz – beurteilt. Das verhindert, dass wir uns wirklich aufeinander einlassen, uns nicht nur als Wirtschaftssubjekte, sondern Menschen sehen.

Die Idee zum gemeinsamen Fähigkeitentausch hatte sich Tobias von der TAAK abgeschaut, der »Tauschakademie« in Halle/Saale. Dort hatten vier Studentinnen der Kunsthochschule Burg Giebichenstein ein Semester lang daran gearbeitet, eine Woche des bunten, unkommerziellen Wissenstransfers auf die Beine zu stellen. Es gab bunte Logos, Image-Filme, einen schönen Raum, Sponsoren – und letztlich etwa 35 Kurse mit mehr als 300 Teilnehmenden. Uhren reparieren, Wirtschaftskrise erklären, Zootiere zeichnen – jeder konnte innerhalb der Workshopwoche kostenlos etwas lernen – sollte aber auch einen Gegenwert mitbringen, den sich der Workshopleiter wünschte. Material oder Kuchen oder ein Gedicht oder Ideen. Bloß kein Geld. Die Idee stammt aus New York, wo die ständig wachsende Tradeschoolbewegung 2010 ihren Ursprung genommen hat. Auf deren Internetseite heißt es,»Tradeschools feiern praktisches Wissen, gegenseitigen Respekt und das soziale Wesen des Austauschs«. Sie sind also eine jener konkreten, niedrigschwelligen Ideen, eine schönere, gemeinschaftsorientierte Welt zu bauen. Tradeschools gibt es mittlerweile überall auf der Welt. Als ich die deutschen Ableger in Halle/Saale, aber auch in Berlin, besuchen wollte, fiel mir allerdings etwas auf: Es gibt sie nicht mehr.

Ich schrieb Mails an die Organisatoren, um herauszufinden, wie das passieren konnte. So eine gute Idee – und nun funktionierte sie nicht mehr? Was war passiert? Johanna schrieb mir aus Hamburg, dass sich das Team nach dem Studienende in alle Winde verstreut habe, was durch die zweite Antwortmail bestätigt wurde: Jenni schrieb mir aus San Francisco, dass ihr die regelmäßigen Treffen zeitlich zu viel wurden. Als sie noch Studentin und das Projekt eine Studienarbeit war, schien der Organisationsaufwand bewältigbar. Danach konnte sich »kaum jemand so viel Zeit leisten, die TAAK regelmäßig zu koordinieren und dabei auch noch Geld für Essen und Miete zu bekommen«. Eine zweite Generation von Studierenden übernahm. Eine zweite TAAK fand statt, es war die letzte. Einer der Mitorganisatoren sagte, es sei ein Fehler gewesen, die TAAK so aufwendig als eine Art Festival zu gestalten. Das wurde von den Teilnehmern und der Öffentlichkeit zwar unglaublich gut angenommen, organisatorisch war es jedoch ein Desaster: Langzeitmotivation für das Projekt, Pflege und Weiterentwicklung der eigenen Website, Wandel der TAAK von einer Studentenarbeit zum eigenständigen Projekt. Ein gewaltiger Kraftakt. Nach zwei Durchläufen gingen allen Verantwortlichen die Lust, die Zeit, die Opferbereitschaft für das idealistische Projekt verloren. Wenn der Zauber des Anfangs verflogen ist, bleibt oft nur noch das trockene Strukturverwalten übrig.

In anderen Ländern nutzen die Initiativen oft die digitale Plattform der New Yorker Tradeschools. Auf der Seite gibt es eine Liste von 47 Städten. Von Amsterdam bis zu den Virgin Islands findet man eine Kontaktseite, trägt dort seinen Namen, was man gern als Workshop anbieten würde und fünf Wünsche ein, was die Teilnehmer mitbringen können. Die Trade Schools organisieren dann den Raum, den Termin und die Bewerbung des Workshops. So übernimmt die Technik das lästige Organisieren. Vielleicht, sagte einer der TAAKler, könnte man die Idee so für Halle/Saale retten.

Warum die TAAK nicht mehr funktionierte, lag also vor

allem an zwei Faktoren: Es gab zwar interessierte Tauschwirtschafter, aber keine tragfähigen Strukturen und keine langfristig engagierten Verantwortlichen. Vielleicht, so dachte ich, waren die Gründer zu jung, zu unbeständig, zu projektorientiert. Mal was aus Amerika ausprobieren, mal ein Semester in die Welt eingreifen – warum nicht. Aber vielleicht braucht es auch gar kein aufwendiges neues Format. Es gibt nämlich hierzulande bereits ein bewährtes und erprobtes: die *Tauschringe*.

In der Studie *Gib und Nimm* über Austauschnetzwerke schreibt der Soziologe Thomas Hinz, dass Deutschland in den Neunzigerjahren von einer »Tauschringbewegung erfasst wurde, die sich schnell ausbreitete.« Während im Jahr 1995 gerade einmal 60 Tauschringe existierten, waren es ein Jahr später bereits 114. Heute existieren etwa 400 Tauschringe mit durchschnittlich 100 Mitgliedern, jedes Mitglied tausche etwa zehn Stunden Zeit, hat der Verein zur Förderung bürgerschaftlichen Engagements gezählt. »In allen Tauschsystemen wird zumindest ansatzweise ein neues Verhältnis von Arbeit und Leben gelebt«, begründet der Verein seine Lobbyarbeit für das Zeittauschen. Weniger qualifizierte Arbeit, höher qualifizierte Arbeit, Kopf- und Handarbeit, sogenannte Frauen- und Männerarbeit oder berufliche Hierarchien würden im Tauschsystem neu geordnet. »Die bisher übliche alleinige Existenzsicherung durch Erwerbseinkommen wird in den Tauschsystemen um eine eigene, selbstbestimmte Existenzsicherung ergänzt.« Das heißt: Der Mensch muss seine Zeit nicht allein gegen Geld tauschen. Er kann sie auch gegen andere Leistungen einwechseln, die ihm wertvoll erscheinen. Eine Stunde ist eine Stunde – egal, ob sie mit Fußmassage, Babysitten oder Programmieren verbracht wird.

Eine besonders interessante Form des gegenseitigen

Helfens sind die Zeitbanken. Anders als beim erwartungs-
freien Zeitteilen (wie beim Massieren im HandlungsSpielraum) oder auf minimalen Gegenwerten beruhenden Zeittauschen (wie beim Zootiere-Stricken in der TAAK) kann
man in Zeitbanken Dienstleistungen tauschen – und sich
die eingebrachte Zeit für die zusätzliche Altersversorgung
ansparen. Das funktioniert so: Jedes Mitglied hat ein Zeitkonto. Auf dem werden die Zeitgutschriften für erbrachte
Leistungen und die Zeitschulden für wahrgenommene Leistungen verrechnet. Es funktioniert wie ein Geldkonto, nur
eben mit Zeit. Zinsen gibt es nicht. Ich habe mich bei der
internationalen Zeitbank »Time Republic« angemeldet, in
der die hochspezialisierten digitalen Nomaden miteinander vernetzt sind. »Wir dachten am Anfang, dass wir mit
Time Republic eher konkrete Handwerkerleistungen handeln würden, aber es zeigt sich, dass sich vor allem hochqualifizierte Leute anmelden, zum Beispiel Programmierer
und Grafikdesigner«, sagte eine der Gründerinnen während
eines Start-up-Wettbewerbs in London 2013. Seit ich angemeldet bin, bekomme ich regelmäßig Anfragen aus der ganzen Welt, Marketing- oder Onlinetexte zu verfassen. Auch
bei den High-Performern bleibt eine Stunde Arbeit immer
eine Stunde für das Zeitkonto. In Japan hat man mit dem
Modell des Zeitsparens noch andere gute Erfahrungen gemacht. Die Vorsorge-Zeitbank Fureai Kippu hilft vor allem
Menschen, die zu arm sind, um sich Pflegedienste auf dem
Markt einkaufen zu können. Wer als junger Mensch seinen
alten Nachbarn geholfen hat, kann später selbst von seinen
Nachbarn gepflegt werden. Es ist ein ähnliches Umlagever-
fahren wie bei einer betrieblichen oder privaten Rente – nur
mit Zeit anstelle von Geld.

Auch in Leipzig gibt es Tauschringe, in denen man
Waren und Dienstleistungen gegen eine Alternativwährung

mit anderen tauschen kann. Ich hatte mich einst beim Lindentaler angemeldet, einer Initiative, die das Konzept des Tauschrings mit dem einer Regionalwährung und eines Bedingungslosen Grundeinkommens kombiniert. Jeder, der einen Computer hat, kann sich anmelden und bekommt 50 Lindentaler Begrüßungsgeld und später monatlich bis zu 50 Lindentaler, die man mit selbst ausgedruckten Schecks an Theaterkassen, in einigen Läden oder eben für Nachbarschaftshilfe ausgeben kann. Das fand ich äußerst attraktiv: Einfach Geld selber drucken – wo gibt es das schon? Dann sollte man angeben, was man selbst als Leistung einzubringen hat. »Alles, was diese Initiative voranbringt, hängt von der Aktivität der Mitglieder ab«, wurde mir schon bei der Anmeldung eingeschärft. »Denn wenn jedes Mitglied seine monatlichen Lindentaler, die zur Verfügung gestellt werden, nur ausgeben möchte, kann das System nicht funktionieren.«

Ich meldete mich hochmotiviert als Texterin für Liebesbriefe, Mitteilungen und Webseitentexte an – und wendete mich wieder den eigenen Unmittelbarkeiten zu, die mich voll in Beschlag nahmen. Das private und berufliche Leben war gefüllt mit Menschen, Themen und Gelegenheiten, auf die ich mich einlassen und die ich beschreiben wollte. Für den Tauschring blieb einfach keine Zeit. Oder, wenn ich ehrlich bin: Ich nahm sie mir nicht. Selbst als Zeitwohlständlerin jenseits des Erwerbsdrucks konnte ich mich nicht durchringen, meine Lindentaler-Offerten zu überprüfen oder die Lindentaler-Angebote wahrzunehmen. Ich saß lieber auf der Holzbank in meiner Straße und guckte in den Himmel, verabredete mich mit Zeitwohlständlern oder spielte mit meinem Kind, als zum Charles-Eisenstein-Lesekreis zu gehen oder zur Apfelernte anzurücken. Nicht ein einziges Mal druckte ich mir mein Lindentaler-BGE aus, nicht ein einziges Mal rang ich mich zu einem Tauschkreis-Stammtisch durch. Nicht ein einziges Mal tippte ich für andere einen Text. Obwohl ich die Idee theoretisch großartig finde, lieber mit Zeit denn mit Geld zu handeln, war ich praktisch zum Mitgliedszombie geworden. Zwei Jahre vergingen in enttäuschender Tauschlosigkeit, da bekam ich eine Nachricht von Rainer Kühn, der den Lindentaler gegründet hat, der Stammtische und Tauschmärkte organisiert und der sich auf Kongressen hinter den Info-Tisch mit Lindentaler-Flyern setzt. Rainer schrieb, er werde jetzt Hunderte Mitglieder aus der Datenbank löschen, die sich nie beteiligt haben. Ich war also nicht die einzige Karteileiche, was mich eher bestürzte als beruhigte. Aus Rainers Zeilen quoll die Enttäuschung, dass seine selbsterdachte »Systemalternative« im Eigentlich-sollte-man-mal des Alltags unterzugehen drohte. »Der Lindentaler ist ein Versuch, der so gut ist, wie wir ihn selbst gestalten«, stand in der Mail. »Auch die Welt ist nur so gut, wie wir sie selbst gestalten. Und da reicht es nicht, Hunderte Petitionen zu unterschreiben, auf den Mainstream und die bequemen Bürger zu schimpfen. Da hilft nur, bei sich selbst anzufangen.« Da hat der Rainer absolut recht, dachte ich. Aber: Das Anfangen ist nicht das Problem – sondern das Dabeibleiben. Das sah ich bei mir, bei den Tradeschools, bei den Tauschringen. Wie geht es anders, was macht Rainer anders?

»Willkommen im Paradies«, sagt Rainer Kühn, als wir durch den wilden Garten hinter seinem Haus im Muldentalkreis schleichen. Das Gras ist büschelig, dazwischen stehen Wassertränken, Steinbänke und Ziegelhaufen. In unübersichtlich vielen Tontöpfen mit Kräutern und Tees schlagen blasse Falter blitzschnell ihre Flügel, um an den Nektar zu kommen. Wir hocken eine Zeitlang davor und beobachten sie. »Ich dachte, Nachtfalter leben von Glühbirnenlicht«, sage ich. Rainer schmunzelt. Er hat so eine ruhige Art, eine ruhige Stimme, einen ruhigen Gang. Mit seinen Leinenklamotten, den weißen Locken und der ovalen Brille wirkt er ein bisschen wie ein Guru. Als er aus der Stadt hierhergezogen ist, war das Grundstück von Hühnern zerscharrt. Überdüngter Sandboden, Brennnesseln, totes Land.»Ich habe in den letzten 15 Jahren mit Permakultur das ganze Mikroklima verändert.« Kräuter, Sträucher, Bäume verbinden sich jetzt in sinnvoller Schichtung zu einem urwüchsigen Einod, aus dem sich Rainer gut selbst versorgen kann. Die Wiese wird nur zwei Mal im Jahr gemäht – in Form eines Sensen-Workshops beim Lindentaler.»Ich will mit anderen zusammen etwas schaffen«, sagt er. Manchmal gucken die Nachbarn skeptisch, weil es in seinem Eden nicht so gepflegt aussieht wie in anderen Gärten mit ordentlichen Beeteinfassungen und englischem Rasen.»Aber so habe ich weniger Arbeit, und die Natur reguliert sich selbst.« Rainer arbeitet mit den natürlichen Kreisläufen: Werden und Vergehen, Geben und Nehmen – das muss in der Summe ausgeglichen sein. Kein Wunder, dass er sich für Tauschringe engagiert. Unter den Obstbäumen liegen Pflaumen, Mirabellen und Äpfel. Sie schmatzen unter unseren Füßen, als wir darüberflanieren. Rainer will nicht alle Früchte einsammeln und verarbeiten – sie sollen auch den Tieren im Garten als Nahrung dienen und den Boden düngen.»Hier draußen spürt man, dass man Teil des ewigen Kreislaufs ist«, denke ich und muss an ein Schaubild von Fritz Reheis denken, dem Mitbegründer der Deutschen Gesellschaft für Zeitpolitik.

Auf einem Seminar hatte der Wachstumskritiker und Autor einen Vortrag über die»Ökologie der Zeit« gehalten. Darin erklärte er, wie alles Natürliche ständig bestrebt ist, einen Zustand des Gleichgewichts anzustreben. Es kann nicht mehr verbraucht werden, als sich erneuern kann. In seinen Schaubildern hat Reheis viele Kreisläufe gezeigt, in die wir eingebunden sind: Als Individuen versuchen wir, Körper, Seele und Geist miteinander in Einklang zu bringen, als Gesellschaft versuchen wir, das richtige Verhältnis zwischen eigenen und den Interessen anderer zu finden. Und als Menschheit versuchen wir, unsere Bedürfnisse mit natürlichen Gegebenheiten auszugleichen. Alles ist mit allem verbunden und bestrebt, sich zu synchronisieren. Das leuchtet ja eigentlich jedem sofort ein, der jemals ein Yin-und-Yang-Zeichen angeguckt hat. Aber in jedem dieser Synchronisationszyklen kommt es zu einer Unwucht – wie bei einem Rad, das nicht mehr ganz rund läuft. Der Grund für das Trudeln resultiert aus unnatürlichen Wachstumsdynamiken und Beschleunigungen. Weil der Mensch seit einigen Hundert Jahren der Erde, der Gesellschaft und sich selbst immer mehr in immer kürzerer Zeit abzutrotzen versucht, steuern wir auf eine ökologische Katastrophe zu. Stichwort Ressourcenknappheit, CO-Emissionen, Plastikvermüllung. Nun könnte man erwidern, dass uns doch genau das zum Menschen macht: dass wir uns die Welt untertan machen, sie bewirtschaften, sie rational beherrschen. Die Geschichte der Menschheit ist die Geschichte des Eingreifens. Und an dieser Stelle führte Reheis einen Gedanken ein, den ich wirklich bemerkenswert fand. Er behauptete, dass der zentrale Zyklus des Menschen darin bestehe, auch eine Balance zwischen Eingreifen und Begreifen zu finden. Wenn der Mensch in die Natur eingreift, muss er erst mal begreifen und dann seine nächsten Schritte anpassen. Wenn man sich allerdings die Massentierhaltung, die Textilindustrie, die Ölförderung, den Finanzmarkt, Politik, Bildung, ach, im Grunde alle Bereiche modernen Handelns anguckt, dann wird meist schneller gehandelt als gedacht. Der Mensch greift ein, aber er begreift nicht. Das ist für Reheis das grundsätzliche Dilemma, in dem sich der moderne Mensch momentan befindet: Sein wichtigster Zyklus läuft nicht mehr rund. Wenn wir uns weiterhin in diesem Maße von Wirtschaft, Technik und Digitalisierung beschleunigen lassen, verlieren wir das, was uns als Menschen den entscheidenden evolutionären Vorteil im Vergleich zu anderen Spezies eingebracht hat, das Begreifen. Das Einzige, was uns aus diesem Dilemma herausführen kann, ist: Zeit. Wir müssen unbedingt wieder lernen, uns auszubalancieren. Reheis fordert Entschleunigung in allen Bereichen des menschlichen Lebens. Damit die Kreisläufe funktionieren, müssen wir wieder lernen, langsamer zu sein. Wir brauchen eine »Ökologie der Zeit«, ein sinnvolles Haushalten. Zeitwohlstand sei deswegen ein wichtiges Leitbild für die Zukunft – weil es individuell und kollektiv Zeiträume zu schaffen sucht, in denen wir innehalten und uns fragen können: Wer sind wir, und was tun wir hier eigentlich?

Im Paradiesgarten von Rainer brennt uns die Sonne auf den Kopf, während wir reife Mirabellen vom Boden auflesen. »Hier draußen ist alles Zeitwohlstand, oder?«, frage ich Rainer. Er brummt etwas vor sich hin, dann sagt er: »Zeitwohlstand ist ein Intellektuellenkonstrukt, ein rationaler Begriff. Den kannst du erklären und begründen. Es kommt aber darauf an, wie du ihn ins Leben übersetzt.«

»Und, wie übersetzt du den Begriff?«

»Ich versuche am eigenen Beispiel zu zeigen, dass positives Lebensgefühl und Genuss nicht von Geld abhängig sind.«

»Wovon dann?«

»Von sozialen Beziehungen. Wie wir miteinander in Austausch treten und uns begegnen.«

»Und das braucht Zeit.«

»Wenn du anders leben willst – also unabhängiger vom Geld –, dann musst du dir Freiräume schaffen. Das geht nur, wenn du weniger arbeitest. Die entfremdete Arbeit kann nicht wichtiger sein als das eigene Leben. Ich empfehle jedem, wirklich nur so viel Geld wie gerade nötig zu verdienen und den Rest anders zu gestalten.« Zum Beispiel über Tauschringe.

Rainer ist 1963 in der DDR geboren. Er war Pionier, er war in der Freien Deutschen Jugend, er war Teil einer politischen Idee, in der das Kollektiv wichtiger war als das Individuum.»Trotzdem war ich immer ein freies Radikal«, sagt er. Mit 16 Jahren machte er auf Wunsch der Eltern eine Maurerlehre – einen Studien- oder Ausbildungsplatz zu bekommen, der der eigenen Neigung entspricht, war in der DDR schwierig –, arbeitete aber dann als Hilfskraft in der sozialen Arbeit.»Ich habe bis heute kein Problem damit, alten Leuten den Hintern abzuwischen«, sagt er. Sein Lebensmittelpunkt spielte sich als junger Mensch in den Clubs und Konzerthäusern von Leipzig ab, bei den »Langhaarigen«, den Bluesern, Liedermachern, Lyrikern des Landes. Dort wurde er politisiert, dort lernte er das lustvolle Neinsagen, das ihn später zum Bürgerbewegten machte. Und es muss auch in dieser Zeit gewesen sein, als er erkannte, dass ihm 15 Stunden Erwerbsarbeit pro Woche reichen, um so zu leben, wie er möchte. Er bekam 150 DDR-Mark, wohnte »in einem Loch«, organisierte Soli-Veranstaltungen für Nicaragua, reiste nach Bulgarien, engagierte sich für Umweltthemen, gründete eine Familie. Geld konnte sein Leben in der DDR nicht schöner machen – es gab ja sowieso kaum interessante Gegenwerte. Da entdeckte er schon damals den Wert des gemeinsamen Gestaltens. Zusammen mit den Bürgerrechtlern, Kirchen oder Friedensaktivisten wollte er ein menschlicheres, sozialeres, freieres Land. Und dann kam der Kapitalismus. Für Rainer war das nicht das Ziel seiner Träume. Im Gegenteil.

Wir gehen ins Haus, um Mittag zu kochen. Ich habe ein Körbchen voll Tomaten, Zucchini, Auberginen und Paprika vom Soli-Feld mitgebracht, die wir zusammen kleinschneiden. Rainer kocht Hirse auf. In der offenen Küche stehen Gläser voller selbstgeernteter Kräuter und Tees, Eingewecktes, Gewürze. Außerdem viele Bücher und Ordner. Auf einigen steht *Lindentaler*, auf anderen *Batzen*. Letzterer ist ein anderer Tauschring, in dem Rainer nach der Wende Mitglied war. Er selbst tauschte seine selbst gesammelten Wildkräuter in der Regionalwährung Batzen, seine Kinder erhielten dafür Musikunterricht. Je länger er sich mit Tauschgeschäften auseinandersetzte, umso mehr begriff er: Auf regionaler Ebene ließe sich gut ausprobieren, inwieweit alternative Wirtschaftskreisläufe, Regionalwährungen und Bedingungslose Existenzsicherung funktionieren. »Ich habe immer nach einem System gesucht, in dem sich Menschen frei begegnen, miteinander kommunizieren und gemeinschaftlich leben können«, sagt Rainer. Im Sozialismus ist das gescheitert, im Kapitalismus ist es auch schwierig. »Ich möchte mich als Mensch nicht vermarkten müssen, sondern bedingungslos teilhaben«, sagt er. Vor vier Jahren gründete Rainer einen neuen Tauschring, den Lindentaler. »Sag mal, willst du eigentlich noch ein System einreißen?«, frage ich ihn. Und er sagt: »Ja!«

Wir lachen, tragen die beladenen Teller nach draußen und setzen uns wieder in die Sonne. So schön das alles ist: die Kreisläufe, die Systemalternative, die Zeitwährung – warum funktioniert es trotzdem nur so lala?

Rainer sitzt eine Weile schweigend da. Es ist die Frage, die er sich selbst auch so häufig stellt. »Es ist ein perfektes System, aber es wird zu wenig genutzt«, gesteht er ein.

Selbst in einer alternativen Stadt wie Leipzig, in der die Arbeitslosenzahlen hoch, die Gemeinschaftshäuser, -gärten, -projekte uferlos sind – also die Voraussetzungen für aktiven Zeitwohlstand gar nicht so schlecht scheinen. Rainer hat verschiedene Beobachtungen gemacht, die die langfristig schwindende Beteiligung erklären. Zum einen gibt es pragmatische Gründe: Selbst wenn man viele Bedürfnisse über alternative Wirtschaftskreisläufe befriedigen kann – es bleiben die Miete, die Versicherungen, die Wasserkosten und so weiter, die nur mit Geld bezahlt werden können und nicht mit Regionaleinkommen oder Fußmassagen. Damit bleiben die Geldwährung und damit auch die »entfremdete Arbeit« immer im Zentrum der individuellen Kraftanstrengungen. Besonders junge Menschen, die als Studenten noch den Kampf gegen die Verhältnisse aufgenommen haben, ziehen sich mit der Familiengründung dann stückweise ins Private zurück, bis sie völlig verschwunden sind. Bei denen, die bleiben, erschlafft aber auch irgendwann das Engagement – besonders, wenn die Organisationsform zu groß wird. »Ich wollte beim Lindentaler eigentlich möglichst wenig selbst festlegen und bestimmen – blöderweise muss ich es jetzt doch.« Aus dem Vordenker ist der Verwalter geworden. Die Mitglieder tauchen in der Anonymität der Masse ab, sie zeigen in der Alternativwirtschaft das gleiche Konsumverhalten wie in der Privatwirtschaft: Mach mir ein Angebot, dann frage ich vielleicht auch danach. Dass sich eine Gruppe basisdemokratisch und solidarisch selbst organisiert und verwaltet, dass sie sich in ihren Bedürfnissen selbst ausbalanciert, wie Reheis sagen würde, ist eine Herausforderung, die viel Zeit, Kraft und auch Leidensfähigkeit abverlangen kann. »Vielleicht sind die Menschen noch nicht so weit«, sagt Rainer. »Bei Tauschringen geht es eigentlich nicht darum, Zeit effizient zu tauschen, sondern sich Zeit füreinander zu nehmen. Es ist ein sozialer Austausch. Wer so etwas nicht will, fühlt sich auf die Dauer nicht wohl.«

Zurück im Berliner HandlungsSpielraum. Es ist der zweite Tag der Skillsharing-Akademie – und nur noch halb so viele Teilnehmer sind gekommen. Der durchtrainierte Youtuber ist weg, genau wie die tanzende Spanierin. Es ist wieder so ein heißer Herbsttag in Berlin, und ich wäre eigentlich lieber im kühlen Müggelsee abgetaucht als in der staubigen Karl-Marx-Allee. Das Skillsharing-Wochenende ist wie der Lindentaler unterm Mikroskop: Im Stuhlkreis mit Teetassen in den Händen waren alle noch ganz beseelt vom gemeinschaftlichen Zeitverbringen. Über die Tage hinweg werden sie aber von den konkurrierenden Verpflichtungen und Vergnügungen fortgesogen. Statt Luftmatratze widme ich mich also doch der Lavendelseife und stelle mich pflichtbewusst mit Schutzbrille und Kittel an den Tisch. Man muss die Verseifungszahl von Kokosöl kennen, um herauszufinden, wie viel Natriumhydroxid verwendet wird. Wir gucken in Fachbücher, rechnen rum, rühren eine Lauge an, legen die Formen mit Papier aus, mischen Öl und Lauge mit einem Pürierstab zu einer cremigen Masse. Ziemlich kompliziert das alles. Ich versuche, nicht mehr an den Müggelsee zu denken. Fokussieren, Einlassen, Verschmelzen. Hier sein. Es dauert eine Weile, dann bin ich wieder drin in diesem Gemeinschaftsding, in der Sharing-Seifenoper. Ich gebe selbst meinen Textworkshop, einige schreiben mit, andere haben Fragen, am Schluss wird geklatscht. »Na ja«, denke ich, »haste heute sogar was Sinnvolles gemacht.« Nur die Angebote der anderen wahrzunehmen hätte sich nicht gut angefühlt. Es wäre nicht ausbalanciert – wie es Reheis formuliert hat. Bei allen Arten des Zeittauschens – das hatte ich bis hierher verstanden – kam es nicht nur auf ausreichend Zeit an, sondern auch auf die Fähigkeit, sich auf den

Kreislauf aus freiwilligem Geben und Nehmen einzulassen. Ich gebe etwas, du gibst etwas – nicht weil wir es müssen, sondern weil wir es wollen. Alles, was entsteht, ist dabei erst einmal wertvoll. Das ist der entscheidende Unterschied zum effizienten Geldtausch. Wenn das passiert, entsteht ein Gefühl der Verbundenheit. Dann werden Fremde zu einer Gemeinschaft zusammengeführt, die für eine Weile etwas miteinander teilen, das man weder in Geld- noch in Zeiteinheiten bewerten kann. Manche nennen dieses Gefühl Liebe. Für unsere Familie, unsere Freunde, unsere Nächsten nehmen wir uns ganz selbstverständlich die Zeit, ihnen beim Texten zu helfen, ihnen bei der Gartenarbeit zu helfen oder sie zu massieren. Nicht, weil wir davon einen Vorteil haben, sondern weil wir sie mögen. Einfach so.

Ich reibe meine Hände, bis sie warm sind. Ein letztes Mal Massageworkshop. Diesmal erklärt die Französin, wie man Hände und Füße massiert. Tobias liegt unter mir auf einer Isomatte. Er hat die Augen schon geschlossen. Ich nehme seine rechte Hand und lege sie auf ein Kissen in meinem Schoß. Während ich mit meinem Daumen auf die einzelnen Glieder seiner Finger drücke, überlege ich: Natürlich kann Zeit eine Währung sein. Sie kann in Stunden zerlegt auf dem Tauschringbasar gegen die Zeit anderer getauscht werden, in Tradeschools zu Bildungswerten verwandelt, in Zeitbanken angespart und auf Sharingfestivals als Gemeingut geteilt werden. Das alles sind sinnvolle Alternativideen zu einem anfälligen, hochspekulativen ungerechten Geldsystem. Aber den Projekten fehlt die Professionalität, Effizienz und Langlebigkeit, was sie oft genug zum Scheitern verurteilt. Ich habe das bei mir selbst erlebt, aber auch bei den Schicksalen so vieler anderer Projekte. Es fällt auf die Dauer schwer, sich zu motivieren, für eine Gemeinschaft zu engagieren, die anonym und deswegen fremd ist. Zum alternativen Handeltreiben erscheint mir Zeit ehrlich gesagt gar nicht so wirklich als attraktive Währung, denn Handeln ist rational und effizient. Tobias seufzt leise, als ich die Lebenslinien auf dem Handteller entlangfahre. Aber, denke ich und beobachte sein entspanntes Gesicht, mit ihr zu bezahlen macht zumindest niemanden ärmer. Um mit Menschen in einer Stadt zusammenzukommen, sich auf andere Arten weiterzubilden und ab und zu eine schöne Zeit zu haben, dafür taugen die Formate des Zeittauschens und -teilens doch ganz gut. Es ist ein freies Geben und Nehmen. Nur: Wenn ich mich auf den Gedanken der Freiheit mal voll und ganz einlasse – wie weit kann ich ihn leben?

## 10 UNTER SPREEINDIANERN

Wie ich in die radikale Freiheit gerate

**Als ich aufwache,** höre ich sie wieder: die Ratten. Wie sie um mein Indianerzelt huschen, kratzend, scharrend, fiepend. Nur eine dünne Plane trennt mich von ihnen, und ich fühle sie schon förmlich mit ihren Barthaaren in meinem Nacken herumwuseln. Ich liege auf einer Matratze, die vielleicht irgendwann mal weiß war, ziehe den Schlafsack enger um mich und würde gern so verharren, bis es wieder hell und der Nager-Horror vorbei ist. Es hämmern die Bässe, die vom Technoclub Kater Blau auf der anderen Seite der Spree hier drüben anbranden, und mischen sich mit dem Rauschen der S-Bahn und vereinzelten verzerrten Stimmen zum Soundtrack der Hauptstadt. Urbane Unruhe in der archaischen Hütte. Mit jeder Minute werde ich wacher, lausche in die Dunkelheit hinein und weiß: Ich halte es nicht mehr aus. Ich muss raus zu den Ratten. Ich muss mal. Mit der Taschenlampe in der Hand drücke ich die kleine Holztür auf. Etwas verschwindet quiekend im Gebüsch. Der Mond und die Großstadtlichter liegen auf den Tipis, die ein Flickenwerk aus Werbebannern, Plastikplanen und Matten über groben Pfählen sind. Dazwischen stehen Sofas, Sessel, Stühle, Couchtische, Europaletten, Einkaufswagen, Wasserkanister. Ein Frauen-Torso aus Plastik thront auf einem Ziegelhaufen. Vielleicht ist es auch ein Pizzaofen. So genau kann ich das nicht erkennen. Mein Lampenlicht fällt auf einen gegrillten Schweinskopf direkt vor meiner Tür, der von der Hitze am Tag und den Viechern der Nacht reichlich geschunden aussieht. Das Schwein glotzt mich an wie eine Schicksalsgefährtin.

Ich bin ins Teepeeland eingezogen, ein kleines Zeltdorf mit acht Tipis und fünf Jurten, ein paar Igluzelten, Bäumen, Beeten, Schrotthaufen, einer Bühne, einem Lagerfeuer und allerlei Gerummel. Jeder, dem Arbeit und Struktur und ein Wasserklosett nicht zum Glück fehlen, kann hier zeitweise einziehen. Es ist das letzte besetzte Grundstück am Kreuzberger Spreeufer, wo früher die lebensfeindliche Grenze zwischen Ost- und Westberlin verlief, auf deren Trümmern dann das wilde Subkulturleben der Nachwendejahre wucherte. In der Nachbarschaft sind mittlerweile viele einstige Institutionen der Realitätsverweigerung abgerissen worden. Allen voran die legendäre Bar25, ein eskapistisches Kleinod mit Bauwagen, Paletten-Buden und Nebelmaschinen, das zum weltweiten Prototyp für Technoclubs wurde. In einem Dokumentarfilm hielt man die Magie des Ortes filmisch fest und erklärte, was die Bar so unverwechselbar gemacht hat. Er trägt den Untertitel: Tage außerhalb der Zeit. Die Bar25 wird heute mit dem Projekt Holzmarkt weiterentwickelt, ein spannendes Genossenschaftsprojekt mit Werkstätten, Holzwohnhäusern und Clubs wie dem Kater Blau. Viele andere Brachen an der Spree sind derweil weggentrifiziert – an den neuen Ufern vom neuen Berlin entstehen Orte innerhalb der Zeit: Wohnhäuser, Bürowürfel, Kommerzkultur. Es kommt einem unweigerlich die Vermutung, dass freies, wildes, unstrukturiertes Land auch freie, wilde, unstrukturierte Zeit mit sich bringt – und umgekehrt. Bevor auch der letzte Ort des radikalen Zeitwohlstands eingestampft wird, will ich ihn kennenlernen. Wenn es so etwas wie Zeitmillionäre gibt, dann ist Teepeeland vermutlich ihr Saint-Tropez, denke ich mir. Ist das hier die gelebte Utopie einer Gesellschaft, für die Geld und Sicherheit nichts, Zeit und Freiheit aber alles sind? Und: Wie fühlt sich das an?

Im Dunkeln schleiche ich zwischen den Zelten umher. Wie ein Protestcamp kommt es mir nun vor, aber ohne Ideologie. Oder wie ein Festival-Campingplatz, aber ohne Musikprogramm. Wie eine Anarchistenkommune, aber ohne Haus. Es gibt hier von allem sehr wenig – Regeln, Geld, Schlüssel, Trinkwasser, Essen, Sanitäreinrichtungen, Mülleimer – nur von einem eben sehr viel: freie Zeit. Bevor ich die ganz große Freiheit jenseits von allem Müssen kennenlerne, muss ich jetzt aber wirklich dringend. In der Dunkelheit kann ich nicht erkennen, wo zwischen den Behausungen und Gerümpelhaufen genau gelebt und wo gelassen wird. Als der Druck zu groß wird, setze ich mich einfach irgendwo hin und hoffe, das kitzelnde Ding unter mir ist ein Grasbüschel und keine Ratte.

Ich singe laut »Kreuzberger Nächte«, um das Quieken nicht zu hören, während ich am Schweinskopf vorbei zurückmarschiere. Da fällt mir die angelehnte Tür auf. Die hatte ich doch zugemacht! Ich trete ins völlige Dunkel, taste nach meinem Schlafsack und leuchte mit dem schmalen Lichtkegel der Taschenlampe das Zelt aus. In der Ecke liegt etwas Massives mit filzigen Haaren und Bart. Sieht aus wie der Anarchismusbegründer Bakunin persönlich. Er starrt mich an. Ich erschrecke mich so dermaßen, dass auch er zusammenzuckt, sich dann aufrichtet und anfängt, etwas aus seinem Rucksack rauszukramen. »Wo kommst du denn her?«, frage ich ihn. »Me?«, fragt er zurück, und ich überlege, ob sich in so ein gartenpavillongroßes Zeltding noch mehr von seiner Sorte unerkannt abgelegt haben könnten. »I'm from the Internet«, antwortet er, was mehr Fragen aufwirft als klärt. »But I live in this tipi for quite a while now.« Er sagt, dass heute Nacht vielleicht noch mehr Menschen kommen könnten. Ein Paar, das gerade barfuß durch Berlin läuft, und ein Mann, der seinen gesamten Besitz auf 100 Dinge reduziert habe. Während ich überlege, wie hier fünf Leute mit hundert Dingen reinpassen und ob ich meine Matratze gegen fremde Ansprüche verteidigen kann beziehungsweise darf, stellt sich der Internet-Bakunin als Geolibertärer vor – er befürworte, dass Böden und natürliche Ressourcen nicht privatisiert werden dürfen. Die Erde gehöre allen; wer an ihr zu verdienen gedenke, müsse dafür Steuern zahlen. Er murmelt etwas von John Locke und Facebook und dass er etwas sehr, sehr Großes vorhabe. »Landrebels«, flüstert er, aber ich bin jetzt wirklich nicht in der Stimmung, den Systemkollaps zu diskutieren, wo ich doch gerade selbst fast kollabiert bin. Er zündet eine kleine Holzwurzel an, die süßlich duftend in der Dunkelheit glimmt. »Against demons«, sagt er, und ich hoffe, er meint damit die Ratten, beschließe aber lieber, nicht mehr weiter nachzufragen, und ziehe die Decke über den Kopf. Ratten, Dämonen und Anarchisten – wie bin ich hier eigentlich reingeraten?

Es war an einem gleißenden und heißen Donnerstag im August, dass ich Joanne Pouzenc kennenlernte und noch keine Ahnung hatte, wohin mich diese Begegnung führen würde. Alles fing eigentlich ganz geordnet an. Sie schickte mir via Google Maps eine Stecknadel-Markierung, die mich bis zum Engelsbecken in Berlin führte, einem Wasserbassin in Kreuzberg, ringsherum ein Rosengarten, am Ende ein Café mit weißen Schirmen. Ich wollte die 34-jährige Französin treffen, weil sie in dem Künstlerkollektiv »collage lab« Ideen für eine postkapitalistische Stadt sammelt. Architekten, Stadtplaner, Raumentwickler müssten sich Gedanken darüber machen, welche Zukunftsstrategien es für den verdichteten urbanen Raum gebe, um auf die sich verschärfenden Krisen einer Wachstumsgesellschaft zu reagieren. Was soll wie gebaut werden, was soll warum freigehalten werden? Sie veranstaltete Architektur-Wettbewerbe, vernetzte Kulturschaffende und sammelte Zukunftsvisionen. Weil bis 2050 nach UN-Schätzungen etwa zwei Drittel der Weltbevölkerung in Städten leben, ist es eine interessante Frage, wie genau diese Städte aussehen werden – und wie sich dort der Umgang mit Zeit verändern wird. Die ZEIT-Stiftung Ebelin und Gerd Bucerius forciert seit Jahren ein radikal nachhaltiges Modell der Stadt Hamburg für die Postwachstumsära mit dem Namen »Zero City«. Sie fragt Künstler, Wissenschaftler und Bürger, welche Werkzeuge und Regeln es braucht, um als Stadt maximal autark, genügsam und trotzdem gut leben zu können. Interessanterweise taucht darin auch der Vorschlag auf, weniger zu arbeiten. Es soll die 20-Stunden-Woche eingeführt werden, um die immer weniger werdende Erwerbsarbeit unter den immer mehr werdenden Stadtbewohnern gerecht zu verteilen. Außerdem bleibt nur so genug Zeit, um an gemeinnütziger Arbeit, Selbstversorgung und Tausch- und Teilökonomien, die in der Stadt der Zukunft an Bedeutung gewinnen, teilzunehmen. Gerade weil die Stadt ein extrem verdichteter Raum ist – und das immer weiter zunimmt –, können in ihr Ressourcen effizient geteilt werden. Dazu gehören auch die Ressourcen der Arbeitskraft und der Zeit.

*Wie wichtig wird Zeit als Ressource für die Stadtbewohner der Zukunft sein?*, fragte ich Joanne in einer Mail. Sie überlegte. Die Architekten hätten dazu zwar keine künstlerischen Vorschläge eingereicht, sie selbst aber habe konkrete Erfahrung mit Zeit als Tauschmittel gemacht, antwortete sie, und so verabredeten wir uns. Joanne hat in Toulouse in einem Architekturbüro gearbeitet und an einer Universität gelehrt. »Aber ich langweile mich schnell«, sagte sie. »Ich muss immer etwas Neues lernen. Möglichkeiten zu entdecken und wahrzunehmen ist mein Begriff von Reichtum.« Als ihr Lehrauftrag in Frankreich zu Ende war, versuchte sie zuerst, in New York zu arbeiten, bemerkte aber, dass das Land der unbegrenzten Möglichkeiten mittlerweile woanders liegt. Zurück in Europa stieg sie mit ein paar Koffern in ihren zerbeulten Peugeot 106 und landete, wo alle Optionsjunkies landen: in Berlin. »Was mich antreibt, ist nicht die Mehrung von Geld, sondern von Wissen und Fühlen. Ich meine, es gibt diese anmutigen Momente, wenn du plötzlich etwas verstehst, wenn die Welt sich zeigt. Du weißt nicht, wann das passiert. Aber es passiert – wenn du dich einlässt. Danach bin ich süchtig.« Für sie war Zeitwohlstand etwas, das ihr erlaubte, möglichst diverse Erfahrungen machen zu dürfen, sich nicht kohärent und geradlinig einem Lebensplan unterwerfen zu müssen, sondern offen zu bleiben für das Unerwartete. »Je mehr ich lerne, umso mehr wachse ich«, sagte sie. Über ihr Projekt der »Postcapitalist City« lernte die Architektin Menschen kennen, die eine Zeittauschbörse gegründet hatten – ein künstlerisches Experiment der Gruppe e-flux. Joanne schnippelte dort Gemüse und bekam Essen, übersetzte Texte und bekam Klavierunterricht. »Das Netzwerk der Menschen war wertvoller als das, was wir getauscht haben«, sagte Joanne. Die Zeittauschbörse existiert heute nicht mehr – ihre Mitglieder sind zu Freunden geworden. »Über das Zeittauschen bin ich in dieser Stadt angekommen.« Auch wenn sie heute nicht mehr in organisierten Zirkeln tauscht, bleibt sie eine Getriebene, die sich selbst nicht fest verorten will. Sie muss zwar die Miete für ihre Wohnung, ihr Kind, ihren Alltag reinbringen – aber das bedeutet nicht, dass sie bereit ist, sich für Geld in eine stabile Form pressen zu lassen. Sie bleibt bewusst unfertig, suchend, beweglich.

Kann der Zeitmillionär nur ein unsteter Drifter sein? Jemand, der davon getrieben ist, immer neue Menschen, neue Orte, neue Erfahrungen kennenzulernen und dafür bereit ist, auf Stabilität und Sicherheit zu verzichten? Den Begriff »Drift« brachten Soziologen als Metapher auf: Walter Lippmann verwendete ihn für eine »erratische Lebenserfahrung des ziellosen Dahintreibens«. Richard Sennett schreibt von einer »Erfahrung, die von Ort zu Ort und von Tätigkeit zu Tätigkeit driftet«. Und der Soziologe Hartmut Rosa identifiziert in seinem Buch *Beschleunigung* den Typus des »Drifters« als eine mögliche Reaktion spätmoderner Subjekte auf unsere komplexe, tosende Welt. Der Drifter lasse sich vom Leben wie von einem Strom mitreißen. Er will nicht kontrollieren, planen oder steuern – sondern entwickelt ein »situatives Selbst«. Als ich die Texte damals gelesen habe, fand ich die Drifter eigentlich ganz sympathisch. Sie klammern sich weder an einen festen Ort noch an ein festes Ziel. Sie sind einfach da und lassen sich in die Erfahrung des Moments ziehen. Die Vergangenheit ist sowieso unveränderbar, die Zukunft ein unkalkulierbares Mysterium. Ohne Ort und ohne Zeit sein, immer im Fluss. Ich fand das gut. Der Vollständigkeit halber sei aber gesagt, dass die Soziologen den Drifter für eine eher unglückliche Person der Zeitgeschichte halten, weil er die Zeit als zusammenhanglos erfährt und die Fähigkeit verliert, seinen Charakter durch eine durchhaltbare Erzählung zu formen. »Vielleicht ist die Zerstörung des Charakters eine unvermeidliche Folge. Nichts Langfristiges desorientiert auf lange Sicht jedes Handeln, löst die Bindungen von Vertrauen und Verpflichtung und untergräbt die wichtigsten Elemente der Selbstachtung«, schreibt Richard Sennett in *Der flexible Mensch*.

Ich schaute diese zierliche Frau mit den dunklen Haaren und den grünen Augen an, wie sie sich an ihrer Zigarette festsaugte, als wäre sie das Leben. Joanne hatte vor unserem Treffen schon ihre Tochter in den Kindergarten gebracht, Französischunterricht gegeben, für ein Kunstfestival die Finanzierung geklärt, sich mit mir zum Kaffee verabredet – und es war erst elf Uhr. Das Leben als dichte Collage, deren Realitätsschnipsel nicht zusammenpassen müssen. Im Gegenteil. »Bist du eine Drifterin?«, fragte ich Joanne. Sie holte ein kleines Konservenglas aus ihrer Tasche. »Ich bin eine Diggerin«, sagte sie lachend. »Kennst du die Digger?« Ich verneinte. »Komm mit, ich erkläre es dir.« Und so gingen wir los, durch die Rosengänge, durch Rasensprenkler, durch Baustellen bis zur Spree: zwei Drifter auf dem Weg zu den Diggern.

Die Digger waren eine kleine Gemeinschaft von protestantischen Radikalen im England des 17. Jahrhunderts. Sie verkündeten über eine Kampfschrift, dass die Freiheit des Menschen in der Freiheit des Bodens liege. »Wahre Freiheit gibt es dort, wo sich der Mensch selbst ernährt und erhält. Und das kann er nur mithilfe von fruchtbarer Erde«, heißt es in dem Pamphlet, das einer der Gruppenanführer, Gerrard Winstanley, verfasst und das von 14 Menschen unterschrieben worden war. Die Anhänger bezeichneten sich auch als »True Levellers«, weil sie der Überzeugung waren, dass jeder Mensch das gleiche Recht auf Leben und deswegen auf Farmland habe und dieses egalitär aufgeteilt werden müsse. Sie propagierten eine Gesellschaft, die frei war von privatem Eigentum, von Geld, von Vorrechten. Tatsächlich entstanden 1649 einige Landkommunen, als die Lebensmittelpreise und die Lebensbedingungen für die englischen Bauern unerträglich geworden waren. Winstanley und seine Anhänger besetzten und beackerten öffentliches Land und verteilten die Erträge an Bedürftige. Jeder Mensch habe das gleiche Recht auf Fleisch, Kleidung und Trinken, deswegen müssten auch Geldwirtschaft und Handel abgeschafft werden. Nach etwa einem Jahr Acker-Anarchie wurden die Digger von der Obrigkeit vertrieben, waren mundtot oder tot. Eine Guerilla-Theatergruppe aus San Francisco griff in den 1960er Jahren den Namen der Digger wieder auf und belebte auch ihre Ideen wieder. In den Straßen von Haight-Ashbury wollten zwölf Künstler eine Minigesellschaft jenseits von Geld und Besitz gründen. Jeden Tag um vier Uhr nachmittags kochten sie mit gespendeten Lebensmitteln einen Eintopf und verteilten ihn durch einen riesigen gelben Bilderrahmen an jeden, der wollte. Sie nannten das gelbe Ding:»freier Bezugsrahmen«. Auch bei kostenlosen Konzerten verteilten sie kleine gelbe Rahmen zum Umhängen. Das hatte den Vorteil, dass die Digger ihre antikapitalistischen Aktionen als Kunst deklarieren konnten und vor dem Zugriff der Polizei geschützt waren. Es gab Umsonstläden, freie Kliniken, temporäre Unterkünfte und jede Menge kostenfreie Konzerte und Theaterstücke. Als die Hippiewelle gegen Ende der Sechzigerjahre blumenumkränzte Druffis aus aller Welt in die Straßen von San Francisco spülte, wurden ihre Volxküchen und Kliniken zur notwendigen Infrastruktur für die friedensbewegten Massen. Die Digger wollten aber authentisch und frei leben – nicht mehr die Suppe kochen, die andere auslöffelten. Sie überließen die Strukturen der Kirche und verstreuten sich als Free Family in alle Welt.

Joanne führte mich ans Kreuzberger Spreeufer. Wir schauten die Uferlinie entlang. Unter dem Projektnamen Mediaspree wird seit Jahrzehnten ein intensiver Kampf darum geführt, was aus vermeintlich ungenutzter Fläche werden soll: Bürohäuser, Wohngebiete, Genossenschaftsgrundstücke, Clubs, Brachen. Wer darf hier leben und wie?

Joanne suchte hier die neuen Digger – jene Menschen, die den Boden als Gemeingut verstehen. Sie sammelte die Erde der verschiedenen Grundstücke in ihre Glasbehälter, um sie bei einer Ausstellung mit dem Titel »A space is a space is a space« zu zeigen. Als wir das Gelände des Teepeelands erreichten, winkten uns die Spreeindianer zu sich auf die Couch. Sie erzählten davon, wie sie überall auf der Welt danach gesucht haben, frei leben zu können. Und hier, unter den Zeltdächern der urbanen Anarchie hatten sie das erste Mal das Gefühl, diese Freiheit zu finden. Ich überlegte: Hier an diesem merkwürdigen Ort verdichtete sich die radikale These der Digger zu einer neuen Lebensrealität: Ohne frei verfügbaren Boden unter den Füßen kann es keine freien Menschen geben. Gibt es also ohne freien Raum auch keine freie Zeit? Ich fragte, wann ich einziehen könnte, und sie sagten: Du musst dich nur bei Couchsurfing anmelden, dann kannst du jederzeit kommen.

Am nächsten Morgen raucht vor meinem Tipi bereits das Lagerfeuer in der Mitte der abgewetzten Sofas. Die Luft ist voll von Qualm und Schweiß. Einige Indianer mit freien Oberkörpern dösen kiffend in der Sonne, ein Franzose verbindet sich den Arm, in den nachts ein Tier gebissen hat, ein Typ mit Fitnessband und fehlendem Brillenbügel hält einen Vortrag über den Säuregehalt einer Banane. Zwei Punks rühren rotes und blaues Haarfärbemittel an und verteilen es auf ihren Iros. Ich setze mich auf eine Couchlehne. Neben mir ein junger Mann mit Cordjackett, Lederarmbändern, unfreiwilligen Rastas, Kinnbart, stechend blauen Augen. Er heißt Jojo und wechselt in der Unterhaltung problemlos zwischen Französisch, Englisch, Tschechisch und Deutsch. »Ich lebe auf der Straße«, sagt er, als wäre es ein Prädikat. »Nur so kann ich wirklich frei sein.« Keine feste Wohnung, keine erfasste Adresse, keine staatliche Stütze. »Ich will von diesem Verbrecherstaat nichts«, sagt er. Offenbar gehöre ich nicht dazu, er fragt mich nach einer Zigarette und raucht am Ende drei. »Okay, ich bin vielleicht ein Schnorrer, aber wenn ich Geld habe und Tabak kaufe, dann kann da auch jeder mitrauchen.«

»Wie kommst du an Geld?«, frage ich.

»Ich frage auf der Straße.«

»Was ist dein Spruch?«

»Hast du vielleicht 50 Cent übrig? Manchmal auch einen Euro. Aber höchstens zwei.«

»Muss schwierig sein in Berlin. Hier wird man so lange gefragt, ob man was übrig hat, bis man wirklich nichts mehr übrig hat. Ich hasse es, mich dadurch von den Menschen da draußen so abschirmen zu müssen.«

»Das machst du komplett falsch. Dieses Nicht-in-die-Augen-Gucken ist scheiße. Sag mir, warum du nichts geben kannst, und ich versteh das, Alter.«

»Und wie ist das für dich: Ist Betteln nicht eine krasse Art, sich abhängig zu machen?«

»Abhängigkeit ist ein inneres Gefühl. Und das habe ich nicht. Ich stelle ja nur eine Frage.«

Ich gucke in den Sesselkreis und denke: Sind das driftende Digger oder diggende Drifter? Jedenfalls scheinen sie den Wunsch nach freien Ressourcen mit dem Wunsch nach ungerichteter Lebensführung zu verbinden. Als die Punks anfangen, auch die Kopf- und Barthaare der anderen Couchsurfer einzufärben, mache ich mich lieber auf die Suche nach den Häuptlingen vom Teepeeland und spaziere über das Gelände. In der direkten Nachbarschaft steht die Ruine einer alten Eisfabrik, die jetzt von der Treuhand verwaltet wird. Dahinter grenzen die Grundstücke einer Genossenschaft mit Wohnungen, Ateliers und einer Kita an, zu denen auch das Spreefeld-Bootshaus gehört – ein Bunker der

DDR-Grenzpolizei. Ich laufe den Uferstreifen entlang, der nach den ursprünglichen Plänen der Stadt Berlin längst eine planierte Flaniermeile hätte sein sollen. Allerdings entdeckte ein Historiker, dass die Tipis und Jurten auf einem alten Stück DDR-Grenzufermauer stehen, und alarmierte den Denkmalschutz. Nun sind die Spreeindianer mit ihren schrägen Behausungen und noch schrägeren Lebensentwürfen erst mal so halbwegs von der Stadt Berlin geduldet. Die letzten Mohikaner.

Ich entdecke Flieger vor seinem Tipi, ein riesiger blonder Wikinger mit Lederklamotten, Amuletten und Zähnen an seinen Halsketten und einer Reibeisenstimme. Vor drei Jahren hat er das erste Tipi hier aufgestellt, eine mit Fellen ausgekleidete Höhle mit zwei Betten, Feuerstelle und Bieröffner. »Warum wolltest du in einem Indianerzelt leben?«, frage ich. »Freiheit natürlich! Freiheit war der Antrieb. Ich wollte keine geraden Wände mehr.« Anscheinend auch keine Geradlinigkeit. »Das hier ist doch mal was anderes«, sagt er und macht sich sein morgendliches Konterbier auf. Er war Sozialarbeiter, reist jetzt aber in der Welt herum, manchmal macht er Musik. Wenn er wieder in Berlin landet, dann hat er zwar auch eine Stadtwohnung, aber dort liegen die offiziellen Briefe und Rechnungen. Da kommt er lieber hierher, hier ist es schöner. Hier tobt das Leben, hier regiert der Moment. Wenn Gäste kommen, hat Flieger immer ein Bett frei. »Hast du schon ein Bett? Du bist sehr willkommen! Alle sind sehr willkommen.« Im vergangenen Sommer waren insgesamt 500 Leute auf dem kleinen Gelände, aber nur 15 sind dauerhafte Teepeelander mit eigenen Tipis oder Jurten. »Wird euch das nicht manchmal zu viel? Ich stelle mir das ziemlich anstrengend vor – so ein bunter Haufen und ohne jede Regel.« Er guckt etwas müde. »Die Candykids achten nicht so auf Sauberkeit«, sagt Flieger. »Die Candykids?«, frage ich. – »Na diese jungen Drogennomaden, die hier landen und dann nur ihren eigenen Trip schieben. Die nutzen unser freiheitliches Denken aus.« Beim Teepeeland ginge es aber darum, mitzugestalten, sich einzubringen. Sauberkeit sei ein großes Thema. »Ich hab schon so manche verjagt. Und nächste Woche schmeißen wir alle raus.«

Bevor es so weit ist, mäandere ich durch die Zelte und durch die Zeit. Mit dem Indianer Hussein, der die Gemüsebeete angelegt hat und pflegt, gehe ich angeln. Wir lassen die Ruten vom Bootshaus in die Spree hängen. Ab und zu ziehen wir winzige Plötzen aus dem Wasser, die wir abends über dem Feuer grillen werden. Manchmal koche ich etwas aus dem Zeug, das die Franzosen in Supermärkten gezockt oder aus Müllcontainern gerettet haben. Ich werde in die Kulturtechnik des Bierflaschen-Sammelns eingeweiht und lerne, wie man die klirrende Kapitalanlage effizient in Einkaufswagen stapelt und zum nächsten Supermarkt fährt. Wenn irgendwo getrommelt wird, setze ich mich dazu und singe oder klatsche. Und wenn im Bootshaus eine Tango-Milonga stattfindet, tanze ich mit nackten, schmutzigen Füßen über das Parkett, das direkt zur Wasserkante führt. Im Bootshaus finden oft Kulturveranstaltungen statt. Man kann es sogar mieten. Für Lesungen, Konzerte oder eben zum Tanzen. Die Lehrer sind adrette und freundliche Menschen. Ich merke, wie peinlich mir das ist, so verqualmt und verschmiert und verwahrlost zwischen diesen sauberen Tangueros zu sein, und wähle dann lieber jemanden der anderen Schwarzfuß-Indianer als Tanzpartner. Es tut gut, sich im Takt zu bewegen, einem vorgegebenen Rhythmus zu folgen, eine feste Führung zu spüren. Ich bemerke zunehmend, wie mir die sonst so verhassten Strukturen, Konventionen und – ja – einfach mal ein Badezimmer mit warmer Dusche und Klo fehlen. Bislang habe ich nur den Schweinekopf in die Spree geworfen, aber jetzt muss ich wohl mal selbst ins Wasser. An einem Ast hängt ein Seil, von dem aus ich mich in die Spree fallen und dann mit dem Kopf unter Wasser weitertreiben lasse. Am Ufer promenieren die Touristen mit Eis und Kindern. Auf den Ausflugsbooten winken Rentner oder schütteln die Köpfe. Das alles wirkt gerade sehr weit weg. An einer Ufermauer ist eine Metalluhr ohne Zeiger angebracht. Ich drifte im Raum der Ströme, ich schwimme in Zeit, ich mache Urlaub im Anarchismus. Bin ich jetzt frei? Bakunin – also nicht mein rauchwurzeltragender Zeltkollege, sondern der echte »fette Russe«, wie Marx und Engels den Berufsrevolutionär hämisch nannten – behauptete, dass Freiheit die höchste Seinsstufe des menschlichen Strebens sei. Erst sie mache uns zum Menschen. »Wir brauchen etwas anderes«, schrieb er im Revolutionsjahr 1848 an seinen deutschen Freund Georg Herwegh, »Sturm und Leben und eine neue gesetzlose und darum freie Welt.« Zu Lebzeiten war Bakunin ein Schnorrer, der sich von Herwegh die Reisen und das Leben bezahlen ließ. Er hinterließ kein abgeschlossenes Werk und keine konsistente Theorie. Wenn es irgendwo in Europa nach Revolution roch, reiste er dorthin, riss die Aufständischen mit, stritt und zechte mit ihnen, teilte die Gefahr und jedes Mal die Niederlage. Er rief zum Einreißen der bestehenden Ordnung auf. Legendär geworden ist sein Satz: »Die Lust der Zerstörung ist zugleich eine schaffende Lust.« Die russischen Räubergesellschaften, die im Schutz der Wälder ein ungebundenes Leben führten, sind die Prototypen seiner Revolutionsassoziationen. Erst müsse man alles einreißen, um zur Freiheit zu finden. Eine neue Ordnung würde dann schon von allein entstehen. Bakunin würde sich im Teepeeland sicher wohl fühlen: Hier ist alle Ordnung eingerissen. Hier wird geschnorrt. Hier wird gedriftet. Aber – was dann?

Über der Feuerstelle kocht eine tschechische Wurstsuppe. Die Punks schnippeln mit bunten Fingern Gemüse. Der Ernährungsfreak studiert die Nährstofftabelle der Wurst. Ein Engländer zeigt hinterm Feuer Kampfgriffe, die er gegen die Polizei angewendet hat und derentwegen er angeblich auf der Insel strafrechtlich gesucht wird. Eine 14-Jährige sinniert darüber, wohin sie denn jetzt gehen soll, wo sie doch erst von zu Hause und dann aus dem Heim ausgebrochen sei. Ich setze mich neben ein blondes Mädchen, dessen Körper mit Leuchtfarben bemalt ist. Neben ihr liegt ein Farbeimer, in dem ein Arbeitshandschuh, Draht, ein Fahrradschutzblech, eine zerbrochene Kippe, eben ihr »Stuff«, drinklemmt. »Da habe ich einen Strick drumgewickelt, damit ich schwimmen kann«, sagt sie. »Guck mal, die Turnschuhe tragen den Dreck der Tiefe in sich, weil ich damit geflüchtet bin.« Sie sei im Adidas-Laden gewesen und habe die »Nutte« (vermutlich die Verkäuferin) gefragt, was sie für die Schuhe wolle, und die »Nutte« habe gesagt, dass sie hier gar nichts zu wollen habe, weil sie eine kleine Crack-Bitch sei, und dann seien die Bullen gekommen und hätten ihr das Gesicht auf den Boden gedrückt, und dann habe sie sich losgerissen und sei geschwommen und dann Harley gefahren, und dann sei sie damit umgefallen und jetzt eben hier gelandet, und die Arschlöcher würden sie jetzt auch rausschmeißen wollen, »weil sie mal Ruhe wollen, ich meine, Ruhe, was für 'ne verfickte Scheiße soll das denn jetzt wieder sein?« Und sie labert ihren Trip runter, und es prallt so an mir ab.

Ich habe mich mittlerweile daran gewöhnt, dass die Hälfte aller Unterhaltungen aus schrägen Anekdoten und Schnorreranfragen besteht. Ich habe die Hemmungen des öffentlichen Pinkelns überwunden. Ich frage nicht mehr nach, woher Lebensmittel, Fahrräder oder Klamotten kommen. Ich übe mich in Gelassenheit, wenn mitten in der Nacht fremde

Menschen nach Quartier fragen. Aber es tut mir zunehmend weh zu sehen, wie dieser freie Ort mit seiner freien Zeit so wenig wirkliche Verbindung kennt. Man kann mit diesen Diggerdrifterdruffis zwar gemütlich zusammenhängen. Man kann mit ihnen auch manchmal intensiv diskutieren. Manchmal auch wunderschöne Momente erleben. Aber wenn du danach wie ein Schweinskopf in der Spree ertrinkst, schert es niemanden. Vielleicht wäre das nach ein paar Monaten hier anders. Wenn ich ganz in der Gruppe angekommen wäre und wüsste, wem ich vertrauen kann und wem nicht. Aber innerhalb einer Woche trage ich meine wertvollen Sachen meistens in einem Beutelchen bei mir und lasse mein Smartphone beim Laden an der einzigen Steckdose von Teepeeland – auf der Bühne – nicht unbeobachtet. Ich traue den Candykids nicht, für die Freizeit und Freiheit das Gleiche meint. Zum Glück gibt es Fernand.

Der Spreeindianer kommt vorbei und holt mich ab zu dem, was er sein »kleines Sonntagsglück« nennt: das Frühstück in der Obdachlosentagesstätte der Diakonie. Fernand ist 57 Jahre alt, kommt ursprünglich aus Luxemburg, und wenn man den drahtigen, sonnengebräunten Mann mit dem schwermütigen Blick und dem Karohemd über das Gelände schlendern sieht, dann ist er immer beschäftigt. Fegen, Flaschen einsammeln, Pflastern, die Küche bauen, mit den Behörden reden, die Couchsurferanfragen beantworten, die Nachbarn einbinden, einen essbaren Wald anpflanzen. Außerdem trägt er jeden Tag Zeitungen aus. »Du musst das Schöne in den Dingen sehen«, sagt er. »Wenn ich Zeitungen austrage, bin ich viel an der frischen Luft, ich sehe Bezirke, die ich sonst nicht sehen würde, bekomme eine Fahrkarte gestellt und spare mir das Fitnessstudio.« Und die Arbeit für das Teepeeland? »Die macht mir auch Spaß. So was wie Teepeeland gibt es ja sonst nirgends, und wir versuchen diesen offenen Ort frei zu halten. Es kommen Schulklassen und Studenten zu uns, die sich das angucken und staunen.« Für Fernand ist der Freiraum ein utopischer Ort. Wir erreichen die Diakonie und holen uns einen Teller Spiegelei mit Brötchen und Käse. Fernand lächelt. Ich gehe duschen. Als ich zurückkomme, muss ich es fragen: »Fernand, was ist für dich Freiheit?« Seine Augen gucken aus dem Fenster, er zögert ob des großen Wortes. »Wenn man Freiheit haben will, muss man die Freiheit anderer respektieren.«

»Und glaubst du, das ist so in Teepeeland?«

»Da gibt es bei vielen Nachholbedarf.«

»Manchmal habe ich vor den Menschen dort Angst.«

»Ja, es sind viele Individualisten, die bei uns zusammenkommen. Auch Problemfälle. Wir sind ständig den dummen, egoistischen, rücksichtslosen Aktionen der anderen ausgesetzt. Auch meine größte Angst ist die vor den Dummheiten der anderen, die dort nur für eine gewisse Weile leben. Unter den richtigen Teepeelandern ist das anders. Du solltest mal im Winter kommen.«

»Gibt es ein Wir-Gefühl?«

»Wenn es um Spaß geht, würde ich sagen ja. Wenn es um Arbeit geht, dann nein.«

Die letzte Nacht in Teepeeland bricht an. Der Film, der gerade auf der Kinoleinwand gezeigt wurde, ist vorbei. Die Weinflaschen sind leer, der Boden ist voller Kippenstummel. Jojo streckt noch einmal seine Hand nach meiner glimmenden Zigarette aus und verschwindet damit – in die große Dunkelheit der Zelte, der Nacht, der Zukunft. Ich sitze allein in der Mitte des Platzes und höre wieder das Quieken und Rascheln der Ratten. »Die Freiheit fühlt sich beschissener an als erwartet«, denke ich. So oft war ich genervt von den spießigen Sicherheitsfreaks mit ihren Lebensversicherungen und Aktien und To-do-Listen und Stundenplänen und

Zielvorgaben und Gewinnerwartungen, ihrem Effizienzstreben und den Aftershave-Dunstglocken. Bürotürme pfui, Palettenbars hui. Und jetzt, am anderen Ende der Skala bei den spontanen Freiheitsfreaks, bin ich mir nicht mehr sicher, wo ich hingehöre. Ob ich die Ratten des Kapitals oder die Ratten des Kanals schlimmer finde. Sie erscheinen mir beide wie die Pest.

Ich kämpfe mit den Tränen und verliere. Das hier war er also, mein Urlaub im Saint-Tropez für Zeitmillionäre. Die Uhren ticken hier anders – keine Frage –, nämlich überhaupt nicht. Die Rhythmen der Leistungsgesellschaft haben hier niemanden erfasst. Und die Imperative des Müssens gibt es hier so wenig wie Klopapier. Die Candykids driften von Moment zu Moment, in dem es irgendetwas zu ergattern gibt: einen Couchplatz in der Sonne, Aufmerksamkeit, Wurstsuppe, wenigstens eine Kippe. Tagelang schaute ich in die Gesichter – in vernarbte, pubertierende, bemalte, zerstochene, gegerbte, ausgezehrte, grinsende, dämmernde Visagen – und sah das erschreckende Zerrbild meiner selbst. Aussteigen, Absagen, Ausbrechen aus den bürgerlichen Strukturen. Sich ausliefern an die Freiheit. Glücksuchen im Moment. Waren Digger und Drifter nur Synonyme für Wenn-jeder-an-sich-denkt-ist-an-alle-gedacht? War ich die ganze Zeit auch nur auf einem narzisstischen Trip unterwegs? War Freiheit ein asozialer Zustand? Was sich in diesem finsteren Loch in mir ausbreitete, war das dunkle und starke Gefühl, dass dieser extreme Zeitwohlstand genauso egoistisch ist wie der extreme Geldwohlstand auch. Meine Suche ist an ihre Außengrenze gestoßen.

## 11 SITZEN UND SCHWITZEN

### Die heißesten Orte des Zeitwohlstands

**Ich habe mich** also tatsächlich entschlossen, mal wieder einer schweißtreibenden Arbeit nachzugehen. Für ein Magazin soll ich mich nackt machen und eine Reportage über deutsche Saunen schreiben. »Enthüllungsjournalismus, Greta«, sagte der betreuende Redakteur. Dennoch ein ziemlich gutes Arbeitsangebot für eine Arbeitsverweigerin – zumal draußen immer noch Minustemperaturen herrschten und ich in der Sauna mehr zu finden hoffte, als bleiche Leiber auf Fichtenholz. Wo, wenn nicht in den kleinen Schwitzhütten, zeigten sich völlig unverstellt die wahren Misshandlungen der Arbeitswelt? War die Sauna nicht genau deswegen seit den Dreißigerjahren des letzten Jahrhunderts in unserem Land so erfolgreich geworden, weil sie der Fluchtort und Ruhepol einer gehetzten, kalten, industrialisierten Leistungsgesellschaft wurde und ist? War sie damit nicht einer der heißesten Orte des Zeitwohlstands?

Die Reise beginnt, wo auch die deutsche Saunageschichte anfängt: in der ältesten freistehenden Sauna Deutschlands. Aus dem triefenden Grau der Großstadt fährt der Zug in die heile Bergwelt Oberbayerns. Vor dem Fenster schneebedeckte Gipfel, weidende Rinder, verstreute Holzhüttchen. Spielzeugeisenbahnidylle. Das Hotel Tannerhof nennt sich selbst ein »Versteck in den Bergen«. Zivilisationsmüde Städter stellen hier den Rollkoffer neben die Eichenbetten mit Spitzen-Bettwäsche, schalten das Handy aus und versuchen, die ihnen durch die Moderne zugefügten Beschädigungen zu kurieren: jene hyperaktive Getriebenheit, die uns nichts mehr spüren lässt. Die enge Vertaktung des Alltags, die uns von der Welt und uns selbst entfernt. Die sinnfreie Rastlosigkeit. Genau um diese Raserei zu bremsen, ist der Tannerhof einst gegründet worden. 1904 erwarb der Arzt und Anhänger der Reformbewegung, Christian von Mengershausen, ein altes Bauernanwesen im verträumten Bayrischzell. In der Abgeschiedenheit der Berge gründete er eine »Kuranstalt für physikalisch-diätische Therapie«, um die von der Industrialisierung entfremdeten Menschen wieder zurück zur Natur zu führen. So steht es auf kleinen Täfelchen, die in der Ahnengalerie im Hotelflur ausgestellt sind. Ich stelle meinen Koffer ab und wandere durch das Gehöft. Es riecht überall nach Holz: dem lebendigen Grün der Tannen, dem verarbeiteten Holz der Möbel, dem Brennholz im Kamin. Ich fühle mich wie in einem Heimatfilm, in dem urlaubende Großstädter die Luft geräuschvoll durch die Nase in die Lungen ziehen und dabei die Fäuste vor der Brust ballen vor lauter fröhlicher Zuversicht. Endlich Natur, endlich Mensch sein, endlich den Lebensreformer in sich frei lassen.

Die Lebensreform-Bewegung, das muss man vielleicht wissen, war ein buntes Panorama aus Vegetariern, Naturheilern, Wandervögeln, Propheten der freien Liebe, Utopisten und Nudisten. Ein breites Spektrum von Menschen, die nach einem alternativen, besseren Leben suchten, jenseits der tosenden Städte, in denen die Nervosität zur Volkskrankheit geworden war, wie ein Neurologe in einem Vortrag vor der Berliner Medizinischen Gesellschaft 1908 feststellte. »Tausende von erschöpften, nervenzerrütteten, überzivilisierten Menschen sind dabei, herauszufinden, dass der Weg in die

Berge ein Weg nach Hause ist«, heißt es bei dem amerikanischen Wildnispropheten John Muir. »Wildnis ist eine Notwendigkeit[,] und Bergparke und Schutzgebiete sind nicht nur Quellen von Holz und von Flusswasser, sondern Quellen des Lebens.« Um die Wende zum 20. Jahrhundert entstanden überall in Europa Wasser-, Nerven- und Naturheilstätten, um die urbane Nervosität zu bekämpfen. Sowohl Hermann Hesse als auch Max Weber checkten in solche Heilungsanstalten ein. Prominentester Gast des Tannerhofs war laut Gästebuch übrigens regelmäßig Richard von Weizsäcker. In den Gängen, Therapieräumen und im Badehaus des Tannerhofs ist das Sanatorium für Naturheilverfahren, das bis 2011 existierte, noch spürbar. »Wir wollen kein Kulissenhotel sein«, sagt Inhaberin Burgi von Mengershausen. »Wir haben eine Geschichte, und als vierte Generation führen wir die unterschiedlichen Epochen zusammen.« Die Zivilisationsleiden sind seit damals nicht weniger geworden. Früher war es die industrielle, heute ist es die digitale Revolution, die die Sehnsucht nach dem Ursprünglichen, Unverstellten nährt. Die Therapie, die Burgi von Mengershausen den Städtern verordnet, lautet heute wie damals: Bewegung, Fasten, Ordnung, Reiztherapie und Wasser, Wasser, Wasser.

Mein Tag auf der Alm beginnt um 8.35 Uhr mit einem kalten Guss im Badehaus. Ein Therapeut in roter Badehose steht schon mit einem Schlauch bereit und lässt mir Wasser von den Fußsohlen über die Waden bis über das Knie laufen. Streng nach den Ideen des bayrischen Priesters und Hydrotherapeuten Sebastian Kneipp: kalt und warm im Wechsel. »Wer keine Zeit für seine Gesundheit hat, der wird später viel Zeit für seine Krankheiten haben müssen«, soll Kneipp gesagt haben. »Zeitwohlstand ist gut fürs Immunsystem«, denke ich und beiße die Zähne zusammen, als der kalte

Wasserstrahl meinen Körper hochwandert. Die Reiztherapie setzt auf die natürlichen Reaktionen des Körpers bei wechselnden Reizen – genau wie das Saunieren. Durch die Hitze in der Sauna wird ein künstliches Fieber erzeugt. Wie beim echten Fieber werden dadurch Immunzellen aktiviert. Das kalte Wasser hinterher entspannt die Muskeln, regt den Kreislauf an, befreit die Bronchien und verbessert die Haut. Kneipp kannte die Sauna nach finnischem Vorbild jedoch noch gar nicht. Und auch auf dem Tannerhof baute erst die zweite Generation 1936 das dunkle Holzhüttchen.

Ich gehe hinein in die Urzelle der Wellness, hole mir ein blaues Saunatuch und setze mich in eine der Kabinen. Dort treffe ich Bianca aus Nürnberg. Sie hat Schweißtröpfchen auf der Nase und ein Tribal-Tattoo auf der Schulter. Wir lächeln uns an, das Kaminfeuer lodert. Wir beginnen ein kleines Gespräch. Sie erzählt, dass sie als Steuerfachangestellte bei einem amerikanischen Verschleißteilhersteller arbeitet. Bohraufsätze und so was. »Die Amis kaufen immer neue Firmen auf, aber stellen niemanden ein, der dafür die Büroarbeit übernimmt«, sagt sie. »Da muss sich was ändern. Ich kann bald nicht mehr.« Sie erzählt es wie jemand, der seine Geschichte schon oft erzählt hat und trotzdem nicht weiß, wie sie ausgeht. Ob sie gut ausgeht. »Und darum bist du jetzt hier?«, frage ich zurück. Als sie nickt, fallen die Schweißtropfen zu Boden. »Ich musste raus und einfach mal weg sein.« Bianca schwitzt den Ärger über den Verschleiß des Verschleißteilherstellers heraus. Die Tür öffnet sich, und eine weitere Frau kommt herein. Sie reibt sich heftig mit Salz ab, bis das Fleisch zartrosa schimmert. Sie sei Ärztin, sagt sie zwischen den klatschenden Schmatzgeräuschen. Hals-Nasen-Ohren. Und alleinerziehende Mutter. »Ich bin früher immer mit dem Rucksack nach Lateinamerika gereist«, sagt sie, »aber für so was hab ich gar keine

Kraft mehr. Ich bin einfach nur noch alle. Es geht gar nichts mehr.« Auch sie erzählt so tonlos, distanziert. Vielleicht, weil das alles gerade so weit weg ist. Wir gehen duschen, wickeln uns in die Handtücher und gucken schweigend auf die Berge. Solche Geschichten, solche Sätze höre ich hier oben häufiger. Ärzte, Geschäftsleute, Angestellte: Sie alle wollen runterkommen. Mal ganz bei sich sein. Im Dunkel der Saunakabine klappt das sehr gut. Aber wie lange hält so was vor?

So schön es hier oben ist zwischen den Lufthütten und den Dirndl tragenden Angestellten – es ist nur eine kurze Flucht vor der erschöpfenden Arbeitsrealität. In einem Arbeitszeit-Report der Hans-Böckler-Stiftung aus dem Jahr 2014 steht, dass die deutschen Vollzeitbeschäftigten 41,9 Stunden arbeiten. Das sind gut vier Stunden mehr als die tariflich vereinbarte Wochenarbeitszeit. Da könnte man sich jetzt empört auf die schwitzigen Schenkel schlagen und rufen:»Skandal!« Aber so einfach ist das nicht. Das Problem mit der Arbeitszeit ist ein äußerst verzwicktes und so vielgestaltig wie die Erwerbsarbeitsmodelle selbst. Es gibt einen Teil der Arbeitenden – etwa 14 Prozent der Männer und fünf Prozent der Frauen – die laut der Studie sehr viel arbeiten. Wir sprechen von 45 und mehr Stunden in der Woche. Besonders Hochqualifizierte mit Hochschulabschluss arbeiten überdurchschnittlich lange. Das müssen wohl diese High-Performer sein, die Sprinter im Hamsterrad, die sich zum Ausgleich in ein »Versteck in den Bergen« zurückziehen können, in dem die kleinste Kammer 120 Euro am Tag kostet. Andererseits arbeiten heute aber auch etwa doppelt so viele Menschen in Teilzeit wie noch vor zwanzig Jahren, vor allem Frauen. Weil das so ist, hat sich die durchschnittliche Arbeitszeit aller Arbeitenden insgesamt verringert. Zwischen 1992 und 2012 ist sie von 38,1 auf 35,5 Wochenstunden gesunken. Interessant dabei ist Folgendes: Obwohl insgesamt durchschnittlich weniger gearbeitet wird, hat sich das gesamtwirtschaftliche Arbeitsvolumen in den letzten zwanzig Jahren nicht verändert. Für meinen hitzigen arbeitsverweigernden Kopf bedeutet das doch, dass die angeblich normale 40-Stunden-Woche gar nicht gesellschaftlich als Norm angestrebt werden muss. Es reichen durchaus weniger Stunden, um die notwendige Arbeit im Land zu bewältigen. Das Problem ist nur die Verteilung.

»Fairteilen«, hat es Stephan Krull genannt. Wenn der wüsste, dass ich im Bademantel im Luxussanatorium an ihn denke! Ich habe ihn auf der »Konferenz für Solidarökonomie« kennengelernt. In einem Seminarraum an der Technischen Universität in Berlin klebte Stephan Flipchart-Papier an die Wände. Darauf stand: »Wie viel wollen wir arbeiten?« Die Workshopteilnehmer im Raum – Studenten, Rentner, Praktikanten, Altenpfleger, Apotheker, Wissenschaftler, Mütter mit ihren Kindern, Freiberufler – sagten alle eine Zahl zwischen 20 und 30. Stephan schrieb sie auf das Papier und nickte. Der 66-Jährige hat Arbeitszeit zu seinem Lebensthema gemacht. Seit den Achtzigern bei Volkswagen beschäftigt, saß er im Betriebsrat, als das Unternehmen für seine Mitarbeiter die 30-Stunden-Woche einführte. Der Deal war damals: Jeder arbeitet weniger, dafür fliegt keiner raus. Stephan erzählte, dass der Betriebsrat damals sehr skeptisch war. »Was soll ich mit mehr Zeit, wenn ich kein Geld habe?«, hätten die Kollegen vorher gefragt. Als sie dann aber erlebten, wie etwas weniger Geld und dafür deutlich mehr Zeit ihr Leben veränderten, waren sie begeistert. »Als der 6-Stunden-Tag dann 2006 wieder zurückgenommen wurde, waren die gleichen Kollegen erneut sauer«, sagte Stephan und lachte. Bei Attac leitet er heute die Arbeitsgruppe »Arbeit fairteilen« und hat ein großes Ziel: die Erfahrungen, die er bei VW gemacht hat, in der Gesellschaft wiederholen. »Wir brauchen einen neuen Standard von Vollzeitbeschäftigung«, sagt er. Statt 40 Stunden in der Woche nur noch 30 Stunden. Heißt also: gleiche Kohle, aber weniger Erwerbsarbeit. Dafür braucht er gute Argumente, wenn er sich damit gegen Manager und Unternehmensgründer durchsetzen will. Stephan holte den Stift raus und erklärte, dass wir in der Zukunft um eine Arbeitszeitverkürzung und -neuverteilung sowieso nicht drum herumkommen, das sei »transformatorisch notwendig«. Er schrieb eine 1 auf das Papier, darunter die Worte *soziale Gründe*: Es gebe in einer Gesellschaft viel Arbeit zu leisten – in der Familie, Pflege, Fürsorge zum Beispiel. Da sich soziale Konflikte in Zukunft vermutlich verschärfen werden, weil unsere Gesellschaft bunter und älter wird, muss da viel Einsatz hineinfließen. Weil damit aber kein Profit zu erwirtschaften ist, leiden jene darunter, die sich dieser Aufgaben annehmen. Sie haben weniger Zeit und weniger Geld für sich. Zwei große Lücken klaffen zwischen den klassischen Erwerbsarbeitern und den anderen Arbeitern: ein pay gap und ein time gap. Beide Lücken ließen sich reduzieren, wenn alle etwas weniger erwerbsmäßig arbeiten müssten und sich dafür fürsorgemäßig mehr engagieren könnten. Das bringt Stephan zu dem zweiten Punkt mit Kringel: Mit einer neuen kurzen Vollzeit würden mehr Menschen auf dem Arbeitsmarkt gebraucht. Es käme zu einem Ausgleich zwischen Überarbeitung und Unterforderung, zwischen Burn-out und Bore-out, die statistisch betrachtet ja auch beständig zunehmen und die Kassen belasten. Und drittens, Kringelchen, müssen wir aus ökologischen Gründen unsere Wirtschaft ganz neu strukturieren. Weniger Ressourcen verbrauchen, weniger Wegwerfartikel auf den Markt schmeißen, weniger Materiellem hinterherhecheln. Er nannte es »weniger Schrott produzieren«. Nach dem Workshop ging ich zu ihm hin, wir setzten uns an einen Tisch und guckten auf die Bürotürme von Westberlin. »Das sind doch alles sehr gute Argumente«, sagte ich. »Da müssten die Leute doch eigentlich alle sofort ›Ja‹ brüllen. Warum passiert das nicht? Warum stehen die nicht alle auf der Straße und fordern ›Mehr Zeitwohlstand für alle‹?« Stephan guckte ein bisschen verzweifelt. »Wir haben in den letzten 200 Jahren gelernt, dass sich alles in unserer Industriegesellschaft um Arbeit dreht. Es ist gerade DIE vorherrschende Ideologie, dass wir so viel wie möglich arbeiten müssen, um uns so viel wie möglich vom Leben leisten zu können.«

»Aber das geht ja nicht, das haut ja schon allein zeitlich nicht hin. Warum können wir denn nicht auch Zeit als eine Währung begreifen? Sich die mal leisten. Sie ist doch das Wertvollste, was wir haben?«, fragte ich gleichfalls verzweifelt zurück.

»Die Menschen sehen, dass jene, die bereits jetzt reduziert arbeiten, oft am Existenzminimum leben. Vor allem in Ostdeutschland gibt es eine große Angst davor, so etwas zu fordern.«

»Was kann man da tun?«

»Es ist wichtig, dass wir auf vollem Lohnausgleich beharren. Den meisten Unternehmen geht es gut, allerdings werden die Gewinne nicht gerecht aufgeteilt. Da muss man um mehr Mitbestimmung und Beteiligung an den Gewinnen kämpfen.«

»Also müssen die Gewerkschaften ran.«

»Nicht nur. Es gibt auch viele Möglichkeiten, wie man mit Gesetzen, Steuern und Versicherungen die Unternehmen zum anderen Handeln bringen könnte. Die Grünen, SPD und Linken haben Arbeitszeitverkürzung auch in ihren

Programmen drin. Da wird es in den nächsten Jahren noch viele Diskussionen geben.«

»Wie optimistisch bist du?«

»Die Kämpfe um kürzere Arbeitszeiten sind so alt wie die getaktete Industriearbeit. Es ist eine wellenförmige Bewegung: Mal hat das Thema Konjunktur, mal nicht. Im Moment sieht es gerade nicht so gut aus. Aber das kann sich ändern.«

»Warum?«

»Weil wir in den nächsten Jahren dramatische Veränderungen auf dem Arbeitsmarkt erleben werden – durch die Digitalisierung, durch Migration. Je länger wir im gegenwärtigen Zustand verharren, umso schwieriger wird es später.«

»Wie lassen sich die Menschen davon überzeugen, wieder den Kampf um weniger Arbeitszeit aufzunehmen?«

»Wir müssen zeigen, dass es nicht nur um gute Arbeit für alle geht, sondern um ein gutes Leben für alle. Das ist es doch, was sich jeder wünscht. Im Moment wird das aber eher individuell verwirklicht.«

Im Sanatorium in Bayrischzell ist das offensichtlich. Hier haben alle gearbeitet, bis sie kurz vorm Umfallen waren, dann packten sie ihre Koffer, um sich hier zu verstecken, Luft zu schnappen, Wasser über die Beine zu kippen und anschließend weiterzustrampeln. Ich frage Bianca und die Ärztin, ob sie sich vorstellen können, weniger zu arbeiten. Da lachen sie beide. »Das wäre schön«, sagt Bianca. Aber es werde ja einfach niemand eingestellt, der die anfallende Arbeit mit übernimmt. Für sie heißt es: ganz oder gar nicht.

Ich aktiviere wieder die Reformanhängerin in mir, verlasse die Saunahütte, schlappe die langen Korridore mit den Therapiezimmern entlang, vorbei am Kamin und den Holzscheit-Stapeln, dem Speiseraum mit den kargen Tischen. Am steilen Hang rings um das Hotel kleben Holzhüttchen am Hang, zottige Rinder mit Kälbern grasen, ich finde einen schlammigen Geröllpfad, der mich zu einem kleinen Felsenbad führt. Die Naturisten sind hier natürlich nackt reingesprungen, weswegen es bis heute eine kleine Klingel gibt, mit der man sich beim Aufstieg dorthin ankündigt. Das Wasser ist eiskalt. Eigentlich scheißkalt. Ich lasse meine Beine darin baumeln. Die Luft riecht wie eine Latschenkiefer-Brausetablette. Eine einsiedlerische Sehnsucht überfällt mich.

Das gute Leben meint im Tannerhof die pure Reduktion. Auf alles, was normalerweise zu Luxus-Wellness-Komfortzonen dazugehört, wird bewusst verzichtet: kein Fernseher, WLAN, Laptop – sondern lediglich ein paar Bücher und Zeitungen. Keine exotischen Gourmetspeisen – sondern Regio-Essen für alle. Keine Sprudelbecken und Aromaliegen – sondern Wasserschläuche und Tretbecken. Wahrer Luxus steckt eben nicht in noch mehr zivilisatorisch produziertem »Schrott« – wie Stephan Krull gesagt hätte, sondern im Weniger: weniger produzieren, weniger konsumieren. Das wissen diejenigen in den Niederungen des Arbeitskampfes – und diejenigen in den Höhen der Arbeitskurierung. Nur dauerhaft leben schaffen sowohl oben wie unten nur wenige.

Eine von ihnen, die es offenbar hinbekommt, ist Laura Roschewitz. Ich hatte von ihr im *Zeit-Magazin* gelesen und mir ihre Veröffentlichungen angeschaut. Die junge Frau, Jahrgang 1986, hat sich nach ihrer Ausbildung zur Industriekauffrau, ihrer Zeit als Controllerin und Studentin der Wirtschaftspsychologie, nach Studentenjobs und wilden Partynächten aus der rasanten Wirklichkeit verabschiedet und ist ausgestiegen. Lebt jetzt in einer Selbstversorgersiedlung aus den Dreißigerjahren, Reformbewegung vermutlich. Ringsum Gemüsebeete, Hühnerställe, dann Moor, dann

Wald. Ruhe. 20 Stunden in der Woche arbeitet sie als Lehrerin an einer demokratischen Schule, bekommt 1100 Euro. Das reicht ihr. Sie sagt, dass ihr das moderne Leben mittlerweile wie eine gigantische Beschäftigungsmaßnahme vorkomme. »Wie Ameisen sausen wir von A nach B, um Arbeit, Kinder, Konsum zu timen, wir sind auf Trab, um bloß nicht zur Ruhe zu kommen, sind ständig entertaint. Wenn man sich das von außen anschaut, erscheint es absurd.«

Während meine Füße im Felsenbad so allmählich blau anlaufen, gebe ich Laura Roschewitz innerlich recht: Es ist absurd. Sie hat für ihre Abschlussarbeit eine Online-Umfrage mit fast 600 Menschen zwischen 16 und 72 über Zeitdruck und Entschleunigung durchgeführt. Achtzig Prozent von ihnen empfinden im Leben Zeitdruck, mehr als fünfzig Prozent wünschen sich Entschleunigung. Das überrascht mich nicht, das Wort »Entschleunigung« begegnet mir ja nun wirklich überall. Ich aber frage mich: Was ist mit den anderen dreißig Prozent? Mit jenen, die zwar gehetzt sind, sich aber trotzdem keine Verlangsamung wünschen? Lauras Ergebnisse zeigen, dass sich Menschen, die autonom über ihre Zeit verfügen können, nicht so sehr nach Entschleunigung sehnen. Es geht also nicht unbedingt um die tatsächlich geleistete Arbeitszeit, sondern um die wahrgenommene Kontrolle über diese. Zeitmillionäre, denke ich, haben nicht mehr Zeit als andere, aber sie können darüber frei verfügen.

Nach zwei Tagen Sanatorium reise ich wieder ab, weiter durch die Schwitzbuden der Republik. Ich habe Zeit, ich habe offene Poren. Alles fließt ab. Es ist wie eine Grundreinigung vom turbulenten Alltag. Und mehr noch: In den Holzkabinen mit Ofen entdecke ich einen Mikrokosmos, in dem sich alles Menschliche unverstellt offenbart. Vor allem: die bloße Sehnsucht nach ein paar Momenten eigener Zeit. Besonders für Frauen scheint die Saunakabine geradezu ein

Fluchtort vor dem ständigen Zwang des Leistens und Funktionierens, der Frauen offenbar härter trifft als Männer.

Die Doppelbelastung aus Erwerbsarbeit und häuslichen Pflichten führt bei vielen Frauen zu Müdigkeit und Erschöpfung. Das weiß jeder Mensch, der eine Frau ist oder eine kennt. Und das belegt auch statistisch eine Studie des Wirtschafts- und Sozialwissenschaftlichen Instituts der Hans-Böckler-Stiftung. Frauen, die Vollzeit arbeiten und Kinder haben, berichteten zu 56 Prozent, solche ohne Kinder zu 53 Prozent, dass sie im Laufe von Arbeitstagen häufig erschöpft sind. Bei Männern waren es nur 44 beziehungsweise 42 Prozent. Die Forscher sagen, es liege daran, dass Frauen häufiger in Berufen arbeiten, deren Arbeitsmenge überfordert: Sozial- und Erziehungsberufe, Gesundheitsberufe, Dienstleistungen. Die Mehrheit der Mütter entscheide sich deswegen dafür, in Teilzeit zu arbeiten, obwohl das weniger Einkommen, weniger Rentenpunkte, weniger Karrierechancen bedeutet. Sie schaffen es einfach nicht anders. Die Zeitnotzange hat sie fest im Griff.

Und es sind ja nicht nur der statistisch als anstrengender erlebte Beruf, die Familie, die Hausarbeit. Es ist ein komplexes Konglomerat aus jenen äußeren Überlastungen und den inneren Ansprüchen. Arbeit allein macht nicht krank – und auch nicht gesund. Aber diese Ambition, alles perfekt hinzubekommen, brennt auf die Dauer aus. Der Psychiater und Psychotherapeut Professor Götz Mundle sagt, dass Burn-out bei Frauen etwas häufiger auftauche als bei Männern. Zumindest reden sie vermehrt über ihre Erschöpfung und suchen Hilfe. »Die Menschen haben die Verbindung zu sich selbst verloren und sind nur noch mit der Erfüllung äußerer Anforderungen beschäftigt«, sagte Mundle in einem Interview der Fachzeitschrift für Medizinerinnen XX. »Die Patienten sind gut in allem, was fachliche Kompetenz, Rationalität und Leistung betrifft. Aber sie haben den Kontakt zu ihrer Persönlichkeit verloren. Sie können nicht mehr gut ihre eigenen Bedürfnisse wahrnehmen und entsprechend ihren Lebensalltag gestalten.« Damit man nicht in eine Depression abgleitet, solle man lernen, wieder Zeit für sich selbst zu finden, sich körperlich zu spüren, abzuschalten. Eine Sauna, finde ich, eignet sich dafür perfekt.

In einem Hinterhof eines ehemals besetzten Hauses in Berlin-Kreuzberg finde ich das einzige feministische Dampfbad Deutschlands. Der linke Eingang der Schokofabrik führt zum gleichnamigen Frauenberatungszentrum, der rechte zum türkischen Hamam. Als ich klingle, öffnet eine junge Frau mit einem rot-weiß-karierten Leinentuch um die Hüften. »Termin?« Ich nicke und stehe kurze Zeit später in einer anderen Welt: rote lederbezogene Diwans, bunte Kissen, eine Etagere mit frischen Früchten. Ich gehe in einen engen Umkleideraum. In den Spinden verschwinden die Kopftücher, Hipstermäntel, Parkas der Frauen. Als wir heraustreten, sind wir alle gleich. Im Keller gibt es eine finnische Sauna, zwei Duschen, Separees für Anwendungen und das eigentliche türkische Bad. Auf einem angewärmten leuchtenden Stein, der größer ist als ein Futonbett, ruhen einige Frauen. Über ihnen spannt sich eine Kuppel. In die blau gekachelten Wände sind Nischen mit Waschbecken eingelassen, in die sich paarweise Freundinnen gesetzt haben und sich mit silbernen Schälchen gegenseitig Wasser über den Körper gießen, den Nacken massieren, Peelingmasken auftragen. Die Szenerie ist so überwältigend schön wie eine antike Malerei eines Mädchenreigens. Ich höre das Rauschen der Wasserhähne, flüsternde Gespräche, helles Lachen. Ich sehe Tätowierungen, blaue Flecke, abgeblätterten Nagellack. »In der geschützten Atmosphäre können Frauen ihre Verletzlichkeiten zeigen, ihre Sorgen offenlegen«, erzählte mir Helga Röhle, die den Hamam und das Frauenzentrum leitet. Das spürten die Frauen sofort und öffneten sich, wie sie es im Alltag nicht immer können. »Da werden andere Emotionen frei«, sagte sie. »Und wir können ihnen mit konkreten Beratungsangeboten des Frauenzentrums weiterhelfen.«

Sich mit einem Schüsselchen allein die Haare zu waschen, gestaltet sich äußerst schwierig. Ich schäume die Mähne ein, lasse den Metallnapf immer wieder volllaufen und kippe ihn über mich. So richtig entspannend ist es nicht, und der Schaum bleibt im Nacken hängen. Ich bin ja auch nicht zum Vergnügen hier, sondern zum Arbeiten. Als ich aus dem Schwall auftauche, sehe ich, wie eine ältere Frau den Rücken einer jüngeren Frau mit einem seifigen Handschuh abschrubbt. »Wenn ich gewusst hätte, wie sehr mir das Saunieren hilft, hätte ich mir einige Therapien sparen können«, sagt die Ältere. Die Jüngere nickt gedankenverloren, dann dreht sie sich um und zeigt ihrer Einschäumerin die vom Wasser eingeschrumpelten Fingerspitzen. Die Ältere sagt: »Willkommen in der Zukunft!« Dann lachen beide, und ich kippe mir wieder eine Schale über den Schopf, und die Probleme aus dem Leben der anderen gleiten hinab wie Shampoo im Haar.

Die Sauna, so begreife ich allmählich, ist mehr als eine Kabine mit einem Ofen drin. Sie ist ein Fluchtort vor der kalten harten Welt, in der nach kalten harten Rationalitätsgesetzen kaltes hartes Geld verdient werden muss. Sie ist das Gegenteil von Arbeit, der Kontrapunkt zur Beschleunigung, der Austritt aus dem Trott. Leider kostet sie – wie so viele Gegenstrategien der Überarbeitung – Geld. Und treibt damit das Hamsterrad noch mehr an: Ich arbeite, damit ich es mir leisten kann, mich davon zu erholen, arbeite ich, damit ich es mir leisten kann, mich zu erholen, arbeite ich, damit ich es mir leisten kann, mich zu erholen, arbeite ich, damit ich es mir leisten kann, mich zu erholen. Leider klappt nicht bei allen Erwerbstätigen diese Mechanik aus Spannung und Entspannung so einfach. Sie arbeiten – können sich die Regeneration aber trotzdem nicht leisten. Oder sie arbeiten nicht – dann ist es mit dem Spaß sowieso vorbei.

Zum Beispiel in Wilhelmsburg: abgeranzte Arbeitersiedlungen, dunkle Straßen, Industrieatmosphäre. Die Elbinsel galt lange als das Stiefkind der Stadt Hamburg. Sogar als Bronx des Nordens wurde sie früher bezeichnet. Obwohl Stadtplaner und Bezirkspolitiker dort mithilfe einer internationalen Bauausstellung eine neue Vision des Miteinanders schaffen wollten, ist die Sozialstruktur nach wie vor schwierig: 2015 war jeder zehnte Wilhelmsburger ohne Arbeit, jedes zweite Kind war von Hartz IV abhängig, das Durchschnittseinkommen lag weit unter dem Hamburger Schnitt. Für die 50 000 Wilhelmsburger gibt es keine einzige öffentliche Sauna. Aber eine Guerilla-Schwitzbude: die Zunderbüchse.

Mit der S-Bahn fahre ich auf die Elbinsel, steige in einen Bus bis zur Haltestelle Wilhelmsburg. Im Neonlicht von zwei Discounter-Schildern sehe ich den acht Meter langen Wohnwagen, der auf dem Hof der alten Zinnwerke steht. An der Verkleidung hängen ein Rettungsring und eine Lichterkette, innen ist genug Platz für eine kleine Saunakabine mit Holzofen, eine Umkleide, Teeküche, Sitzecke und Liegefläche. Ich ziehe mich aus und setze mich in meinem Bademantel in eine kuschelige Ecke und gucke Florian Tampe dabei zu, wie er in der Sauna den Ofen anfeuert, Teewasser aufsetzt, die Spendenbox aufstellt. Ich bin in einer Guerilla-Sauna gelandet, und er erzählt, warum der Wagen überhaupt existiert: In Wilhelmsburg gab es eine Schwimmhalle. Als sie gebaut wurde, hatten die Architekten vergessen, eine

Sauna zu integrieren. Es gab Proteste und sogar eine Bürgerinitiative. Saunieren ist, wie ich jetzt mittlerweile nachvollziehen kann, so was wie ein Arbeitnehmerrecht, für das es sich zu kämpfen lohnt. Letztlich knickten die damaligen Stadtväter ein und ließen einen kleinen Saunabereich nachträglich an die Schwimmhalle anbauen. Das sah architektonisch merkwürdig aus, war aber die einzige öffentliche Sauna für den gesamten Stadtteil. Ein Treffpunkt für Nachbarn. Ein kleiner Luxus im Alltag für die Arbeiter und Arbeitslosen, die »Stiefkinder«. Als die Schwimmhalle vor zwei Jahren abgerissen und neu gebaut wurde, wiederholte sich die Geschichte. Wieder keine Sauna. Wieder Ärger.

Inmitten des Bürgerprotests fand sich auch Florian wieder. Der Künstler hatte mit seiner Gruppe »Detox« schon vorher improvisierte Saunen im Gängeviertel und auf Festivals gebaut. »Die Sauna«, findet er, »ist ein intensiver sozialer Raum. Ähnlich wie ein Club: Für eine gewisse Zeit sind dort drin alle gleich. Nur, dass es einem am nächsten Tag deutlich besser geht.« Als er von seiner Freundin Sanne Neumuth von dem Wilhelmsburger Schwitzprotest hörte, starteten sie zusammen das Projekt »Verschwitzt« und schoben am Eröffnungstag einen Saunawagen vor den Schwimmbad-Eingang. Er sollte auf das Problem aufmerksam machen, aber auch pragmatisch das Problem angehen: Wir wollen nicht nur ein bisschen Wärme, wir wollen die ganze Sauna! Vor dem Schwimmbad konnten sie nicht stehen bleiben und suchten danach immer neue Quartiere für ihre mobile Schwitzhütte. »So lange es keine öffentliche Sauna in Wilhelmsburg gibt, wollen wir hier bleiben«, sagt Florian.

Es kommen immer mehr Nachbarn und Saunafreunde in den Wagen. Junge Mütter, ein Rentnerpaar, Kreativarbeiter, Wissenschaftler, Arbeitslose. Sie haben über Facebook oder den Buschfunk erfahren, dass heute die Hütte brennt. Im Wagen ist es noch kalt, und so huschen wir schnell in die warme Saunakabine. Ein Gast hat vor ein paar Wochen zusätzlich zu den zwei Sitzbänken noch einen Hochsitz aus Birkenästen eingebaut. Weil er mit seinem Hund lieber oben sitzt. So funktioniert die Zunderbüchse: Leute sollen sich einbringen und nicht nur konsumieren. Mit Feuerholz, Decken, Arbeitskraft. Sie sollen spenden und nicht bezahlen. »Das ist vielen Hamburgern suspekt«, sagt Florian. Es entspinnt sich eine Diskussion über das Recht auf Stadt, über Gemeinwohl und Engagement. »Diese Verwertungskultur, in der alles privatisiert wird, ist mir zuwider«, sagt einer. »Das gibt es hier auch, das siehst du hier nur nicht. Wir müssen hier auch Miete zahlen«, antwortet ein anderer. »Ja, okay, dann sehe ich es einfach mal nicht. Das ist ja auch schon mal was. Nicht die ganze Zeit entweder Produzent oder Konsument zu sein. Sondern was dazwischen.« Wir diskutieren hitzig und kühlen uns danach auf dem Parkplatz ab. Wir beruhigen uns eingehüllt in Fleecedecken, trinken Tee, werden miteinander wärmer. Als ich mich ein letztes Mal unter die Gartendusche dieser heißen selbstverwalteten Protestzelle stelle, durchfährt mich eine wohlige Welle der Aktivierung: Die Sauna ist vielleicht der Zeitwohlstandsort schlechthin. Seit fast hundert Jahren ziehen sich dorthin die Arbeitenden und Nicht-Arbeitenden zurück, um die selbst- und fremdausgebeuteten Leiber auszuruhen. Um sich nackt und unverstellt als Menschen begegnen zu können. Und, um sie selbst sein zu dürfen.

## 12 KIBBUZ UND KOMMUNE

### Wenn Arbeit die Regel ist

Wo gehobelt wird, fallen Späne. Sie verteilen sich auf dem Betonboden der Werkstatt, in den Ecken der Arbeitsflächen, in den Ritzen der Maschinen. Wie ein silberner Teppich sieht das aus. Aber für solche Poesie bleibt jetzt keine Zeit. Ich habe zu tun. Mit einem Handfeger versuche ich, die Metallspäne auf ein Kehrblech zu bugsieren, aber sie sind voller Schmieröl und verkleben den ganzen Besen, bis sich in dessen Borsten ein kratziger Klumpen bildet. »Hast du noch nicht so oft gemacht, oder?«, fragt Marek Thymark mit einem überlegenen Lächeln im schmalen Gesicht. Ich murmele in einer dunklen Ecke etwas über Schreiberhände und Wasn-das-hier-schon-wieder-fürn-Teil und fluche und schrubbe weiter. »Du musst das nicht machen«, sagt Marek. Er lehnt im Türrahmen, die Hände in den Taschen der Arbeitshose. »Doch, doch. Wenn ich schon mal in einer Arbeitskommune bin, dann will ich auch mitmachen.« Marek zuckt mit den Schultern und guckt lieber nicht mehr hin.

Ich bin in die Kommune Niederkaufungen eingezogen, in der es im Grunde allen Menschen so geht wie mir auf dem Werkstattboden: Niemand zwingt einen anderen dazu, harte Arbeit zu verrichten, und trotzdem tun es alle. Es gibt hier keinen Lohn, der ausgezahlt wird, und keinen Chef, der einen befördern könnte. Alle Arbeit wird freiwillig verrichtet und dient hier der Gemeinschaft. Niederkaufungen ist ein linkes Wohn-, Lebens- und Arbeitsprojekt, das bereits seit 1986 existiert. Etwa 60 Erwachsene und 17 Kinder leben solidarisch, ökologisch, konsensorientiert zusammen. Sie nennen sich selbst eine »intentionale Gemeinschaft«. Eine ihrer Absichten ist es, sich vom egoistischen Gelderwerbs-Druck zu befreien. Die Mitglieder arbeiten in den kommuneneigenen Betrieben oder außerhalb und zahlen ihren Lohn in eine Gemeinschaftskasse ein. Aus einer »goldenen Schublade« können sie sich kleinere Beträge entnehmen, wenn sie Bares brauchen. Für den Rest sorgt die Kommune. Die Mitglieder bringen ein, was sie haben: Ersparnisse, Energie und Arbeitskraft. Jeder könne bei Letzterem entscheiden, was am meisten seinen Neigungen und Interessen entspreche. Manche arbeiten in der Schlosserei, andere in der Kita, in der Bio-Landwirtschaft, beim Käsemachen oder der Pflege von Demenzkranken. Marek hat eine eigene kleine Werkstatt auf dem Gelände, in der er erfindet und bastelt und baut.

Ich habe Marek vor einigen Jahren auf einer Messe für »Maker« kennengelernt. Das sind Nerds, Tüftler, Programmierer, DIY-Anhänger, die mit Technik wichtige Fragen der Menschheit zu lösen gedenken. Marek saß damals hinter seinem Stand und warf Plastikbecher in eine kleine Maschine, die aussah wie eine Mischung aus einer Kaffeemühle und einem Drucker. Stählerne Zahnräder griffen ineinander und zerrissen den Becher in kleine Schnipsel. Die Schnipsel konnten dann in sein anderes Gerät eingestreut werden, das sie aufschmolz und zu einem Recyclingkunststoff verarbeitete. *FilaMaker* stand auf den Maschinen, die Marek baute und deren Baupläne er bis heute ins Internet stellt. Jeder könne sich mit den richtigen Werkteilen einen Schredder oder einen Extruder selbst zusammenbauen, um mit dem Filament im 3D-Drucker neue Produkte zu erschaffen. Plastikrecycling für alle!»Ich mache das nicht, um Geld zu verdienen. Ich frage die Leute, was sie dafür bezahlen wollen«, sagte er mir damals auf der Messe. Ich war fasziniert: Eine Weltidee – und dann will er dafür kein Geld? Er habe in Niederkaufungen keine Existenzängste und könne sich deswegen kreativ frei entfalten. Er wolle, dass seine Ideen die Welt verbessern – er selbst habe ja schon den größten Luxus:»Ich stehe jeden Tag auf, wann ich will, gehe in meine Werkstatt, kann an meinen Ideen arbeiten – und anständig leben. Wer kann so was schon von sich sagen?«

Um ehrlich zu sein: ich. Seit ich mein Grundeinkommen vom Verlag habe, stehe ich morgens auf, überlege mir, wen ich zum Thema Zeitwohlstand treffen könnte, tauche ein in die Welt meiner Gesprächspartner, lerne, tausche, teile – und kann davon auch noch leben. Das ist ein äußerst beglückender Zustand. Während ich am Anfang meines Zeitwohlstandsjahres noch am liebsten faul auf meiner Bank im Café rumsaß oder die Zustände von Langeweile und Muße ausforschte, packte mich zunehmend die Lust zu arbeiten. Das ist einer der Gründe, warum ich nun also die schmierigen Metallspäne von Mareks Werkstattboden auffege. Der andere: Ich fragte mich, ob diese Form des freiwilligen Tätigseins auch gesellschaftlich funktionieren könnte. Was würde passieren, wenn das alle machten? Ich schrieb Marek, ob ich in die Kommune kommen dürfe, um zu erfahren, ob sie ein Ort des Zeitwohlstands sei. Er lud mich für ein paar Tage zum Hoffest ein und schloss mit den Worten:»Aber Zeit ist das Einzige, was ich nicht habe.«

Am Morgen um zehn Uhr läutet die Kirchturmglocke von Niederkaufungen. Als ich die Augen öffne, sehe ich die Rattanmöbel, die Kunstdrucke an den Wänden, den funktionalen Charme des Tagungshauses, in dem die Gäste der Kommune untergebracht werden. Vor meinem Fenster regnet es in Strömen, trotzdem bauen die Kommunarden zwischen den ordentlichen Fachwerkhäusern und gepflegten Wiesen die Info- und Essensstände für das Hoffest auf. Es wimmelt schon ganz ordentlich da unten. Marek ist noch nicht in seiner Werkstatt, darum gucke ich mich selbst ein bisschen um, sehe einen Holzspielplatz der Kindertagesstätte, den Fuhrpark mit den Gemeinschaftsautos und Fahrrädern, ein Zirkuszelt, einen Hühnerstall. Schließlich lande ich in der »Roten Rübe«, dem Bioladen, in dem Fleisch, Käse, Joghurt, Marmelade, Gemüse und Obst verkauft werden, die die Kommune und andere befreundete Höfe selbst erzeugen. Hinter dem Verkaufstresen steht Hans, ein weißhaariger freundlicher Mann mit eckiger Brille, Karohemd und Treckingsandaletten. Er sagt, er sei seit zehn Jahren in Niederkaufungen. Vorher habe er als Krankenpfleger in Berlin gearbeitet, aber er wollte nicht mehr in einem Pflegesystem arbeiten, in dem sechs Menschen in einer Stunde »abgearbeitet« werden müssten. Er entdeckte eine Stellenanzeige in einer Zeitung für die kommunenbetriebene Demenzpflege, bewarb sich – und zog ein. »Die Arbeit hat hier eine andere Qualität«, sagt er. »Sie ist selbstbestimmt.« Es nehme sehr viel Druck raus, wenn man Arbeit ohne Lohn denken dürfe. »Aber natürlich denken wir auch ökonomisch und wollen, dass die gemeinsame Kasse kein Loch hat.« Leider klappt das im Moment nicht so gut. Fast jedes Haushaltsjahr endet im Minus. Während Hans die Milchflaschen von einem Kunden zurücknimmt, einen kurzen Schwatz mit ihm hält und einen Gruß an dessen Familie ausrichtet, frage ich ihn, warum er denn jetzt hier im Laden stehe und nicht mehr in der Pflege arbeite. »Die Demenzpflege ist ein harter Job. Und selbst wenn wir hier in der Kommune den Anspruch haben, nur 30 Stunden zu arbeiten, neigt man dazu, dann doch 40 oder mehr zu arbeiten, um den eigenen Ansprüchen gerecht zu werden.«

»Kann man das artikulieren, wenn es einem zu viel wird?«, frage ich.

»Ja, jeder Arbeitsbereich gibt regelmäßig einen Arbeitsbericht im Plenum ab, in dem auch gefragt wird, wie viel Stress man habe. Wenn es einem zu viel wird, dann wird Hilfe organisiert.«

»Aber du wolltest gar nicht mehr in der Pflege arbeiten?«

»Ich habe schon vorher – draußen – als ambulanter Pfleger gearbeitet, war Autoschrauber und hab mal mit einem Stand auf dem Wochenmarkt gestanden. Ich hatte oft mehrere kleine Jobs gleichzeitig. Dadurch sind meine Rentenansprüche jetzt auch so niedrig.«

»Bist du Rentner?«

»Ja, aber das ist das Schöne hier in der Kommune: Du bist mit 67 nicht überflüssig. Ich bringe jetzt hier mehr ein als je zuvor. Das bringt mir zwar persönlich nichts, aber es gefällt mir: niemandem lästig zu sein, sondern immer noch arbeiten zu dürfen. Es ist die beste Möglichkeit, Teil der Gemeinschaft zu werden, zu sein und zu bleiben.«

Als ich in den Gemeinschaftsraum gehe, ist das Gemeinschaftsfrühstück schon vorbei. Thermoskannen, Gläser mit selbstgemachten Pasten und frischgebackenes Brot stehen aber noch auf den Tischen. Es sieht mit den nüchternen Sitzmöbeln und den Bordeaux-Orange-Gelb-Tönen und der Bücherecke ein bisschen wie in einem soziokulturellen Zentrum aus. Über einer Tür hängen vier Uhren: Kommune-Zeit, Mess-Zeit, Retro-Zeit, Jetzt-Zeit. Ich verstehe die Zeitrechnung nicht, außer die Kommune-Uhr: Sie ist ein paar Minuten vorgestellt. Marek ist immer noch nicht wach, und ich gucke mich um. Die Kommunarden an den Tischen haben ernste Gesichter, einige lesen die taz, andere konzentrieren sich auf das Kauen oder unterhalten sich leise. Es herrscht

Handyverbot in diesem Raum, hat mir Marek vorher eingeschärft.»Wenn du hier ans Telefon gehst, bekommst du richtig böse Blicke.« Es hängen überhaupt sehr viele ermahnende Zettel, Listen und Regeln auf dem Hof: Belegpläne für die Gemeinschafts-Elektro-Autos, Verhaltensregeln in der gemeinsamen Kleiderkammer, Spüldienst-Listen. Auf mich als Gast wirkt das etwas einschüchternd, aber die Kommunarden haben jede einzelne Regel nach dem Konsensprinzip eingeführt, das heißt: Sie haben so lange miteinander diskutiert, bis alle damit leben konnten. Ich setze mich zu einigen betagteren Frühstückern an den Tisch, die Kommunen-Ältesten, wie ich später erfahre.

Ich stelle mich vor, erkläre, warum ich hier bin.»Zeitwohlstand?«, fragt ein Herr mit Halbglatze, der sich gerade einen Hirseball reinschiebt.»Dazu können wir hier nicht viel sagen. Hier gibt es für alle immer gut zu tun: Erwerbsarbeit, Hausarbeit, Erziehungsarbeit, Gartenarbeit, politische Arbeit, Kommunenarbeit.« Es sei schwierig, hier überhaupt irgendwo eine Überwindung von Arbeit ausfindig zu machen.»Aber dafür kann sich hier jeder seinen Neigungen entsprechend frei entfalten«, erwidere ich. Eine Frau klinkt sich ein.»Na ja, es muss schon für die Gemeinschaft sinnvoll sein«, sagt sie.»Bevor jemand in Niederkaufungen aufgenommen wird, prüfen wir sehr genau, ob derjenige oder diejenige zu uns passt.« Er oder sie müsse mehrere Seminare besuchen, drei»Kümmerer« finden, die ihn oder sie ins Kommunenleben einführen, der Anwärter müsse sich den Wohngemeinschaften vorstellen, dann die gesamte Gruppe von sich überzeugen – denn die entscheide im Konsens, ob er oder sie aufgenommen werde. Ob es passe oder nicht, hänge einerseits davon ab, ob der Anwärter denselben»Stallgeruch« habe, andererseits aber auch davon, was er oder sie einbringen könne.»Künstler haben es hier zum Beispiel sehr schwer«, sagt die Frau. »Es gab mal eine, die wollte hier eine Töpferwerkstatt aufmachen,« – sie lacht laut los und verdreht die Augen – »das hat sie ganz schnell aufgegeben, weil sie eingesehen hat, dass sie so nichts finanziell zum Projekt beitragen konnte.« Ich gucke mich um und denke: keine selbstverwirklichungsgetriebenen Freigeister hier, sondern solide Gärtner, Köche, Schlosser, Pflegekräfte, Lehrer, Handwerker. Dann weist mich meine Frühstücksgruppe darauf hin, mich doch am besten auch gleich zum Spüldienst anzumelden. »Arbeit ist hier die beste Möglichkeit, im Kollektiv anzudocken«, sagen sie. Das hat mir ja auch Hans schon erzählt, muss also was dran sein, und so trotte ich in die Großküche. Geschirrspülen ist in allen Kommunen, die ich in meinem Leben kennengelernt habe, die unbeliebteste Arbeit. Während ich die heißen Tassen aus dem Geschirrspüler abtrockne, muss ich an meine Zeit im Kibbuz in der israelischen Wüste denken. Da stand ich auch jeden Morgen mit Gummihandschuhen in der Spülküche. Vieles in Niederkaufungen erinnert mich daran, aber irgendetwas ist anders.

Herr F. und ich waren mit den Rucksäcken unterwegs durch den Nahen Osten. Wir hatten uns gerade durch die jordanische Wüste geschlagen und waren ziemlich fertig. Herr F. hatte einen langen Bart bekommen und trug ein Taschentuch auf dem Kopf, ich hatte eine Fleischwunde am Bein mit einer Plastiktüte verbunden. Wir sehnten uns nach Wochen des Vagabundenlebens nach einem geschützten Ort, an dem wir nicht jeden Tag darum kämpfen mussten, die einfachsten Bedürfnisse zu befriedigen. Wir wollten ein festes Bett, feste Mahlzeiten und eine feste Tagesstruktur. Am liebsten in einer geschlossenen Gemeinschaft. Samar, so hatte man uns erzählt, sei einer der wenigen verbliebenen sozialistischen Kibbuze im Süden Israels. Er war 1976 von einer Gruppe junger jüdischer Siedler gegründet worden, die sich nach einem unabhängigen Leben gesehnt hatten. Als uns der Bus absetzte, standen wir im staubigen Wüstenwind des Arava-Tals. Rings um uns nur Sand, Dattelpalmenplantagen und Stille. Die Sonne brannte auf Herrn F.s Taschentuch und meine Haare. Ein Pick-up hielt neben uns, und eine rauchige Stimme einer schönen Landarbeiterin mit dunklen Locken fragte uns, ob wir noch ganz bei Trost seien.»Wir wollen nach Samar«, sagten wir, und die Landarbeiterin lachte.»Da kann man doch nicht einfach reinspazieren«, sagte sie.»Das ist keine Touristenattraktion, sondern das Zuhause von 50 Familien.« Dann bedeutete sie uns, auf die Ladefläche zu springen.

Agar, wie die schöne Landarbeiterin hieß, war im Kibbuz geboren worden und zeigte uns die Oase: Wir durchfuhren ein Tor, und mitten im Wüstenland eröffneten sich plötzlich perfekt gestutzte Rasenflächen. Blumen und Palmen wuchsen in den endlosen Himmel. Die Häuser waren kugelrunde oder quadratische Bungalows. Es sah aus wie eine Mischung aus einem Golfclub und Schlumpfhausen. Wir zogen in ein kleines Häuschen im»Getto« (was als Vokabel aus jüdischem Mund irgendwie irritierend klingt), in dem die ausländischen Freiwilligen lebten. Agar führte uns zur Bibliothek und zum Pool, zeigte uns die Kleiderkammer und den Kühlraum. Als Herr F. und ich in der nebligen Kühle vor den vollbepackten Regalen mit frischen Melonen, Erdbeeren, Avocados standen und Agar sagte, wir könnten uns jederzeit nehmen, was wir brauchten, sanken wir fast zusammen und fragten uns, womit wir so viel Glück eigentlich verdienten.

Ein paar Stunden später wussten wir es: mit einfacher, harter Arbeit. Gemüseschnippeln ab morgens um sechs, regelmäßiges Küchenjacuzzi beim Töpfeduschen. Im Verlauf unseres Aufenthaltes durften wir auch zu den anderen Arbeitsbereichen des Kibbuz dazustoßen. Fast fünfzig Prozent der Einnahmen generiert Samar über den Anbau von Biodatteln. Das hat einen einfachen Grund, wie uns ein Arbeiter erklärte: Man versuche nicht, in dem kargen Wüstenland eine autarke Gemüseproduktion anzustreben, weil das unendlich viele Ressourcen verschlinge: Wasser, Dünger, Zeit. Dattelpalmen gehörten dagegen in die hiesige Landschaft, bräuchten kaum Pflege. Darum müssten nur einmal im Jahr alle zum Ernteeinsatz – den Rest des Jahres hätten sie frei. Agar lud uns auf ihre gewaltige Landarbeiterinnen-Maschine, und während sie unten Knöpfe drückte, fuhren wir mit dem Hebekran hoch bis in die Palmenspitzen und sammelten Dattelproben ein. Wir probierten uns auch im Kuhstall, aber die hochtechnisierte Massentierhaltung war nichts für uns, genau so wenig wie die Solarenergieerzeugung und die Softwareentwicklung.

Der Kibbuz Samar schafft es fast jedes Jahr, ein ausgeglichenes Konto vorzuweisen, manchmal sogar mit Gewinn. Er ist damit eines der letzten jüdischen Kollektive, die das Prinzip aufrechterhalten haben, dass alles Geld gemeinsam verdient und entsprechend den Bedürfnissen jedes einzelnen Mitglieds ausgegeben wird. Jeder Kibbuznik ist gleichermaßen berechtigt – egal was oder wie viel er arbeitet. Ab spätestens um eins nachmittags endet alle Erwerbsarbeit in Samar. Es wird dann einfach zu heiß. Die anfallenden Haus- und Geländearbeiten werden unter den etwa 250 Mitgliedern aufgeteilt. »Durch das Teilen sparen wir einerseits materielle Ressourcen, andererseits haben wir mehr Zeit für unsere eigenen Interessen«, sagte Agar. Eltern spielten mit ihren Kindern, Männer bauten an den Schlumpfhäusern weiter, manche schrieben Bücher, machten Musik, meditierten im Ashram, schwammen im Pool, kifften im Palmenschatten oder hielten einfach Siesta. Die Menschen erschienen uns sehr entspannt und gelassen. Wenn wir nachts auf einer Couch unter dem Sternenzelt saßen, fühlten wir uns – obschon fest in das Kollektiv integriert – so frei wie selten. »Wir sind nicht alle gleich«, erklärten uns die Samaristen. »Wir haben alle unterschiedliche Fähigkeiten und Interessen. Anders als in anderen Kibbuzimen sind uns die Zusammengehörigkeit des Kollektivs und die Autonomie des Individuums gleichermaßen wichtig.« Man versuche, möglichst wenig Regeln festzusetzen. Jeder entscheide selbst – für sich und die Gemeinschaft. Manche nannten Samar deswegen einen Ort organisierter Anarchie.

Zurück in Deutschland hatte ich mich oft gefragt, warum mir Samar als so reich, bunt und beglückend in Erinnerung geblieben ist. Lag es an der vielen Sonne, dem Pool, den Häuschen? Da war ich durchaus schon dekadenter untergekommen. Lag es an den freien Nachmittagen im Schatten der Palmen? Da hatte ich schon deutlich fauler an Stränden rumgelegen. Lag es an der konkreten körperlichen Arbeit? Davon hatte ich auch schon intensivere Episoden erlebt. Oder war es das Gefühl, ganz selbstverständlich aufgenommen zu werden in diese utopische Blase und trotzdem sein Ding machen zu dürfen? Es muss die wohlaustarierte Balance aus alldem gewesen sein, weshalb ich mich nach den zwei Wochen dort nicht nur wegen meines geheilten Beins wie ein heiler Mensch gefühlt hatte. Seitdem suchte ich auch in unserem Breitengrad nach diesem Gefühl. War Samar wirklich nur eine Ausnahmeerscheinung, oder konnte es ein Samar für alle geben?

In der Gemeinwohl-Ökonomie des österreichischen Attac-Gründers Christian Felber entdeckte ich das erste Mal ein Konzept dazu, wie das gesellschaftliche Zusammenleben nicht nur im kleinen Kommunen-Maßstab, sondern auf gesellschaftlicher Ebene neu organisiert werden könnte.

Felbers Wirtschaftsmodell beruht auf einem fundamental neuen Gedanken: Individuen und Privatpersonen handeln nicht in Konkurrenz miteinander und streben die jeweils größtmöglichen Profite an, sondern haben alle das Ziel maximalen Gemeinwohls. »Denn«, schreibt Felber, »nach aktuellen wissenschaftlichen Erkenntnissen sind gelingende Beziehungen das, was Menschen am glücklichsten macht und am stärksten motiviert.« Wer sozial verantwortlich, ökologisch, demokratisch und solidarisch agiert, wird in Felbers Modell auch steuerlich belohnt. In zwanzig konkreten Vorschlägen fasst er zusammen, was genau politisch, aber auch wirtschaftlich verändert werden muss, damit sich eine solche neue Wirtschaftsordnung herausbilden kann. Interessanterweise bezieht auch er das Thema Zeitwohlstand mit ein: Die Erwerbsarbeitszeit müsse auf 30 bis 33 Wochenstunden reduziert werden, damit neben der Erwerbsarbeit Zeit für sich selbst (Persönlichkeitsentwicklung, Kunst, Garten, Muße) und andere (Beziehungs- und Betreuungsarbeit für Kinder, Kranke und Senioren, politische Arbeit und Gemeinwesenarbeit) bleibt. Also so ähnlich wie in der Kommune.

Es ist gut, dass es solche Konzepte wie jenes der Gemeinwohl-Ökonomie mit konkreten politischen Forderungen gibt. Trotzdem frage ich mich, warum die bereits heute schon vorhandene Zeitsouveränität nicht gemeinwohlorientierter eingesetzt wird. Der postmoderne Mensch besitzt ja längst eine gewisse Verfügungsgewalt über seine Zeit. In den letzten 300 Jahren sind die Wahlmöglichkeiten jedes einzelnen Menschen, wie er leben und arbeiten möchte, immer liberaler geworden. Er muss nicht mehr den Hof des Vaters übernehmen. Er muss selten Familientraditionen fortführen. Er darf sich frei Ausbildung und Studium widmen. Er kann sich in gewissem Maße auch sein Arbeitsformat wählen: freiberuflich oder festangestellt. Und selbst innerhalb dessen gibt es mittlerweile immer mehr Vertrauensarbeitszeit, Gleit-zeit, Home-Office – trotzdem schaffen es selbst innerhalb dieser zeitlich gelockerten Arbeitsformen nur wenige, souve-rän und sinnerfüllt für sich und vor allem das Gemeinwohl zu arbeiten. Studien zeigen, dass gerade jene, die frei über ihre Arbeitszeit verfügen können, zur größten Selbstausbeu-tung neigen und sich dem Druck des Mehr, Besser und Wei-ter aussetzen. Auch in der Kommune habe ich das bemerkt. Eine Bewohnerin von Niederkaufungen erzählte mir, dass man auch dort nicht frei sei von dem Denken, besser sein zu wollen als die anderen. Sie sagte: »Jeder von uns hofft, das Loch im Gemeinschaftshaushalt zu stopfen, erfolgreicher zu sein als der Rest und als alleiniger Held der Arbeit gefeiert zu werden.« Nicht immer geht es also darum, sich tatsäch-lich gegen harte Konkurrenz durchzusetzen, vielmehr trägt der moderne Mensch den Konkurrenzgedanken in sich. Er will besser, erfolgreicher, produktiver sein. Sich selbst zu be-schränken – sowohl im Produzieren als auch im Konsumie-ren – ist eine schwierige Sache. Der Wirtschaftswissenschaft-ler Uwe Schneidewind, Präsident des Wuppertal Instituts für Klima, Umwelt und Energie sowie Mitglied des Club of Rome und im Übrigen hochsympathisch, erwähnte während eines Kamingesprächs über Zeitwohlstand, dass der Mensch eine gewisse »Selbststeuerungsfunktion« ausbilden müsse, wenn er moralisch handeln wolle. Damit meinte er, dass es der einzelne Mensch schaffen muss, sich selbst zu morali-schem, ökologischem oder eben gemeinschaftsorientiertem Handeln zu motivieren – auch wenn er dadurch nicht un-mittelbar belohnt wird. Ich fragte ihn, wie das denn gelingen könne, dieses Sich-selbst-Steuern, und er antwortete mit dem schönen Satz: »Es ist ein großes Glück, in sich Humanität spüren zu dürfen.« Nicht der Kopf motiviert zum dauerhaft ethischen Handeln, sondern das Herz.

In der Kommune Niederkaufungen gehen die Vorbereitungen für das Hoffest weiter. Ich schreibe mich in die Tischdienst-Liste für den Abend ein und mache einen Rundgang über das Gelände. Es regnet immer noch, weswegen ich mir in der Kleiderkammer einen dicken Anorak ausleihe. Marek steht mittlerweile wieder in seiner Werkstatt. Auf einer Fräse liegen PC-Mäuse aus Holz, die er selbst designt hat. Er stellt die *FilaMaker* auf die Werkbank und klebt den Ehrenwimpel von der »Maker Faire Rome 2014« daran. Zwischendrin hängt eine Weltkarte mit Stecknadeln in jenen Orten, in die er die Schredder und Extruder verkauft hat. Die Nadeln stecken in allen Kontinenten. Man merkt, wie stolz Marek auf sein Ingenieurswerk ist. »Ich möchte etwas für die Welt machen. Wenn ich sterbe, soll etwas von mir bleiben.« Anders als in den anderen Kommune-Gewerken steht er allein in seiner Bude, und ich frage ihn, wieso der Raum so hermetisch zur benachbarten Schlosserei abgeriegelt ist. Marek guckt mich ernst an und erzählt, dass er dort vorher gearbeitet, sich aber mit einem Kollegen heftig gestritten habe. »Wir sind zur Mediation gegangen, es wurde ewig darüber in unterschiedlichen Konstellationen diskutiert. Ich wollte, dass der Konflikt entschieden wird – dass mal jemand ein Machtwort spricht und sagt: Du hast recht und du nicht. Aber das gibt es hier nicht. Hier wird so lange weitergelabert, bis einer psychisch fertig ist oder aus der Kommune geht.« Bei Marek wallt immer mehr Ärger auf. »In so einem Prozess ist viel in mir kaputtgegangen: das Vertrauen in diese Familie und die Offenheit, sich zu begegnen. Ich habe jetzt eine regelrechte Allergie gegen Diskussionen und halte mich aus dem ganzen Kommunenkram und der Kümmerei vollkommen raus. Da bin ich aber nicht der Einzige.«

In die Werkstatt kommt ein älterer Herr. Er schleicht

zwischen den Geräten hin und her. Man merkt, dass er mehr will als nur gucken. Schließlich rückt er damit heraus: Er bewerbe sich schon seit einigen Jahren darum, in die Kommune aufgenommen zu werden. Sein Leben lang habe er mit einer eigenen Firma Industriedienstleistungen verkauft. Als sie bankrottging, stand er vor dem Nichts. Nicht nur in monetärer Hinsicht. Er bemerkte auch, dass da ja gar keine Familie und keine Freunde waren. »Ich will mein Leben ändern und bin jetzt bereit für eine Kommune«, sagt er. »Aber mit Ü50 bin ich wohl kein wertvoller Neuzugang mehr. So ohne Geld und ohne Rentenansprüche. Dabei könnte ich hier meine Erfahrungen so gut einbringen und du« – er zeigt mit einem revolverhaften Fingerzeig auf Marek – »bist mein Lieblingsprojekt. Das hat so viel Potenzial – du müsstest es nur richtig vermarkten.« Ich lese in Mareks Gesicht seine Abscheu: Einem Open-Source-Anhänger die Vermarktung vorzuschlagen ist wohl genauso schlimm wie einen Kommunegenervten zur Kümmerei überreden zu wollen. Marek antwortet nichts und zerschreddert ein Lineal.

Ich lasse die beiden allein. Auf dem Gelände sammeln sich immer mehr Leute, die sich die Käseproduktion angucken oder der Apfelsortenbestimmung beiwohnen. Ich hole mir eine Waffel und überlege, was in Niederkaufungen anders ist als im Kibbuz. Hier wird doch auch so viel richtig gemacht: Bio-Essen, Bio-Wärme, Elektroautos, Open-Source, Solidarwirtschaft, Gemeinschaftsökonomie, Herrschaftsfreiheit. Die Menschen arbeiten selbstbestimmt und sinnerfüllt – für das Wohl der Gemeinschaft und sich selbst. Es gibt sogar zwischen Niederkaufungen und den anderen Kommunen in der Gegend eine Zeittauschbörse für Arbeitseinsätze, bei denen man sich gegenseitig unterstützt. Man kümmert sich mit Hingabe um Kinder und Kranke. Man tauscht, teilt und kommuniziert. Alles ist sauber und ordentlich und intakt. Sogar die Hasen und Katzen haben einen »Tierruhebereich«. Es scheint, als sei an alles gedacht. Für jedes Problem gibt es eine Lösung. Und vielleicht ist es ja sogar das, überlege ich: Das Experiment Kommune ist keines mehr. Innerhalb der letzten 30 Jahre der Verstetigung sind die Gestaltungsspielräume für den Einzelnen klein geworden. »Einfach reinspringen und mitmachen«, wurde mir am Ältesten-Tisch geraten. »Und den Fluss nicht stören.« Die Kommune ist erwachsen: gefestigt in ihren Werten, ruhig in ihrem Temperament, beflissen in ihrem Alltag. Langweilig, eigentlich.

Am Abend – es hat bereits wieder mehrfach geregnet – gehe ich zum Weinausschank, wo Hans steht (»Ich mach's halt gern«), der mir einen ausgibt. Dann hole ich Marek aus seiner Werkstatt, und wir hocken uns ans Lagerfeuer. Er fragt mich, ob es mir hier gefalle, und ich gucke in die lodernden Flammen. »Na ja«, sage ich, »mir ist es hier ein bisschen zu spießig. Und dir?«, frage ich zurück. »Was ich in der Kommune gelernt habe, ist, dass Kommune nicht einfach ist. Sie gibt einem viel – aber sie frisst einen auch als Person auf.«

»Wirst du hierbleiben?«, frage ich.

»Mein Traum ist es, in einem Entwicklungsland eine Kommune zu gründen, die ohne Geld auskommt. Ich möchte so gern etwas mit Menschen in Afrika aufbauen, die noch nicht so westlich verdorben sind.«

»Und wird diese Kommune so funktionieren wie Niederkaufungen?«

»Geschlossene Kreisläufe sind wichtig. Sie soll von Geld unabhängig sein. Hier in Niederkaufungen wird ja schon vieles richtig gemacht. Aber in meiner Kommune werde ich nicht bis zum Letzten darauf bestehen, dass alle zu allem etwas sagen dürfen. Kein Konsens, keine Kümmerei. Menschen brauchen Freiräume, damit sie glücklich sind. Das habe ich hier gelernt.«

Als es dunkel ist, gehe ich über die Wiese mit der Tierruhezone. Es soll ein »Critical Mass Karaoke« geben: Alle singen zusammen Karaoke-Lieder. Dort sammeln sich die Kinder der Kommune. Manche wohnen hier noch, bis sie die Schule fertig haben, die Großen sind schon ausgezogen. Sie haben nicht so einen biederen Altlinken-Style, sondern riechen nach Stadt, Aufbruch, Weite. »Wer hier geboren ist, will meistens erst mal raus«, erzählen sie mir. Ob sie irgendwann zurückkommen, ist ungewiss. Auf dem Beamer flackern die Liedtexte von Rammstein, Pharrell Williams und den Toten Hosen auf. Dazwischen aber auch die Internationale und Guantanamera. Ringsherum regnet es, die Kommunenkinder grölen in die Nacht hinein. Ich wünsche mir von Rio Reiser »Der Traum ist aus«. Die Feuerzeuge gehen an. Wir singen: »Ich hab geträumt, der Winter wär vorbei, du warst hier, und wir war'n frei, und die Morgensonne schien. Es gab keine Angst und nichts zu verlier'n. Es war Friede bei den Menschen und unter den Tieren. Das war das Paradies. Der Traum ist aus! Der Traum ist aus! Aber ich werde alles geben, dass er Wirklichkeit wird.« Ich suche Marek mit den Augen. Er steht schon wieder in seiner Werkstatt.

## 13 RUNTERFAHREN

Geschäftsreisen der anderen Art

»Das ist einfach nur dumm«, sagt Herr F., schüttelt den Kopf und schiebt die Glastür zum Abteil auf. »Man fährt keine 13 Stunden mit dem Nachtzug zu einem Geschäftstermin. Du musst dort performen, Greta! Du musst die fucking Keynote halten!« Ich bedeute ihm weiterzulaufen, Sitz 78, Fenster. Der Waggon ist innen komplett mit mattbeigem Plastik ausgekleidet. Metallnetze halten die Habseligkeiten der Mitreisenden über den Schalensesseln zusammen. Die Rollos an den Fenstern sind heruntergezogen, die meisten Passagiere schlafen bereits. Wir steigen über Koffer, die im Gang stehen, und Beine, die aus den Sitzreihen heraushängen. Es riecht nach Füßen, Bier und Schlafatem. »Lass uns wenigstens den Schaffner nach einer freien Schlafkabine fragen«, beschwört er mich weiter.

»Hab kein Geld dabei«, antworte ich.

»Waaaas? Sag das noch mal!«

Ich: »Ich brauche kein Geld.«

Herr F.: »Natürlich brauchst du das. Du fährst in die Schweiz!«

Ich: »Erstens bin ich da doch eingeladen. Zweitens ist es ein Suffizienzkongress – es geht also um genügsames Leben. Und drittens habe ich ja eine Währung.«

Herr F.: »Zeit, oder was?«

Er stöhnt hörbar entnervt. Wir erreichen Platz 78. Das Fenster ist leider eine Fenstersäule. Eine quallenförmige

Gestalt mit zerknittertem Kurzarmhemd und zerknittertem Gesicht hat sich bereits in Schlummerposition begeben. Auf seiner mollusken Bauchfalte balanciert eine Tüte Zwiebelringe. Er wälzt sich aufwendig zur Seite, damit ich durchrutschen kann. »Ich bezahle dir auch ein Schlafwagenticket. Bitte, Greta!« Es ertönt eine Pfeife. Herr F. rennt zurück zur Tür, springt auf den Bahnsteig, der Zug fährt an. Ich bin jetzt auf Geschäftsreise.

Es ist eine von 175 Millionen in Deutschland. So oft verreisen etwa zehn Millionen Deutsche im Jahr aus Arbeitsgründen, hat der Verband Deutsches Reisemanagement 2014 gezählt. Ob Qualle auch dazugehört, kann ich ihn nicht mehr fragen. Er schnarcht bereits, als hätte er irgendwo im Plastikzug Holz gefunden. Die Zwiebelringe tanzen auf der Bauchfalte. Es riecht nach Pups. Ich will nicht meinen Nachbarn verdächtigen, weil: Wie viel Pech kann man haben? Ich lese in meiner Lieblings-Ethnologie-Zeitschrift *WirtschaftsWoche* passenderweise einen Artikel über den »Albtraum Geschäftsreise«. Darin steht, dass 45 Prozent der Geschäftsreisenden über Hektik und strapazierte Nerven klagen. »Reisen sind selten ein Vergnügen und oft ziemlich anstrengend«, wird ein vielfliegender Unternehmensberater aus Düsseldorf zitiert. »Am meisten nerven mich Flughäfen und das Stop-and-go am Check-in.« Der Gipfel aller Stresssituationen ist für hochbeschleunigte Geschäftsreisende also offenbar das Langsamsein: Verspätungen, Wartezeiten, Staus. Da geht der Blutdruck hoch und die Halsschlagader schwillt an. Eine Übersichtsstudie der britischen Universität Surrey und der schwedischen Linnaeus-Universität Kalmar belegt: Wer ständig hochbeschleunigt unterwegs ist, altert schneller, erkrankt häufiger an Depressionen und verdoppelt sein Risiko für Schlaganfälle und Herzinfarkte.

Sich weniger schnell seinem Arbeitsziel nähern zu wollen scheint mir persönlich im Moment allerdings auch nicht gerade der psychischen und physischen Gesundheit zuträglich. Mein Vordermann kippt seine beige Sitzlehne in die Schlafposition, was bedeutet, dass ich wie ein Salatblatt zwischen zwei Polstern eingeklemmt und völlig bewegungsunfähig bin. Ich kann nicht mehr lesen, aber auch noch nicht schlafen. »Einfach nur dumm« hatte Herr F. das entschleunigte Geschäftsreisen genannt, und es ist schwer, in dieser Sitzlähmung etwas anderes zu behaupten. Wut und Verzweiflung steigen auf. Warum fliege ich nicht? In weniger als einer Stunde wäre ich am Ziel gewesen. Ich beiße meine Zähne fest aufeinander, um dem Vordermann nicht die *WiWo* über den Kopf zu ziehen, die Plastikverkleidungen kreischend von den Wänden zu reißen oder zumindest einen von Qualles Zwiebelringen zu klauen. »Du musst jetzt ganz ruhig bleiben«, sage ich zu mir selbst. »Durchatmen, durchhalten!« Beides fällt schwer.

Vielleicht liegt es an den tanzenden Knabbereien vor meinen Augen, dass ich in dieser desolaten Situation an das Marshmallow-Experiment denken muss. Es ist ziemlich bekannt geworden, weil es als Test für Willensstärke gilt, und geht so: In Überwachungszimmern werden Kinder vor ein verführerisches Marshmallow gesetzt. Ihnen wird gesagt, dass sie die Süßigkeit entweder sofort essen können oder warten dürfen, bis der Versuchsleiter zurückkommt – dann bekämen sie die doppelte Portion. In Langzeitstudien wurde dann gezeigt, dass jene Kinder, die der Versuchung widerstanden und das Marshmallow liegen gelassen hatten, später im Schnitt bessere Schulnoten und höhere Bildungsabschlüsse erreichten und besser mit Stress umgehen konnten. Daraus wurde dann meistens geschlussfolgert, dass es gut ist, sich auf ein Ziel zu konzentrieren – egal, wie entbehrungsreich der Prozess erscheint. Menschen, die das schaffen, sind erfolgreich. Das Ziel ist das Ziel.

Interessanterweise hat der amerikanische Entwicklungspsychologe Walter Mischel, der dieses Experiment zuerst durchführte, aber noch eine andere Beobachtung gemacht, die dieser Perspektive widerspricht: Jene Kinder, die das Marshmallow liegen ließen, waren nicht unbedingt auf die doppelte Belohnung fokussiert. Im Gegenteil: Sie lenkten sich zur richtigen Zeit ab, pfiffen ein Lied oder inspizierten die Süßigkeit. Nicht Fokussierung auf das Ziel, sondern Ablenkung zur richtigen Zeit sei das Erfolgsrezept zum Durchhalten und also für Willensstärke, erklärte Mischel. Das fand ich interessant: Selbst wenn der Prozess also ein quälender ist, muss man nicht unbedingt zum zielorientierten Typus Mensch werden, der nach Belohnung giert. Das Spiel mit dem Marshmellow kann auch schon einen süßen Lohn in sich tragen. Die Zeit des Prozesses selbst gestalten – darum geht es.

Leider befinde ich mich im Nachtzug in einer körperlichen Zwangslage, die an das Locked-in-Syndrom erinnert: komplett gelähmt, aber geistig voll bewegungsfähig. Das beschränkt die Ablenkungsmöglichkeiten enorm, macht sie aber nicht unmöglich. Ich beginne, das Abteil mit den Augen zu erforschen. Die schlafenden Gestalten zu mustern, ihre gelösten Gesichter zu studieren, die Bierflaschensammlung durchzuzählen. Viel ist es nicht, was ich aufsammeln kann. Der Kopf beginnt, daraus Erbauungs-Limericks zu basteln. So was wie: »Es saufen die Menschen in Zügen, als ob sie es sonst nicht vertrügen./Sie sparen $CO_2$ und sind hacke dabei!/Wer könnte sie dafür schon rügen?« oder »Wir waren gerade bei Halle, da erwachte plötzlich die Qualle/blinzelte kurz, ließ einen Furz/Und lallte: Einer für alle!« Alles, was in Reichweite meiner Sensoren ist, wird zum Reimrohstoff. Ich lache mehr, als ich leide. Als wir Basel erreichen, schieben alle ihre Rollos hoch, die Morgensonne gießt goldenes Licht in den Zug. Mein Sitznachbar wacht auf und gibt endlich den Weg zum Gang frei. Ich mache ein paar Streckübungen, rauche auf dem Klo eine Zigarette, ziehe die Lippen knallrot nach. Der Trip war extrem, aber immerhin eine Erfahrung. Vielleicht, so überlege ich, kann Zeit nur dann eine Währung sein, wenn man es schafft, in ihr immer irgendetwas Wertvolles zu erkennen – und wenn es ein paar lachhafte Reime im aabba-Format sind. Der Weg ist das Ziel. Qualle hält mir versöhnlich die Tüte mit den Zwiebelringen hin. Ich nehme mir zwei.

Auf dem Bahnsteig in Basel SBB herrscht an einem Donnerstag um sieben Uhr morgens große Geschäftigkeit. Desodorierte Ströme von mittelständischen Pendlern quellen aus den Zugtüren. Sie fließen gleichmäßig hektisch durch die Halle, ergießen sich über die Treppe ins Freie und zerstreuen sich wie verschüttetes Quecksilber in ihre Arbeitsstätten. Bahnhöfe sind ein logistischer Umschlagplatz für Humankapital.

Es gibt in dem amerikanischen Sozialdrama »In Zeiten des Aufruhrs« eine Szene, in der der Held der Geschichte, Frank Wheeler, zum ersten Mal aus seinem Einfamilienhäuschen in der Vorstadt zu seinem Arbeitsplatz in der Stadt fährt. Er trägt den gleichen Hut, die Zeitung unter dem Arm, die Aktentasche in der Hand, das gelangweilte Gesicht wie all die anderen um ihn herum. Wortlos stehen, sitzen, laufen die Büropendler ihrer Tagesaufgabe entgegen. Frank war mal ein hochbegabter Elitestudent, gutaussehend, scharfzüngig, arrogant. Seine Professoren und Studienkollegen erwarteten eine ungewöhnliche Karriere. Er selbst sah sich als freigeistigen Bohemien, einen existentialistischen Jean-Paul-Sartre-Typ, der sich über den amerikanischen Konformismus in den Vorstädten ironisch mokieren kann, weil er sich ihm nicht zugehörig fühlt. Selbst wenn er formal Teil davon ist. Am Bahnsteig glaubt er noch, dass er anders sei als die Männer um ihn herum. Er hat Großes mit sich und seinem Leben vor. Bücher schreiben, in Paris leben, frei sein. Er müsse sich nur noch kurz sortieren, dann aber gehe es wirklich los. Bis dahin begibt er sich in den »denkbar ödesten Job«, der ihn langweilt und unterfordert. Er hofft, dass er damit den gefährlich bequemen Zustand der Zufriedenheit vermeiden kann, der ihn eventuell von seinen großen Plänen abbringen könnte. Im Hinterkopf bleibt scheinbar unerschütterlich der Wunsch, irgendwann selbst sein Leben zu gestalten. Seine Frau wird schwanger, sie richten sich ein in ihrem geräumigen Häuschen in der »Revolutionary Road« eines Vororts, in dem die beiden zwar anfangs als exzentrische Städter gelten, mit dem zweiten Kind und den doch gar nicht so verkehrten Nachbarn und tristen Affären passen sie sich jedoch Stück für Stück ein in ein kleines schales Leben zwischen sinnloser Pflicht und häuslicher Routine.

Während ich in den Strom der Geschäftstreibenden gerate, vermischt sich die von mir wahrgenommene Situation mit der Fiktion eines Amerikas der Sechzigerjahre. Ich frage mich, wie viele von den Menschen um mich herum noch eine andere Version von sich selbst im Hinterkopf haben. Ob unter den Jacken da unerfüllte Lebensträume stecken, während die Zeit vergeht? Ob ihre Arbeit sie glücklich macht?

In der Vermächtnisstudie des Wissenschaftszentrums Berlin für Sozialforschung wurde etwas Ähnliches abgefragt: »Wie sehr gilt für Sie, dass Sie einer Beschäftigung nachgehen oder nachgegangen sind, die Sie auch wirklich machen wollen oder wollten?« Drei Viertel aller Befragten stimmten dem weitgehend zu. Es scheint also nur wenige Frank Wheelers in unserem Land zu geben. 55 Prozent der Befragten würden jener beruflichen Tätigkeit sogar dann weiter nachgehen, wenn sie das aus finanziellen Gründen gar nicht mehr müssten. »Nur in wenigen Ländern sagen so viele Menschen, dass sie auch arbeiten würden, wenn sie das Geld nicht benötigten«, kommentierte die Studienleiterin Jutta Allmendinger die Ergebnisse. Diese wurden so interpretiert, dass Deutschland das perfekte Land für ein bedingungsloses Grundeinkommen sein könnte, weil die Arbeitsmoral durch dessen Einführung nicht sinken würde. Manchmal klicke ich mich auf der Webseite von *Mein Grundeinkommen* – Michas digitalem Grundeinkommens-Glücksspiel – durch die Profile der Teilnehmenden. Da verraten die Mitspieler – Menschen jedweden Alters und sozialen Hintergrunds –, was sie mit 1000 Euro monatlich machen würden. Erstaunlicherweise sagen die meisten tatsächlich: weiterarbeiten. Allerdings: weniger viel und weniger schnell. Viele wollen »mehr Ruhe«, »in Teilzeit arbeiten«, »mehr Zeit für meine Kinder«, »ein entspannteres Leben«. Was heute in den Revolutionary Roads unseres Landes geträumt wird, ist also nicht der Traum vom anderen Leben, sondern vom langsameren Leben. Im Bahnhofsgehetze wird mir klar, was sie meinen. Ich denke, man kann gerade auf Geschäftsreisen das Entschleunigen üben.

Ich beschließe, zu Fuß zu gehen. Es ist trocken und mild. Es sind noch viele Stunden Zeit, bis der Kongress beginnt, also folge ich den Straßenbahnschienen, die ins Zentrum führen. Von der Einkaufsstraße führen steile Treppen in engen Gassen zum Rheinufer, dazwischen liegen ebene Plätze, sonnenbeschienene Uferpromenaden. Alles ist ordentlich und beschildert. Man fasst sofort Tritt in der Schweizer Ordnung und Präzision. Nichts treibt mich. Ich mustere unbeteiligt die Schaufenster der unvermeidlichen Großtextilketten, daneben reihen sich kleine Manufakturen und pittoreske Cafés. Ich habe bislang tatsächlich kein Geld abgehoben, was mich der unmittelbaren Möglichkeit des Shoppens enthebt. Angesichts der vielen Verlockungen vielleicht gar keine so schlechte Entscheidung: Das Geld und die Zeit schenke ich mir, nicht den Produkten.

Ich bitte zwei Damen um Feuer, die an einem winzigen Konditoreitisch sitzen. Sie sehen sich ähnlich, was entweder auf eine Verwandtschaft oder eine langjährige Freundschaft hindeutet. Dürre Hände mit dicken Klunkern halten die Zigaretten wie zerbrechliche Halme. Wenn die Damen sie in die Mitte ihrer zartrosa schimmernden Lippen führen, laufen alle Falten und Furchen des Gesichts auf diesen glimmenden Punkt zu. Sie bedeuten mir, mich zu setzen. »Im Laufen raucht es sich nicht recht«, sagt die eine. Die Damen sind in Plauderlaune. Ich lobe ihre exzentrischen Hüte. »Ach, die haben wir schon so lange. Wir mögen qualitativ hochwertige Dinge, die lange halten. Für gute Dinge braucht man Zeit. Sie anzufertigen, aber auch sie zu benutzen«, sagt die andere. Ich frage, ob ich in der Schweiz etwas über Entschleunigung und Zeitwohlstand lernen kann. Sie wackeln mit den faltigen Köpfen und überlegen. »Ich habe von einem Schweizer Uhrenhersteller gehört, dessen Uhren nur einen Stundenzeiger haben. Er hat gesagt, dass man im Leben nicht die flüchtigen Minuten zählen soll, sondern die glücklichen Stunden genießen. Die Uhren sehen ganz hübsch aus. Meinen Sie das?« Jetzt wackele ich mit dem Kopf. »Na ja, dass man sich erst eine neue Luxusuhr kaufen muss, um glückliche Stunden zu zählen, finde ich komisch. Ich bin gerade auf dem Weg zu einem Öko-Kongress. Da überlegen Aktivisten und Professoren aus aller Welt, wie ein Leben mit weniger materiellem Überfluss aussehen könnte.

Das meint dann wohl nicht: mit einem Zeiger weniger auf einer Luxusuhr.« Die Damen gucken schockiert. »Leben im Weniger? Warum das denn?« Sie schütteln den Kopf. Ein humpelnder Sinto kommt an den Tisch und bietet Rosen an. Die Damen kaufen drei, geben mir eine und sagen: »Wer hat, soll auch geben. Aber Haben muss schon sein.«

Nach unserer Verabschiedung gehe ich mit der Rose in der Hand in Richtung des Theaterhauses. Dort soll der Kongress für Nachhaltigkeit »eco.Naturkongress« stattfinden, der die Fragen diskutieren will: »Wie viel ist genug? Was braucht es für ein gutes Leben? Kann ein konsumreduzierter Lebensstil die Umweltprobleme unserer Zeit lösen?« Vor dem Theater stehen Zelte und Stände mit nachhaltig produziertem Käse, veganem Wein, fair gehandelter Schokolade. In der Empfangshalle ist ein gewaltiges Buffet aufgebaut für den späteren Apéro. Happen müssen sein. Gepflegte Menschen mit Anzug oder Kostüm und leuchtenden Teilnehmerbändern um den Hals stehen in Schlangen am Check-in. Ich bin aufgeregt – einerseits, weil ich gleich auf die Bühne muss, andererseits, weil Serge Latouche da ist, der große französische Vordenker der Postwachstumsbewegung. Was wird er dem Satz meiner Damentischgesellschaft entgegensetzen: Haben muss sein?

Latouche gehört zu einer Gruppe von hauptsächlich französischen Intellektuellen, die sich in den letzten Jahrzehnten dafür ausgesprochen hat, die Maßlosigkeit des Westens zu stoppen. Das eigennutzorientierte Denken und das Festhalten an wirtschaftlichem Wachstum sei für fast alle sozialen und ökologischen Probleme verantwortlich: Klimawandel, Ressourcenknappheit, Artensterben, Bürgerkriege, Flüchtlingsbewegungen, Terrorismus. Das Mantra des »Mehr« müsse dringend durchbrochen werden. In seinen Schriften plädiert Latouche dafür, eine neue positive

Vision des Guten Lebens zu entwickeln, die nicht vom Glauben an ewiges Wachstum abhängt. Ich habe mir zur Vorbereitung *Das konvivialistische Manifest* durchgelesen, in dem Latouche zusammen mit anderen Wissenschaftlern eine andere Werteordnung der Gesellschaft fordert. Das Wort konvivial klingt in deutschen Ohren kompliziert, dabei meint es etwas sehr Einfaches: Zusammenleben. Latouche glaubt, dass es darauf ankomme, dieses Zusammenleben nicht mehr nur ausschließlich von wirtschaftlichen Gütern und Dynamiken bestimmen zu lassen, sondern vielmehr von sozialen. Leben ist ja schließlich mehr als gemeinsam zu produzieren und zu konsumieren. Der Begriff konvivial tauchte bereits im frühen 19. Jahrhundert beim französischen Gastronomen und Philosophen Jean Anthelme Brillat-Savarin auf. Dort beschreibt er die Freude des Beisammenseins, an der guten und freundschaftlichen Kommunikation im Rahmen einer Tischgesellschaft. Wer sich zum Essen verabredet, tut das meistens nicht des Essens wegen, sondern der gemeinschaftlich verbrachten Zeit. Es ist wie bei meinen zwei Damen – es braucht für einen Kaffeeklatsch nicht unbedingt den Kaffee, sondern die Menschen, die ihn trinken. Und ein bisschen Zeit.

Latouche ist 1940 geboren, er geht etwas wacklig auf einen Stock gestützt zum Rednerpult, hat einen feinen Seidenschal um den Hals und die grauen Haare in die Stirn gekämmt. Etwas kurzatmig stellt er seine Thesen vor, »sie sind radikal«, wie er sagt, »weil sie an die Wurzel gehen«. Mit dünner Stimme fordert er nicht weniger als eine Gesellschaft des einfachen Wohlstands – jenseits der Steigerungslogik. Es gehe um Selbstbegrenzung, darum, den Kreislauf der permanenten Kreation von immer mehr prinzipiell unbegrenzten Bedürfnissen zu durchbrechen. Dieses Maßhalten ließe sich aber nicht einfach so einführen in unsere jetzigen Gesellschaftsstrukturen und Kulturen. Eine von Wachstum abhängige Gesellschaft könne sich die Rücknahme von Wachstum nur als Katastrophe vorstellen. Sie müsse zuerst von den Gesellschaftsmitgliedern als erstrebenswert erkannt werden. Dem *Degrowth* muss also ein Kulturwandel vorausgehen – hin zu einer Gesellschaft, die weniger arbeitet, weniger produziert, weniger erwirtschaftet – und die das als Reichtum erkennt.

Nach meinem eigenen Vortrag würde ich gern mit Serge Latouche eine kleine Stehtischgesellschaft im Theaterfoyer formieren. Er ist ja schließlich so etwas wie der Urvater aller Zeitmillionäre. Seine Thesen waren einer der Ausgangspunkte für die deutsche Transformationsdebatte, in der seit den Achtzigerjahren auch über Zeit als neuem Wohlstandsfaktor diskutiert wurde. Ich will mit ihm darüber sprechen, ob ihm das Zeit-Haben auch als ein denkbarer Gegenentwurf zum Zeug-Haben erscheint. Aber er ist schon weitergezogen. Ich frage mich, wie sie jetzt weitergeht, meine Geschäftsreise. Die wichtigsten Vorträge sind vorbei und mein Vorbild über alle Berge. Ich erinnere mich an meine morgendliche Erkenntnis im Nachtzug: Der Weg ist das Ziel. Und so lasse ich mich hineinfallen in die Schweizer Ökowelt.

Theoretisch wäre ein Vortrag ja auch per Videoübertragung denkbar gewesen. Dass Menschen trotzdem zu solchen Konferenzen erscheinen – zum Vortragen oder zum Zuhören – hat einen anderen Grund. 90 Prozent aller Fach- und Führungskräfte halten Geschäftsreisen vor allem für die Kontaktpflege für unersetzlich, ermittelte das Hamburger Institut für Management- und Wirtschaftsforschung. Vertrauen, Verbindung – das funktioniert persönlich immer noch am besten. Bei jeder Messe, jedem Kongress und jeder Veranstaltung, die ich in meinem Leben besucht habe, waren es immer die persönlichen Begegnungen zwischendrin, in den Pausen, am Abend, die am Ende wirklich wertvoll waren. Tischgesellschaften eben. Und auch hier – inmitten von Aktivisten für eine alternative Wirtschaftsweise – trifft das zu. Ich lerne an einem der Stehtische die Vorkämpferin des »Zero Waste«, Bea Johnson, kennen, die keine Mülltonnen mehr zu Hause hat und mir erklärt, wie das funktioniert. Ich treffe Rob Hopkins, den Begründer der Transition-Bewegung, der mir erklärt, warum wir kleine resiliente Gemeinschaften gründen sollten. Und ich lerne die Jugendgruppe der Schweizer Slow-Food-Bewegung kennen, die mir erzählt, dass sie nicht mehr der dekadente Fressclub sein wollen, in dem es hauptsächlich ums Futtern teurer Lebensmittel geht – sondern ein Ort des Bewusstwerdens. Wie gehen wir mit Lebensmitteln, mit Menschen, mit Zeit um. Ich überlege: Sind das die Menschen, die Konvivialität bereits leben? Die neuen Tischgesellschaften? »Komm doch nach Zürich, dann erklären wir, was wir darunter verstehen.«

Ich lasse mich also mitreißen zum Mitreisen. Businesstrip nach Zürich, das klingt wie ein Klischee. Wie bei den Verabredungen mit anderen Zeitmillionären auch, ist es dann aber, einmal angekommen, doch gar nicht so einfach, spontan jemanden aus der Slow-Food-Gruppe mit unverplanter Zeit zu finden. Es sind viele junge Frauen in der Szene, die Kinder, Beruf und ihr Ehrenamt sehr präzise in ihren Stundenplan der täglichen Verpflichtungen einzupassen versuchen. Je mehr man sich für Entschleunigung und Gutes Leben einsetzt, umso stressiger wird es. Das Logo von Slow Food ist eine Weinbergschnecke – besonders langsam sind die Engagierten aber offenbar nicht unterwegs. Die Copräsidentin von Slow Food Schweiz sagt, sie hat Zeit für einen »guten Kaffee«. Anna Hofmann sitzt um Punkt elf Uhr mit buntem Blumenschal im Fenster der »Sport Bar«, einem

Laden mit rohen Betonwänden, Goldpaneelen und eklektischem Vintage-Mobiliar. Die Idee des Slow Food muss man heute kaum jemandem mehr erklären. Übersetzt heißt es zwar langsames Essen, tatsächlich ist der Begriff aber eine geschützte Marke der gleichnamigen Organisation, gegründet von dem Italiener Carlo Petrini im Jahr 1986.»Buono, pulito e giusto« müsse Essen sein – gut, sauber und fair. Der Legende nach wollte er zusammen mit einer Gruppe von Aktivisten und Journalisten gegen die erste McDonald's-Filiale in Rom demonstrieren. Bis heute ist daraus eine mächtige weltweite Bewegung mit knapp 80 000 Mitgliedern in etwa 150 Ländern entstanden. Jeder Mensch habe ein Recht auf Genuss. Dafür brauche es ökologische, regionale, sinnliche und ästhetische Qualität. Und Qualität brauche Zeit. Das sind die Leitlinien des Slow Food, für die die Organisation mit Messen, Aktionen, Lobbyismus, Publikationen und so weiter wirbt.»In dem Schweizer Ableger von Slow Food ging es aber hauptsächlich darum, teure Sachen zu essen«, sagt Anna.»Wir als Jugendgruppe wollten wieder stärker aktivistisch arbeiten und Lebensmittelproduzenten mit -konsumenten zusammenbringen.« Man wandert zusammen im Tafeljura, schüttelt Zwetschgen von den Bäumen, sitzt gemeinsam in der Sonne und entkernt die Früchte, bis die Finger klebrig sind, lernt zu dörren und Früchtebrot zu backen. Nascht, diskutiert, ist dabei. Man schnippelt Lebensmittelreste mit Livemusik in große Suppentöpfe und nennt das»Disco Soup«. Oder man lädt zum Eat-in, wo jeder etwas zu essen mitbringt und die Schüsseln, Platten, Pfannen an die anderen Foodies weiterreicht und damit den öffentlichen Raum schlemmend besetzt.»Das kostet nicht viel, aber es bringt Menschen zusammen«, sagt Anna. Die Lebensmittel stehen zwar im Zentrum, aber als das, was sie sind: Mittel zum Leben.

Für die 34-Jährige sind Lebensmittel schon immer der Lebensmittelpunkt gewesen. Ihre Großeltern betrieben eine Gärtnerei, bei den Eltern wurde Gemüse angebaut. Sie bekam das Gärtnern, Ernten, Verarbeiten, Resteverwerten, die Tischkultur als Selbstverständlichkeit mit. In ihrer Kommunikationsagentur übernimmt sie hauptsächlich Aufträge, die mit Essen zu tun haben. Nebenher leitet sie die NGO Cuisine sans Frontières, die in Krisengebieten Gemeinschaftsküchen aufbaut.

»Das klingt alles fantastisch – Tischgesellschaften für alle – aber nicht gerade entschleunigend für dich, oder?«, frage ich und rühre meditativ in der Kaffeetasse. Anna wird ernst. Ein empfindlicher Punkt. »Das stimmt. Es gab Zeiten, wo die vielen Projekte im Job und im Ehrenamt den Gedanken des Slow torpediert haben. Das war eine übergroße Kraftanstrengung, dazwischen hin und her zu schalten.« Hat sie das überwunden? »Ich musste den Gedanken ablegen, alles immer sofort machen zu wollen, und habe mich im Neinsagen geübt«, erklärt sie. Lieber weniger, dafür gut – das hat sie vom Slow-Food-Prinzip in ihr Arbeitsleben übernommen. Heute hat sie alle kommerziellen Medienmandate abgegeben, schreibt nur noch für Restaurants und Lebensmittelprojekte. Das bedeutet weniger Geld, weniger Karriere, weniger Status. Stattdessen konzentriert sie sich auf ihre Engagements im Non-Profit-Bereich. »Meine ehemaligen Kollegen streben teure Häuser oder Autos an. Ihr Glück liegt im Eigentum. Das ist etwas sehr Schweizerisches. Aber mir widerstrebt es, für Ideen zu werben, hinter denen ich nicht stehe. Ich brauche kein Boot auf dem Zürisee, um glücklich zu sein. Aber eine Gemeinschaft an einer gut gedeckten Tafel.« Sie ist eine echte Konvivialistin. Sein muss sein.

Nachdem Anna und ich uns von unserem Kaffeetisch erhoben und verabschiedet haben, trete ich hinaus auf die

Straße. Mir ist ganz leicht zumute. Meine alternative Geschäftsreise geht zu Ende – und obwohl ich nur zweieinhalb Tage unterwegs war, hat es sich nach einer intensiven Entdeckungstour angefühlt. Weil ich keine konkreten Erwartungen und kein festes Ziel hatte, öffnete sich die Welt mit ihren Merkwürdigkeiten und Möglichkeiten. Ich habe nachts Leiden in Lachen verwandelt und tagsüber Fragen des Haben-Müssens mit Sein-Wollen beantwortet bekommen. Ich habe eine Qualle, zwei Damen und viele unerwartete, konviviale Pioniere getroffen. Es war keine dumme Idee gewesen, sich auf die Langsamkeit einzulassen. Es war eine Inspiration.

Auf der gegenüberliegenden Seite entdecke ich ein schwarz angestrichenes Haus mit wehenden Transparenten und Graffiti an der Fassade. Ein Spruch steht zwischen comichaften Figuren: *Alles muss bekämpft werden, was Menschen klein und ohnmächtig hält. Alles, was Menschen erzählt, sie seien dumm, hässlich, wertlos und selber schuld an ihrem Schicksal.* Ich überlege: Wer erzählt uns das eigentlich? Gibt es wirklich noch den knechtenden Ausbeuter, dem man einen Molotowcocktail in den Palast werfen kann? Der Gegner sitzt doch auch in uns selbst. Es ist der Glaube, immer nützlich, effektiv und schnell sein zu müssen. Das Dogma ständig steigerbarer Produktivität und Konsumtion. Wir können den Pfad der Tempo-Tugend verlassen. Aber wir brauchen dafür keinen Kampf, sondern etwas anderes. Ich krame in meiner Tasche und finde mein alternatives Kampfmittel für alternative Geschäftsreisen in einer alternativen Vision von Welt. Ich habe eine Idee.

## 14 DRIFTEN GEHEN

Ankommen in der Lebendigkeit

**Ich habe das** Schicksal in der Hand. Es sieht ganz unspektakulär aus und ist auch nicht besonders schwer: ein weißer Würfel mit schwarzen Punkten. Um ein Uhr mittags befinde ich mich irgendwo in Zürich. Gerade war ich noch einen entspannten Kaffee mit einer Zeitpionierin trinken, jetzt stehe ich allein neben den Mülltonnen eines besetzten Hauses – über mir wehen Protestplakate, neben mir rauscht der Verkehr – und überlege, was ich mit mir, der Zeit und dieser Stadt anfangen könnte. Ich habe noch einige Stunden, bis mein Nachtzug nach Hause zurückfährt, und ansonsten überhaupt nichts, kein Geld, keine Freunde, vor allem aber: nichts vor. Der Würfel soll mein Reiseleiter ins Unbekannte sein. Ich werde alle Entscheidungen und Routenplanungen diesem kleinen Ding überlassen, beschließe ich und schreibe auf einen Zettel: *ungerade Zahl: nein, gerade Zahl: ja.* Damit kann ich schon mal die gröbsten Fragen beantworten. Jetzt brauche ich nur noch eine sinnvolle Zahlenbelegung für die Routenführung. Das ist nicht so einfach, ich habe das noch nie gemacht – eine andere Macht über meine Wege entscheiden lassen. Ich schreibe: *1 = Frage den nächsten Menschen nach der Richtung, 2 = Suche einen unkommerziellen Verweilort, 3 = Gehe in die andere Richtung weiter, 4 = Überquere die Straße, 5 = Folge dem nächsten Hinweisschild, 6 = Joker.*

Gerade will ich loslegen, da steht eine junge Frau mit bunter Hose und Knuddelfrisur neben mir. Sie fragt, ob ich auch zu der Sitzung im besetzten Haus wolle. Ich würfele auf dem Deckel der Mülltonnen. Es erscheint eine Zwei. Ich sage: Ja. Sie guckt etwas befremdet und fängt an zu reden, über die Aktion, die sie planen, hier im Haus. Das sei ja schon eine ziemlich krasse Nummer, Mann, das müsse richtig krachen, mal schauen, wie viele da jetzt so kommen würden zu dem geheimen Treffen, aber dass jetzt niemand die Tür aufmache, komischkomisch. Mindestens so komisch wie jemand, der vor jeder Antwort würfelt. Ich sage, dass ich ein antikapitalistisches Experiment mache, und sie nickt ganz verständnisvoll. Machen wir ja alle. Da kommt eine Zweite dazu mit großem Leberfleck auf der Nase, auf den ich immer gucken muss, obwohl ich gar nicht will, und fragt mich ebenfalls, ob ich zu dem Treffen will. Ich würfele wieder. Eine Vier. Mir wird ein bisschen mulmig zumute, was Knuddel und Leberfleck wohl vorhaben könnten. Der Ehrlichkeit halber sage ich, dass ich keine Ahnung habe, worum es bei ihnen geht und mich der Würfel hierhergebracht habe. Knuddel lacht, die Leberfleckfrau fragt skeptisch, ob ich eine Spionin sei. Ich sehe ja ganz nett aus (habe ja schließlich auch eine Knuddelfrisur und viele Leberflecke). Sie habe da aber so eine Paranoia entwickelt im Verlaufe der Aktion. Sie traue keinem mehr und mir mit dem Würfel auf dem Mülleimer schon gar nicht. Ich würfele wieder – eine Fünf – und entscheide mich, das jetzt als Routenplaner zu benutzen, suche das nächste Hinweisschild, finde ein Zeichen, das sagt »Karaoke 4U 200 Meter« und verabschiede mich.

Während ich die Straße in Richtung Karaoke-Bar entlanglaufe, denke ich: »Mannmannmann, das geht ja gleich ab mit dem Würfel! Sogar für geheimbündlerische Systemkritiker zu hart.« Dabei hatte ich mir das »Dérive« doch von Systemkritikern abgeguckt! Vor einiger Zeit war ich auf diese Methode des Umherschweifens gestoßen, bei der ein oder mehrere Personen für eine gewisse Zeit bewusst darauf verzichten, den allgemeinen, vorgeprägten oder habitualisierten Wegen durch eine Stadt zu folgen, und sich stattdessen ganz dem Zufall hingeben. Anders als beim Flanieren folgt der Drifter – so würde ich den Dérive-Anhänger mal übersetzen – nicht seiner intuitiven Neigung und schlendert lustvoll durch das Gelände. Er lässt sich auch nicht von Stadtkarten, Sehenswürdigkeiten, TripAdvisor-Bewertungen, reizvollen Fassaden, Menschenansammlungen oder Grünflächen reizen, sondern erforscht strikt den spielerischen Anweisungen folgend seine Umgebung. Vereinfacht gesagt: Man irrt ziellos durch die Straßen – und beobachtet dabei, was das Außen mit dem Innen macht. Was passiert, wenn ich die vorhersehbaren Pfade verlasse?

Dérive ist eine Technik der Situationistischen Internationalen, einer linksradikal orientierten Gruppe von europäischen Künstlern, Architekten und Intellektuellen der Fünfziger- und Sechzigerjahre. Sie forderten die Abschaffung der Ware, der Lohnarbeit, der Technokratie und der Hierarchie. Und weil sie Künstler waren, schlugen sie dafür einen für sie naheliegenden Gedanken vor: Jeder sollte das Leben als Kunstwerk betrachten. Ähnlich wie später Joseph Beuys, Fluxus oder die Konzeptkunst glaubten die Situationisten, dass jeder Mensch ein Künstler sein könnte und also sein Leben ästhetisch betrachten sollte. Ästhetisch meint nicht im ersten Sinne schön, sondern dass sich Menschen unmittelbar, frei und gleichberechtigt begegnen, dass sie sich austauschen, sich selbst verwalten, sich keinen unnötigen Zwängen unterwerfen und ihren Leidenschaften hingeben. Einer der Leitsprüche der Situationisten, die sie mit Graffiti an die Wände sprühten, lautete: »Leben ohne tote

Zeit!« Und um das zu erreichen, entwickelten die Situationisten verschiedene Methoden und Aktionen. Eine davon war das Dérive. »Wir meinen zunächst, dass die Welt verändert werden muss«, heißt es in einem ihrer Berichte. »Wir wollen die am weitesten emanzipierende Veränderung von der Gesellschaft und dem Leben, in die wir eingeschlossen sind. Wir wissen, dass es möglich ist, diese Veränderung durch geeignete Aktionen durchzusetzen. Es ist gerade unsere Angelegenheit, bestimmte Aktionsmittel anzuwenden und neue zu erfinden, die auf dem Gebiet der Kultur und der Lebensweise leichter zu erkennen sind, aber mit der Perspektive einer gegenseitigen Beeinflussung aller revolutionären Veränderungen angewandt werden.«

Auf den Straßen von Zürich wollte ich ausprobieren, inwieweit diese Methode der »Psychogeographie« auch dabei helfen kann, sich aus den Rhythmen einer Stadt zu befreien. Gerade urbane Räume sind ja nicht nur räumlich, sondern auch zeitlich extrem vertaktet. Sie funktionieren effizient und rational. Kann man diesen tosenden, beschleunigten Orten entfliehen – ohne abzuhauen? Wie lässt sich effizientes Bewegen durchbrechen? Und was würde das verändern?

Ich drifte also weiter durch die Straßen von Zürich. Der Würfel führt mich zu einem Copyshop mit Kulturbüro, lässt mich durch enge Gassen mäandern und übervolle Kreuzungen überqueren, lotst mich an Fetischläden und einer Lambada-Bar vorbei. Ich höre das dreckige Lachen eines Luden im zu engen Anzug und das Klacken der Absätze von umherstöckelnden Prostituierten. Ich werde gezwungen, auf einer Parkbank zwischen Redlife Cabaret, einer Spielothek und einem albanischen Restaurant zu rasten, auf der bereits ein fettleibiger Typ mit Plastikflaschenbier sitzt. Ringsum rasseln die Presslufthämmer auf dem Asphalt, und Elektrobusse surren vorbei. Ich notiere jedes Detail. Der Würfel dirigiert mich auf die andere Straßenseite, auf der ich mich zu einem offenbar trippenden Trashpaar gesellen muss. Der Typ zieht mit spitzen Fingernägeln Parmaschinken aus einer Plastikverpackung und schiebt die zarten Scheiben schwer schwitzend in den Mund der Tussi, während diese in ihrer Ethnobluse und den Schlangenlederschuhen mit einem Rohrstock herumwedelt, an dessen Ende ein paar Schwanenfedern drangeklebt sind. Ich würfele eine Eins und soll sie fragen, wo ich hingehen soll, und die beiden lachen hysterisch. Das wüssten sie ja nun wirklich nicht, aber sie könnten mich in einen Vogel verwandeln. Oder mir den Schwanenzauberstab verkaufen. Das Schicksal muss vom Teufel gesteuert sein, dass es mich erst mal direkt durch das Rotlicht- und Drogenmilieu schickt – Gott würfelt ja bekanntlich nicht. Dann bekomme ich endlich eine Sechs, Joker! Obwohl ich erst seit Kurzem unterwegs bin, bin ich erschöpft und habe Hunger. Mit der Jokerkarte wünsche ich mir endlich was zu essen. Bei der nächsten Gelegenheit schlage ich zu.

Während ich in einem chinesischen Restaurant zu Dudelmusik die billigsten Nudeln schlürfe, denke ich: Dieses Dérive fühlt sich überhaupt nicht nach einer Entzerrung der urbanen Dichte an. Im Gegenteil: Die Dichte wird spürbar. Als wäre ich transparent, läuft die Welt direkt durch mich hindurch. Alle Sinne sind auf Empfang. Alles wird wichtig. Pennersätze, Hinweisschilder, Pflanzkübel, Straßennamen, Lichtstimmungen. Was ich sehe, rieche, höre oder schmecke, notiere ich in meinem Notizbuch, mache Tonaufnahmen oder Fotos. Das gehört zum Dérive dazu: aus den zufälligen Eindrücken eine psychogeographische Neukartierung der Stadt vorzunehmen. Als wäre ich Humboldt in der Neuen Welt, vermesse ich das Alltägliche und dokumentiere manisch. Das In-der-Zeit-Sein intensiviert sich dadurch, dass alles von Bedeutung ist. Ich bin gleichermaßen unfrei und frei: unfrei, weil ein Würfel über mich bestimmt. Frei, weil ich dadurch nicht den Verführungen nachgeben kann, die einem die Stadt in Form von Cafés, Läden oder Museen ständig anbietet.

In seinem Hauptwerk *Die Gesellschaft des Spektakels* kritisierte der Situationist Guy Debord, dass wir in einer Welt leben, in der sich die Wirtschaft verselbstständigt habe. Sie umfasse und beherrsche den Menschen gänzlich. Alles ist warenförmig, alles ist kapitalistisch vernutzt, alles ist Spektakel. Aus dieser Ware gewordenen Welt müssten wir uns befreien. In einem Kapitel des Werkes erklärt Debord, dass auch die Zeit warenförmig sei: Indem wir die Zeit in gleichbleibende Einheiten einteilen, wird sie konsumierbar. Austauschbare homogene Zeiteinheiten dienten lediglich dazu, unser tägliches Leben als pseudowertvolle Folge scheinbar individualisierter Momente erscheinen zu lassen. Debord sagt, wir müssten sowohl das Spektakel um uns herum als auch das Spektakel der Zeit überwinden. Denn Zeit sei jene Sphäre, »in der sich das Subjekt selbst verwirklicht, indem es sich verliert, anders wird, um die Wahrheit seiner selbst zu werden«. Wenn wir alle gleich und frei miteinander jenseits des Spektakels leben wollten, dürften wir uns nicht länger von unserer eigenen Zeit entfremden lassen. Sie zurückzuerobern gehört zu Debords »revolutionärem Projekt«. Dazu dürfen wir nicht mehr in Zeit als Wirtschaftseinheit denken. Sondern wir müssen: spielen!

Ich drifte weiter durch Zürich, lande in alten Kaserneninnenhöfen, krabbele in Hecken, bitte feine Damen, mich zu ihren liebsten Buchläden zu führen, folge ominösen Pfeilen, lasse mich ein. War es am Anfang noch etwas peinlich, meinen weißen Würfel auf den Asphalt zu werfen, werde ich mit jeder Stunde unbeschwerter. Ich suche nichts und finde so viel. *Das Glück ist dort, wo wir uns Zeit nehmen, es zu finden* stand mal über einem Text des Biologen und Philosophen Andreas Weber, in dem er erklärte, warum es beim Reisen nicht darum geht, an einem bestimmten Ort zu sein, sondern die intensive Erfahrung seiner eigenen Existenz zu machen. Unsere moderne Leistungsgesellschaft habe uns eingetrichtert, dass alles einem Zweck zu dienen habe: Arbeiten soll dem Gelderwerb dienen, Geld soll zum Beispiel zum Shoppen gespart werden, Shoppen soll der Belohnung dienen, die Belohnung soll zur Motivation zur weiteren Arbeit dienen. Statt in den Tag hineinzuleben oder in die Stadt hineinzudriften, folgt alles einem Zweck. Wenn wir reisen, wollen wir austreten aus dem ständigen Zustand des »um zu«. »Auf Reisen muss man nur reisen, sonst nichts. So als ob man plötzlich immer nur noch zu leben bräuchte und nicht mehr ständig gegen den drohenden Abstieg anstrampeln«, schreibt Weber in dem Essay. »Vielleicht lösen die schönen Landschaften, die Reisende suchen, nicht einmal dieses paradiesische Gefühl des Angekommenseins aus. Sondern sie werden erst dadurch bedeutungsvoll, dass sie geografische Szenerien zu persönlichen Erinnerungen an die wenigen Momente des Freigelassenseins kristallisieren lassen. Insofern träumen wir alle in den Schablonen des kulturellen Unbewussten die Träume der Befreiung von Zwang und Bewertung. Das heißt aber auch: Die eigentliche Reise ist die dorthin, kein Mittel mehr zu sein.«

Als ich am Abend in Zürich in den Zug steige, bin ich wohlig erfüllt von diesem Gesellschaftsspiel, das mir gezeigt hat, wie ich mich spielerisch aus dem kapitalistischen Spektakel in ein Mikroabenteuer hineinwürfeln kann. Es erscheint mir die unkomplizierteste Möglichkeit, sich für einige Zeit aus den Strukturen herauszulösen, sich hinzugeben, zu entdecken, zu erleben, zu fühlen. Kein Mittel mehr zu sein, keinem Zweck zu dienen – wie Weber es formuliert hat. Im Internet suche ich nach anderen Driftern. Ich chatte mit Langzeitdriftern wie Stefan Paulus, der in der Schweiz lebt und das Dérive auf der ganzen Welt allein oder mit unterschiedlich vielen Menschen zusammen vollführt. Wie man Räume anders wahrnehmen kann, sammelt er auf seiner Internetseite *noWHERE-NOWhere* (ein Wortspiel, das unterschiedlich ausgesprochen Nirgendwo und Jetzt hier bedeutet). Dann stoße ich auf eine österreichische Gruppe von Künstlern, Architekten und Wissenschaftlern, die sich zum »Laboratoire Dérive« zusammengeschlossen haben. Sie geben die Zeitschrift für Stadtforschung *dérive* heraus und vereinen auf ihrer Seite die Dokumentationsergebnisse von Menschen, die sich driftend die Stadt erschließen. Und ich probiere verschiedene Apps zum Driften aus. *Drift* vom »Broken City Lab« aus Toronto oder die US-amerikanische Plattform *deriveapp* leiten das gezielte Verirren mit zufällig verteilten digitalen Spielkarten an. »Folge einem Vogel«, »Bewege dich in Richtung Fluss« oder »Gehe nach links, wenn du einem Mann mit Brille begegnest, dreh dich sofort um, und biege in die Straße links ab«.

Das Driften wird meine liebste Zeitwohlstandsübung. Ich trage jetzt immer einen Würfel bei mir und mache zum Beispiel Kiezdrifts (in der eigenen Umgebung ist es umso interessanter, die gewohnten Wege zu durchbrechen) oder Kneipendrifts (erstaunlich viele Barmänner lassen sich darauf ein, einen Wodkapreis auszuwürfeln). Das Spielen ist lustig, es ist aber vor allem auch zutiefst menschlich. Dérive ist ein Spiel ohne Regeln. Es erzeugt keine Gewinner oder Verlierer. Es produziert keine berechenbaren Ergebnisse – außer Welterkenntnis und Sinn. Schiller prägte in seinen *Briefen über die ästhetische Erziehung des Menschen* den berühmten Satz:»Der Mensch spielt nur, wo er in voller Bedeutung des Worts Mensch ist, und er ist nur da ganz Mensch, wo er spielt.«

Im letzten Jahrhundert wurde der Begriff des»homo ludens«geprägt, des spielenden Menschen. Er beschreibt, dass die Form des Spielens nicht nur ein kleiner individueller Zeitvertreib ist, sondern ihm vielmehr ein»heiliger Ernst«innewohnt: Menschen würden spielerisch Verhaltensweisen entwickeln, sie ritualisieren und einspielen, dann seien sie irgendwann Teil unserer Kultur. Eigentlich war der homo ludens ein Gegenbegriff zum homo faber, dem arbeitenden und tätigen Menschen, sowie zum homo oeconomicus, dem Nutzen maximierenden Menschen. Allerdings scheint heute sogar der Spieltrieb genau dem untergeordnet zu werden: dem tätigen, nützlichen Wirtschaften. Große Konzerne und kleine Start-ups setzen auf»Gamification«, um ihre Mitarbeiter bei der Stange zu halten. Sie sollen in Teams»Quests«absolvieren, sich positiv »feedbacken«und in Ranglisten»battlen«. Die Arbeiter in Büros und Fabriken sollen zu Spielern werden. Bei einem Vortrag über Gamification hat der Manager Jörg Niesenhaus erklärt, dass man mit den richtigen spielerischen Anreizen Menschen zur völligen Selbstausbeutung treiben könne: Die Arbeitsfortschritte von Reinigungskräften werden zum Beispiel in einem Disney-Freizeitpark öffentlich auf einer Leinwand gezeigt. Das kurbelt den Wettbewerb an. Der Effekt: Die Menschen arbeiten schneller. In einem Fall soll eine Schwangere angeblich bis zur völligen Erschöpfung geputzt haben.

Ich finde es ein bisschen pervers, dass ausgerechnet das Spielen jetzt wieder zu mehr Produktivität führen soll, und betrachte es als meine Pflicht, das freie Spiel in unsere Städte zurückzuholen. Ich überrede deswegen so viele Menschen wie möglich, mit mir zu driften. Als ich wieder mal in Berlin bin, lade ich den Grundeinkommens-Micha zum Driften ein – der einzige Mensch, den ich kenne, der auch mit einem Glücksspiel versucht, den Kapitalismus anzugreifen. Der Playboy des digitalen Aktivismus sagt zu, und ich schlage vor, eine neue Methode des Verirrens zu probieren: Wir klettern in seinem Büro auf einen Schreibtisch und lassen Papierkraniche auf eine Stadtkarte von Athen segeln. Wo ihre Schnäbel aufkommen, sind Start- und Endpunkt. Wir verbinden die Punkte mit einer Linie, die wir jetzt auf Berlin anwenden. Mit Sonnenbrillen auf und der Stadtkarte vor den Nasen zuckeln wir los. Kreuzberg ist rummelig wie eh und je. Ohne genaue Anweisungen von Spielkarten oder Würfelentscheidungen umrunden wir dreimal den Kotti, werden in türkische Kitschläden und Wettbüros eingesaugt, schleichen durch Hinterhöfe, machen mehr Fotos von uns als von der Umgebung, suchen Essbares, lachen uns kaputt, geraten in Sackgassen, klettern auf Denkmäler – bis wir plötzlich vor dem Backsteingebäude stehen, wo Micha mit dem Glücksrad die Grundeinkommen verlost hat. Ich sage:»Ha, hier hat das alles mit deinen systemkritischen Spielereien begonnen. Hier hören wir jetzt mit meinem systemkritischen Spiel auf. Komm, wir holen uns einen griechischen Wein und stoßen an.«

»Na ja, so richtig systemkritisch ist das hier ja wohl nicht, das Driften«, antwortet er schnodderig.

»Aber mit einer Tombola einem zufällig ausgelosten Menschen 1 000 Euro pro Monat geben schon, oder was?«, antworte ich leicht angefasst.»Damit er endlich frei ist! Das macht doch nicht den Kapitalismus kaputt, sondern spielt genau nach seinen Regeln: Geld regiert die Welt.«

»Grundeinkommen nimmt den Menschen die Angst, die sie kleinhält. Nur aus Existenzangst gehen Leute doch in die beschissenen Jobs und lassen sich ausbeuten. Wenn sie das nicht mehr müssen, ändert sich alles. Es geht um eine neue Machtverteilung. Dann können sich die Menschen frei entscheiden, was sie machen wollen. Und ich verlose das Geld in Form eines Gewinnspiels, weil das die einzige Möglichkeit ist, dass die Gewinner das Geld steuerfrei behalten können.«

»Ich finde Grundeinkommen und euer Gewinnspiel ja auch eine wirklich gute Idee. Sicherheit für alle. Aber es verfestigt die Logik: Haben zum Sein. Gib den Leuten Geld, und sie können sich selbst freikaufen. Das klingt für mich sehr systemkonform. Dérive ist ein radikal-idealistisches Spiel. Es sprengt den Begriff von Reichtum auf und folgt eher der Formel: Sein statt Haben.«

Jetzt guckt Micha beleidigt, weil aufsprengen und radikal eigentlich Worte aus seinem Dunstkreis sind.

»Jede Veränderung beginnt mit Sicherheit«, legt er noch mal nach. »Und wenn Menschen keine Sicherheit haben, können sie auch nicht spielen. Deswegen braucht es Grundeinkommen. Das hast du ja wohl bei dir gesehen.«

Wir einigen uns darauf, dass Grundeinkommen eine gute Möglichkeit ist, die die Voraussetzungen dafür schaffen kann, dass Menschen sich aus dem Zwang und der Mühsal der Erwerbsarbeit befreien können – und dass sie danach mithilfe des Dérive eine andere Art von Wohlstand spielerisch erfahren können. Ich stecke die Straßenkarte von Athen weg, nehme die Sonnenbrille ab und gucke auf den Papiervogel in meiner Hand. War Dérive wirklich so ein elitäres Spiel? Musste man sich Zeitwohlstand doch zuerst mit Geld kaufen?

Eine letzte Reise steht an, zur Sommerakademie Zeitwohlstand. Leitfrage: Wie können wir uns Zeitwohlstand für alle leisten? Gerrit von Jorck, der Klassensprecher aller

Zeitpioniere, den ich beim Zeitverschwendungs-Symposium mit Micha kennengelernt habe, hat mich eingeladen. In der Einladung schrieb er, jeder Teilnehmer solle sich mit einem Impulsreferat um die Teilnahme bewerben. Es würden Vortragende von Gewerkschaften und Parteien und Wissenschaftsinstituten und Universitäten kommen. Ich schlug als Ergänzung zu den Vorträgen die praktische Zeitwohlstands-Übung Dérive vor – und durfte kommen. Mit Schlafsack und Notnüssen ausgerüstet, fahre ich in die Tiefe des Brandenburgischen Waldes. In Breydin gibt es keinen Handyempfang, kein Internet, und es riecht nach Urlaub. Der sandige Boden mit seinem dichten Pinienbestand verströmt den satten Geruch des Herbstes. Das steinerne Tagungshaus nennt sich »Alte Mühle«, aber ein Mühlrad gibt es nicht. Das fasst die Sache ja schon ganz gut zusammen, denke ich. Wie sieht das Leben jenseits des Mühlrads des Müssens aus? Auf der Veranda sitzen die ersten Zeitpioniere und schnippeln Gemüse für das Abendbrot. Ganz vorn also Gerrit mit einem Kamerateam, das seinen Kampf für eine sozial-ökologische Transformation dokumentiert. Dazu gesellt sich Ula, die gealterte, aber jugendliche Tänzerin, der Grundeinkommensaktivist Robert, die Wissenschaftlerin Bärbel, der Pressesprecher Richard, die Tanzpädagogin Katrin, der ehemalige Unternehmer und jetzt glückliche Arbeitslose Alfred, der Zukunftsstudent Sebastian und viele Mitarbeiter vom Institut für Ökologische Wirtschaftsforschung, vom Wuppertal Institut oder anderen Nachhaltigkeits-Thinktanks. Die »Öko-Ecke« eben, wie Gerrit uns im Laufe der Woche den Referenten vorstellt. Die meisten kommen über schlammige Waldwege mit dem Fahrrad aus Berlin, nicht mit dem Auto. Entschleunigung live. Hier wird natürlich gegendert, bio-vegan gekocht, und es gibt eine höhere Dichte von Leinenschals und Haremshosen als anderswo. Alle Teilnehmer beschäftigen sich schon lange mit der Frage, was Zeitwohlstand ist und wie man ihn für alle erreichen kann. Ich bin hier unter Profis. In der Eröffnungsrunde sollen wir uns in einem Raum auf einer gedachten Geraden verorten: Ist Zeitwohlstand ein gesellschaftliches oder ein individuelles Problem? Die Gruppe verteilt sich gleichmäßig auf dem Spektrum. Es ist eben nicht so einfach.

In den nächsten Tagen besucht uns eine Gewerkschafterin von Verdi und erklärt, wie schwierig es ist, sich für kürzere Arbeitszeiten bei gleicher Bezahlung einzusetzen. »Nicht mobilisierungsfähig« heißt das in der Gewerkschaftersprache. Man denke trotzdem leise über ein Konzept von 14 Verfügungstagen pro Jahr für alle nach, die jeder Arbeitnehmer flexibel in Anspruch nehmen kann oder eben nicht. Eine Broschüre gebe es schon. Eine Bundestagsabgeordnete von den Grünen denkt ähnlich: Der Einzelne soll innerhalb von »Wahlarbeitszeit-Korridoren« entscheiden, ob er länger oder kürzer arbeiten wolle. Es gehe um mehr Selbstbestimmung über die Zeit für alle. Ob und wie das aber politisch überhaupt steuerbar sei, darüber herrsche in der Partei noch kein Konsens. Schließlich gehe es ja um Befreiung – das könne schwer von oben verordnet werden, sagt die Grüne. In den anschließenden Diskussionen wird immer wieder klar: Es gibt keine pauschalen politischen Lösungen, um so etwas wie Zeitwohlstand einzuführen, man kann lediglich den Weg zu mehr Zeitsouveränität etwas ebnen, also den Einzelnen dazu befähigen, etwas autonomer über seine Arbeits- und damit auch Lebenszeit zu verfügen. Und trotzdem ist die Frage der Arbeitszeit nur die Hälfte der Antwort, wie man Zeitwohlstand erreicht. Wie beim materiellen Reichtum auch, sagt es nur begrenzt etwas darüber aus, wie viel genau ich von einer Ressource besitzen muss, um reich zu sein. Fühle ich mich mit 1 000 Euro schon reich oder erst mit 10 000 Euro? Fühle ich mich mit 20 Erwerbsarbeitsstunden in der Woche zeitreich oder auch mit 30?

Als wir an den Holztischen in der Sonne sitzen, über die Vorträge diskutieren und Pilze für das Abendbrot putzen, sagt eine Teilnehmerin:»Ich arbeite freiberuflich, ich habe bereits sehr viel Zeitsouveränität – warum fühle ich mich dann nicht zeitwohlständig?« Da rappelt sich Alfred, der glückliche arbeitslose Unternehmer, aus dem Liegestuhl hoch. Auf seinem Bauch ruht ein Magazin mit dem Titel *Gelassenheit*, und er brüllt zur Runde rüber:»Weil du zu viel willst!« Dann sinkt er zurück in den Stuhl und schläft ein bisschen. Und vielleicht hat dieser glatzköpfige kleine Selfmade-und-zurück-Mann im Schatten der Bäume da eine große Wahrheit ausgesprochen. Anders als bei wirtschaftlichem Erfolg oder der Karriere geht es beim Zeitwohlstand eben nicht darum, ihn mit aller Kraft und Disziplin zu wollen. Im Gegenteil, er ist die Gegenantwort. Gelassensein, hingeben, fließenlassen. Wie beim Schlaf – je mehr man ihn sich mit Kraft herbeisehnt, umso weniger schafft man es, einzuschlafen. Politisch erstrittene oder wirtschaftlich ermöglichte Zeitsouveränität wird nur dann zum Reichtum, wenn ich ihn als solchen erkenne, wenn ich mir seiner bewusst werde. Wenn ich plötzlich begreife: Ich bin da, ich bin lebendig, ich bin verbunden. Und da kommt wieder das Spielen ins Spiel.

Ich starte mit ein paar Teilnehmern meinen Dérive über das Gelände. Wir teilen uns auf in zwei Gruppen und schreiben uns gegenseitig Aktionskarten. *Finde ein Tier, und nimm seine Perspektive ein,* steht darauf. Oder *Folge einem Geräusch* oder *Laufe so lange weiter, wie das Lied »Alle meine Entchen« geht.* Obwohl die Methode ja eigentlich für urbane, spektakuläre Räume entwickelt worden ist, funktioniert sie auch rings um dieses kleine Steinhäuschen. Wir krabbeln auf allen vieren durch die Räume, befühlen Moos, gucken die Welt aus Ameisensicht an, werfen Kiefernzapfen, bemalen uns mit Blütenstaub, reimen Gedichte, umarmen andere Teilnehmer, singen, rutschen gemeinsam blind eine Rutsche runter, springen ins kalte Teichwasser, öffnen die Sinne. Am Ende lesen wir uns gegenseitig unsere zu Gedichten geronnenen Beobachtungen der Umgebung vor. Es kribbelt regelrecht vor kindlicher Freude. Ich gucke in die Gesichter der Mitspieler und habe einen kleinen Verliebtheitsmoment. Ich kann gar nicht genau sagen, in wen oder was genau. Irgendwie: in alles, in die Welt, ins Leben. Spielen ist die Vergegenwärtigung des Lebendigseins. Wir müssen uns in ihm nicht dem Funktionieren unterwerfen, sondern dürfen einfach nur so: da sein. Wir brauchen dafür nichts – nur diese kleinen Momente des sich selbst Freilassens.

Auf dem Rückweg aus dem Zeitpionier-Ferienlager nach Hause erscheint die Großstadt lauter und spektakulärer als je zuvor. Ich will das Glück festhalten, aber es strömt und fließt weiter, wie die Zeit selbst. Was von dieser Woche bleibt, sind Abschlussberichte und Fotosammlungen und Telefonnummern – vor allem aber das Wissen, dass es geht: Dass dieser Zeitwohlstand zwar ein abstraktes, sperriges, kompliziertes Konstrukt ist, dass es politisch schwer verhandelbar und wirtschaftlich schwer durchsetzbar ist, dass sich dahinter aber ein erlebbares Gefühl der Fülle und des Reichtums versteckt: die Erfahrung der Lebendigkeit.

## 15 ALERTA, ALERTA

### Ich bin reich

**Es ist wieder** einer dieser Tage, die ich mit einem unanständigen Wort im Kopf beginne. »Muss man ja nicht laut sagen«, denke ich, ziehe mir meine Jacke über, gehe raus. Draußen ist es kühler geworden. Die Morgensonne kommt kaum über die Häuser. Vor der Kneipe gegenüber fegt einer die letzten Spuren des Eskapismus weg. Immer Rausch, immer Scherben und immer ein neuer Morgen. Ein Jahr Zeitwohlstand neigt sich dem Ende zu, und natürlich tauchen sie so langsam auf, die Fragen: Was war, was bleibt, was kommt? Mal schauen, denke ich, und die Tür schließt sich hinter mir mit einem Klacken. Die Elster keckert ihren Gruß. Ich grüße zurück, stecke die Hände in die Taschen, begebe mich auf meinen Platz auf der Holzbank am Ende der Straße.

Vor ein paar Tagen war ich in einer Ausstellung. Sie hieß »Capitalist Melancholia« und war in einem Fabrikgebäude einer alten Baumwollspinnerei untergebracht. Dort wird schon lange kein Garn, sondern nunmehr Ideen und Fragen zu Kunst gesponnen. Im Ausstellungstext steht: »Unsere Gegenwart hat ein Ausmaß an individueller und kollektiver Erschöpfung erreicht, die in einer besonderen Form der Melancholie des 21. Jahrhunderts mündet. Im rasenden Stillstand wird Fortschritt undenkbar.« Ich schritt durch die kargen Hallen, guckte in das Loch in einer kleinen

Holzkiste und sah Zinnmännchen über Sägeblätter rennen. Eine Leuchtreklame-Micky-Maus zeigte mir den Stinkefinger. Schließlich stieg ich über Grabplatten, auf denen die Worte *Hope, Joy* und *Sense* standen. Das war wirklich alles sehr deprimierend, und ich ließ mich in einen Sessel fallen, neben dem das Buch *Der Duft der Zeit* lag. Endlich Hoffnung, dachte ich. Aber in dem Essay erklärte mir der Philosoph Byung-Chul Han, dass in unserer rasanten Zeit nicht die Beschleunigung der Welt das Problem sei, das uns so erschöpft zurücklasse, sondern die Tatsache, dass wir keine Dauer mehr kennen. Das Leben in der Postmoderne gleiche einer Aneinanderreihung von Momenten, Situationen, Ereignissen. Weil alles Augenblick sei, gebe es keine größere Erzählung des Lebens mehr. Keinen Anfang und kein Ende. Kein Beginnen und kein Aufhören. »Die Zeit stürzt fort, weil sie nirgends zum Schluss und zum Abschluss kommt, weil sie von keiner temporalen Gravitation gehalten wird.« Ich sackte in dem Sitzkissen weiter zusammen. Er beschrieb doch da mein Experiment! Ein Driften von Moment zu Moment. Eine Collage aus den Bruchstücken der Realität. Eine Fragmentsammlung anderer Zeitreichtümer. Ich hatte es schwarz auf weiß vor mir: Ich kann den Drift gar nicht abschließen!

»Das ist natürlich ein Problem«, denke ich auf meiner Bank. Sowohl ganz konkret pragmatisch, was ich jetzt in das Notizbuch schreiben soll, als offenbar auch ganz unkonkret philosophisch, wenn ich Byung-Chul glaube, der sagt: »Wo die Zeit jeden Rhythmus verliert, wo sie halt- und richtungslos ins Offene verfließt, verschwindet auch jede rechte oder gute Zeit.« Ich lehne mich zurück. Hat mich der Ausbruch aus der Beschleunigung tatsächlich noch tiefer in die Rastlosigkeit geführt? War ich an der guten Zeit vorbeigetrudelt? Es passieren Nachbarn auf dem Gehweg, heben wortlos die Hand oder grinsen oder stoppen oder setzen sich dazu. Ich lege den Stift erst mal weg. K. hat einen Hundewelpen dabei. Sehr süß. Ich könne ihn gern mal ausführen. F. kommt mit einem Tinder-Match von letzter Nacht. Auch sehr süß. M. ist umgezogen und hat den Schlüssel in der Wohnung liegen lassen. P. trägt den üblichen Weltschmerz und C. ein neues Kleid. »Ganz schön was los«, denke ich. »Dass die alle schon da sind!« Wie die bunten Steine eines Kaleidoskops setzen sich die Kiezbewohner zu immer neuen Formationen zusammen. Es hat sich herumgesprochen, dass eine kleine Nichtsnutzigkeit am Morgen eine sinnvolle Sache sein kann. Hier trifft sich mittlerweile die Straße, studierende, künstlernde, festangestellte, freischaffende, arbeitslose, schwarzarbeitende Menschen, die hier einfach nur da sind. Auch füreinander. Es ist klar: Wer Hilfe beim Umzug, beim Liebesbriefeschreiben oder beim Renovieren braucht, kommt einfach her. Auto ausleihen, Kinder betreuen, Handwerkerdienste – hier wird alles verhandelt. Die Telefonnummern oder E-Mail-Adressen habe ich nur von wenigen – das Leben ist live. Aus der morgendlichen Zeitverschwendung ist eine tägliche Zeit-Teilhaberschaft gewachsen. Man kennt, traut, mag sich. Warum in die Ferne schweifen – der Club der Zeitmillionäre liegt so nah. Während sich die Kiezbewohner auf einem Treppenabsatz niederlassen, auf den die Sonne scheint, denke ich: Nein, Byung-Chul: Die rechte und gute Zeit ist nicht verschwunden. Sie ist überhaupt erst entstanden! Diese Momente gemeinschaftlich verbrachter Zeit sind meine Gravitation, mein Halt.

In meiner Tasche fühle ich zwei Münzen, wühle sie heraus. Zwei Euro zwanzig liegen im Handteller für die übliche Dosis. Tschoka kommt mit seinem schleichenden Gang vorbei, bleibt mit überdehntem Rücken stehen, grinst hämisch, fragt: »Na, biste reich?« Ich gucke in die Runde der Leute, dann ihn scheu an. Er hat es gesagt, das unanständige Wort, einfach so glitt es ihm von den rotweindunklen Lippen: *reich*. »Na was'n? Nich oder was?«, legt er nach. »Na doch«, antworte ich und bin selbst überrascht über die Selbstverständlichkeit des Geständnisses. »Klar, bin ich reich. Der reichste Mensch, den ich kenne.« Tschoka lacht maschinengewehrgleich. »Ich hab's ja imma jesacht: Bist 'ne rich bitch!« Er hockt sich neben mich. Tschoka hat immer recht.

Es sind sicherlich nicht die zwei Euro zwanzig in meinem Handteller, die mich zu diesem unanständigen Prädikat gebracht haben. Ich besitze auch keine Fotos von einem Haus, einem Auto, einem Boot, die ich angeberisch auf den Tisch knallen könnte. Keine Wertpapiere, Bausparverträge oder Kapitalanlagen auf der hohen Kante. Keine Erbschaft in Aussicht. Würde man meinen Bankberater fragen, ob er eine »rich bitch« zu seinen Kunden zähle, würde er sicher nicht an mich denken. Den Reichtum, den ich meine, kann ich nicht herzeigen, nicht sparen, nicht investieren und nicht mehren. Und trotzdem ist er da.

Ich hatte es mir selbst zur Aufgabe gemacht, herauszufinden, ob es einen anderen Reichtum gibt, nach dem es sich zu streben lohnt. Die bisherige Logik, dass das Wirtschaftswachstum immer weiter gesteigert werden müsse, hat Erdbewohner und Erde gleichermaßen erschöpft. Die psychischen und physischen Ressourcen sind runter, aber das ändert an deren Abbau nichts. Wir brauchen trotzdem immer mehr: Erdöl, Metalle, Land, Innovationen, Fleisch, Technik, Apps, Superfoods, Pharma, Versicherungen, Gütesiegel, Zahnbleichmittel, Abschlüsse, Kontakte, Likes – damit die Welt, wie wir sie kennen, weiterläuft. Das Dogma der ewigen Steigerung erscheint so alternativlos und allgegenwärtig, dass wir uns ihm kaum entziehen können. Es

gibt alles – und morgen noch mehr. In einer Multioptions-
gesellschaft erscheint es wie ein Vergehen an den eigenen
und den zivilisatorischen Möglichkeiten, sich freiwillig zu
beschränken. Zwar gibt es zu jedem Angebot im flexiblen
Monsterkapitalismus auch immer gleich das Gegenangebot –
Minimalismus, Achtsamkeit, Genügsamkeit, Entschleunigung, Bescheidenheit, Suffizienz –, aber so sehr die Ideen
auch diskutiert und projekthaft vorgelebt werden, erscheint
das dem postmodernen Alleswoller als Utopie auf die Dauer
doch wenig reizvoll. Der Mensch will sich nicht selbst be-
schränken, er will nach vorne gehen, will wachsen und sich
entwickeln. Da ist ein H. P. Baxxter in jedem von uns, der die
Faust nach oben reckt und brüllt: More, more, more!

Ich hatte mir also überlegt, wie man das Streben nach
Mehr umleiten kann. Weg von einem Geldwohlstand hin
zu einem Zeitwohlstand. Im Kapitalismus geht es um die
Mehrung von Kapital. Im Momentalismus sollte es um die
Intensivierung von Momenten gehen. Eine einfache Rech-
nung, dachte ich. Und ein einfaches Experiment. Wenn ich
ehrlich bin, hatte ich mich auf ein leichtes Leben gefreut,
jenseits des ewigen Müssens und Leistens und Ablieferns.
Eine Zeit, die mich wie ein Karussell in die höchsten Höhen
katapultieren, wie Scooter-Bässe anheben, die wie Zucker-
watte schmecken und sich wie ein Rummelorgasmus an-
fühlen würde. Mal ausgiebig das Leben außerhalb ökonomischer Zwänge feiern – so schwer sollte das doch nicht sein.

Und tatsächlich war das Jahr wie eine Karussellfahrt
gewesen. Wenn ich zurückdenke, dann sehe ich Bilder von
revolutionären Geheimbündlern, mit denen ich im eisigen
Wind über das Ende des Kapitalismus streite. Erinnere mich
an hedonistische Rockstars in Brüssel und arbeitsame Kommunarden in Niederkaufungen. Ich sehe das Lachen von
Micha, wenn er das Glücksrad für eine Welt mit Grundein-

kommen dreht, und lache selbst, weil meine Businesscoach-Wandergefährtin Jesta mittlerweile tatsächlich ein Grundeinkommen gewonnen hat. Ich erinnere mich an die vielen Entblößungen: nackt in der Spree, nackt in der Sauna, nackt vor mir selbst. Wie viele Menschen mit mir geredet oder getanzt haben, gerudert oder spaziert oder gedriftet sind. Und wie viele Zeitdokumente ich gesammelt habe. Ein Roaddrift durch die Welt der Zeitmillionäre. Im Notizbuch schreibe ich Sätze wie *Zeit ist keine Währung, aber ein Reichtum.* Oder *Mehr Zeit führt nicht automatisch zu mehr Glück.* Finde es aber plötzlich auch albern. Wenn im Moment das gute Leben kondensiert wird, wenn im Moment das Glück wohnt, wenn der Moment der Reichtum ist – wieso sollte ich dann jetzt zurückschauen?

An den Tischen im Café wird laut gelacht. Ich schrecke hoch und setze meinen Stift ab. P. fragt, was ich da eigentlich mache. Ich sage: »Arbeiten!« Und die Runde lacht noch lauter. »Ich denke, du bist reich?«, fragt er. »Das IST doch der Reichtum: dass ich mit euch Nasen hier sitzen kann und dann wieder an meinem Schreibtisch und dann wieder im Zug und dann bei anderen Nasen. Die Freiheit zu haben, so zu leben und zu arbeiten, wie es mich erfüllt.« P. schüttelt den Kopf und räumt die leeren Kaffeetassen ab. »Mein Zeitwohlstand beginnt erst nachher, wenn ich mich mit einem Dübel ins Bett lege«, sagt er und verschwindet. Meiner nicht.

»Na, Schöne, hast du Zeit?«, höre ich eine helle Stimme fragen. Meine Freundin Jakuba setzt sich zu mir. Ihre blonden Locken leuchten wie ein Heiligenschein in der Sonne. Wir umarmen uns. Vor ein paar Wochen saßen wir hier zusammen, ich rauchte, sie erzählte von ihrem neuen Job: Sie würde für sozial benachteiligte Kinder ein Patenschaftsprogramm auf die Beine stellen. Privilegierte Bürger der Stadt nähmen sich eines weniger privilegierten Kindes an und zeigten ihm

Museen, Oper, Handwerksbetriebe, den Zoo. »Wunderfinder« hat sie das genannt und mich gefragt, ob ich mitmachen wolle. Als reichster Mensch, den ich kenne, habe ich zugesagt. Ich hatte da etwas zu teilen – den größten Schatz, den ich kenne in Form eines unspektakulären Spiels: Dérive. Wir verabschieden uns aus dem Rund, lassen die schön sanierten Innenstadthäuser hinter uns, fahren in den Leipziger Osten. Zwischen orangefarbenen Plattenbauten ragt ein monströses Schulgebäude heraus, in dem es nach Kartoffelsuppe und Bohnerwachs riecht. Es sind sieben Patinnen gekommen, hauptsächlich junge Frauen, die ihre Taschen in der Armbeuge und ihr Herz offenbar am rechten Fleck tragen. Die Hortkinder stürmen auf uns zu, kreischen. Ein Mädchen mit krausen Locken und einer bunten Kette klebt gleich an mir, will wissen, was denn da im Buch steht. »Geschichten über viele Wunder«, sage ich, und Tamara – wie sie sich vorstellt – sagt, dass sie Wunder mag und auch gern so ein Buch hätte. »Aber der Papa hat kein Geld, und der Bruder hat Keuchhusten.« Sie könne gar nicht so viele Wunder erleben. »Heute vielleicht«, sage ich. Aus Großen und Kleinen bilden sich Fünfer-Gruppen, die mit einem Beutel ausgestattet werden. Darin finden sie: Stadtkarten, Kompass, Malstifte, Fotoapparate, Sammelmappen und Spielkarten. Auf denen stehen die Anweisungen. Tamara schnappt sich zwei Freundinnen und zwei Patinnen. Sie hopsen die Stufen ins Freie und ziehen die erste Karte: »Gehe nach Westen, und suche etwas, das nach Kunst aussieht!« Die Kinder drehen den Kompass in den Fingern, die Erwachsenen auch. Zusammen schlagen sie eine Richtung ein. »Was ist Kunst?«, fragt Tamara. Die Patinnen heben die Augenbrauen. »Ein Bild«, sagt eine. »Oder eine Skulptur«, sagt die andere. »Oder etwas, das dir fremd erscheint«, sage ich. Wir stoßen auf ein Graffito von Martin Luther. »Das ist doch komisch«, sagt Tamara. Eine Drifterin fotografiert, eine malt es ab, einer schreibt einen Reim dazu auf. Dann weiter. Als wir nach Süden laufen und etwas Verstecktes finden sollen, entdecken wir zuerst eine Rolle silbernes Lametta und bauen uns daraus Kronen. Wir finden einen Holzpfeil und ein verkohltes gelbes Plastikding. Tamara steht grübelnd davor. »Da hat jemand die Sonne vom Himmel geschossen«, sagt sie, und ich wünschte, sie hätte auch ein Notizbuch. Die Spielkarten fordern uns auf, dem Wind zu folgen und etwas zu finden, was von ihm bewegt wird. Wir stecken die Hände in die weichen Samenstände eines Busches, machen Fotos, sammeln sie ein. Dann laufen wir 60 Schritte nach Osten und klettern über Mauern, toben über einen Spielplatz, sammeln Steine und Botschaften. Die Großen und Kleinen verschmelzen zu einem Team, das gemeinsam den Raum durchschreitet. Jede und jeder ist gleichsam ein Entdecker der Welt. Reclaim the city, reclaim the clock. Die Stadt und die Zeit, sie gehören uns. Ich bemerke, wie das Spiel die Verhältnisse auf den Kopf stellt: Wer ist hier der Privilegierte, der dem weniger Privilegierten die Wunder zeigen kann? Als wir etwas Graues suchen, schreien die Kinder: die Bäume, die Bäume! Die Patinnen schütteln die Köpfe. Bäume sind doch braun. Tamara nimmt sie an die Hand und tippt auf die Rinde einer Platane. Ihre Rinde ist grau.

Später kippen die Wunderfinder ihre Beutel aus und kleben aus den Stadtkarten, den Fotos, Fundstücken, Bildern und Reimen ein neu vermessenes Stück Welt zusammen. Eine Welt, in der die Wunder in einem verkohlten Plastikding stecken können, in der es keine »Ich-bestimme-weil-ich-mehr-Geld-habe«-Regel gibt, eine Lamettakrone zum Luxus taugt, in der der gemeinsame Weg das gemeinsame Ziel ist, ein Baum grau und Luther Kunst. Im Spiel war alles möglich. Im Spiel waren wir alle gleich frei und reich.

Als ich aus der Schule wieder zurück nach Hause fahre, wird mir klar: Ich werde keine Ratschläge darüber aufschreiben, wie Zeitwohlstand funktioniert. Jeder sollte ihn selbst erspielen, erfahren, erleben – vor allem aber mit anderen teilen. Die Geschichte vom Zeitwohlstandswunder lässt sich nicht abschließen. Aber sie lässt sich in jedem Moment beginnen. Alerta, Momentalisten, steckt die Würfel ein, bildet Banden, erobert die Zeit, werdet reich. Die Spiele sind eröffnet.

## Zum Weiterlesen:

Frank Adloff und Claus Leggewie in Zusammenarbeit mit dem Käte Hamburger Kolleg / Centre for Global Cooperation Research Duisburg: Das konvivialistische Manifest: Für eine neue Kunst des Zusammenlebens, Bielefeld 2014

Aurelius Augustinus: Bekenntnisse, München 2003

Guy Debord: Die Gesellschaft des Spektakels. Und andere Texte, Berlin 1996

Christian Felber: Gemeinwohlökonomie. Eine demokratische Alternative wächst. Wien 2010

Holm Friebe: Die Stein-Strategie. Von der Kunst, nicht zu handeln, München 2013

Karlheinz A. Geissler, Jonas Geissler: Time is honey. Vom klugen Umgang mit der Zeit, München 2015

Haus Bartleby (Hg.): Sag alles ab! Plädoyers für den lebenslangen Generalstreik, Hamburg 2015

Byung-Chul Han: Duft der Zeit. Ein philosophischer Essay zur Kunst des Verweilens, Bielefeld 2009

Tom Hodgkinson: Anleitung zum Müßiggang, Berlin 2014

Karl H. Hörning, Anette Gerhardt, Matthias Michailow: Zeitpioniere. Flexible Arbeitszeiten – neuer Lebensstil. Frankfurt am Main 1991

Stephan Lessenich: Paul Lafargue. Das Recht auf Faulheit, Norderstedt 2014

Florian Opitz: Speed. Auf der Suche nach der verlorenen Zeit, München 2011

Nico Paech: Befreiung vom Überfluss. Auf dem Weg in die Postwachstumsökonomie, München 2012

Julian Pörksen: Verschwende deine Zeit. Ein Plädoyer, Köln 2013

Fritz Reheis: Entschleunigung. Abschied vom Turbokapitalismus, München 2009

Hartmut Rosa: Beschleunigung. Die Veränderung der Zeitstrukturen in der Moderne, Frankfurt am Main 2005

Hartmut Rosa, Niko Paech, Friederike Habermann, Frigga Haug, Felix Wittmann, Lena Kirschenmann: Zeitwohlstand. Wie wir anders arbeiten, nachhaltig wirtschaften und besser leben, München 2014

Juliet B. Schor: True Wealth. How and Why Millions of Americans Are Creating a Time-Rich, Ecologically Light, Small-Scale, High-Satisfaction Economy, London 2010

Paul Virilio: Rasender Stillstand. Essay, Frankfurt am Main 1997

## Danke

In meiner Küche hängt ein Poster, auf dem steht: Komm, genieß den Moment mit mir! Und am Ende geht es genau darum – gemeinsam sinnvoll und sinnlich Zeit zu verbringen. Dass das tatsächlich so viele wunderbare Menschen mit mir getan haben, dass sie mit mir gelaufen, getanzt, spaziert, Kanu, Auto und Karussell gefahren sind, dass sie ihre Türen, Gartenpforten und Terminplaner geöffnet und mir ihre Welt des Zeitwohlstands gezeigt haben, darüber bin ich wirklich glücklich. Danke für unvergessliche Drifts an Michael Bohmeyer, Tobias Braun, Trendela Braun, Richard Gasch, Gerrit von Jorck, Holger Klapperich, Rainer Kühn, Diana Neumerkel, Louis Neuville, Jesta Phoenix, Joanne Pouzenc, Marek Thymark und die Kommunarden aus Niederkaufungen, die Kibbuzniks aus Samar, die Spreeindianer vom Teepeeland und all die anderen Momentalisten, Hedonisten und Transformisten, mit denen ich ausbrechen und aufbrechen durfte.

Besonderer Dank geht an meine Lektorin Juliane Schindler für ihre Unterstützung bei allen noch so schrägen Trips und Texten, an meinen Agenten Florian Glässing für seinen unerschütterlichen Glauben, an Miloš Djurić, Marcus Nebe und Ute Puder für ihre guten Augen, an alle Nachbarn, Kiezkollegen und Freunde für den Zeitwohlstand, den ich jeden Tag mit ihnen neu leben darf. Und natürlich an meine Familie, ohne die alle Zeit der Welt nichts wert ist.